KB216333

인간은 분명 환생한다

최준식 지음

이안 스티븐슨의 환생 연구에 대한 비판적 분석

최준식 교수의 종교·영성 탐구

인간은 분명 환생한다

– 이안 스티븐슨의 환생 연구에 대한 비판적 분석

지은이 최준식

펴낸이 최병식

펴낸날 2017년 6월 15일

펴낸곳 주류성출판사

서울특별시 서초구 강남대로 435

TEL | 02-3481-1024 (대표전화) • FAX | 02-3482-0656

www.juluesung.co.kr | juluesung@daum.net

값 18,000원

잘못된 책은 교환해 드립니다.

ISBN 978-89-6246-314-9 93200

최준식 교수의
종교 · 영성
탐구

인간은 분명 환생한다

최준식 지음

이안 스티븐슨의
환생 연구에 대한
비판적 분석

주류성

∞ 목차

책을 읽기에 앞서 7

저자 서문 16

책을 시작하면서 21

서설 사후생과 환생에 관한 서너 가지 견해

첫 번째 태도 : 현생만 인정하는 견해
– 사후생은 없다! 43

두 번째 태도 : 사후생을 인정하는 견해
– 내생은 있다, 그러나 환생은 없다! 54

세 번째 견해 : 많은 생을 인정하는 태도
– 인간은 카르마에 따라 환생(윤회)한다! 58

네 번째 견해 : 환생이고 카르마고 다 존재하지 않는다
– 초절정의 부정의 입장 81

이 책의 입장 : 인간에게 사후생이 있음은 물론이고 환생을 한다는
세 번째 입장 84

본설 1. 이안 스티븐슨의 연구와 그 가치에 대해

이안 스티븐슨은 누구인가? 91

스티븐슨의 연구에 대한 비판과 반론 101

스티븐슨이 행한 조사는 어떻게 이루어졌을까? 105

본설 2. 이안 스티븐슨의 연구를 어떻게 검토할 것인가?

1) Twenty Cases Suggestive of Reincarnation
(환생을 암시하는 20가지 사례) 116

2) Reincarnation and Biology(환생과 생물학) 171

끝맺으면서 285

부록 288

책을 읽기에 앞서

1

이 책을 출간하면서 가장 먼저 드는 생각은 왜 이 이안 스티븐슨 교수의 연구가 한국에 이제야 소개되느냐는 것이었다. 그는 인간의 환생(rebirth) 혹은 윤회(reincarnation)의 연구에 관한 한 독보적인 존재이다. 이 분야에 관한 연구자 가운데 전 세계적으로 뿐만 아니라 인류 전 역사적으로 볼 때에도 그는 개척자이면서 가장 높은 권위를 자랑한다.

인간의 환생이라는 문제는 잘 알려진 것처럼 많은 논쟁이 될 수 있는 주제이다. 현금의 인류는 죽은 뒤의 삶[사후생]이 있다는 것도 받아들이기에 버거운데 인간이 거듭해서 윤회한다는 환생론은 더 더욱이 받아들이기 힘들 것이다. 그리고 세계 종교 간에도 이 주제에 관해서는 편이 확연하게 갈리는 것도 이 환생 개념을 진지하게 생각하는 것을 방해하고 있다. 언급할 필요도 없는 일이지만 세계의 고등종교들은 인간이 사후에도 존재한다는 데에 대해서는 모두 동의를 표한다. 불교든 기독교든, 또 이슬람교든 인간에게는 육체와 영혼이 있는데 인간이 죽으면 육체는 소멸하지만 영혼은 영계(불교에서는 중음계(中陰界)라고 함)로 간다는 점에서는 모두 같은 의견이다.

그런데 인간의 영혼이 이 영계에서 영원히 머무느냐 아니면 잠시 머물다 다시 지상에 태어나느냐에 대해서는 세계 종교 사이에 의견이 갈리기 시작한다. 잘 알려진 것처럼 불교 같은 인도 종교는 영계는 인간의 영혼이 영원히 머무는 곳이 아니라 환생하기 전까지 머무는 곳이라는 견해를 갖고 있다. 반면 기독교(그리고 이슬람) 같은 중근동 지방의 종교들은 우리는 영계에서 영원히 머문다고 주장한다. 물론 인간이 환생한다는 믿음은 인도 종교에서만 주장한 것은 아니고 전 세계의 많은 지역에서 적지 않은 사람들이 믿어왔다는 것을 잊어서는 안 된다.

2

인류는 그동안 사후생에 대해 대체로 이 같은 두 가지 견해를 갖고 있었다. 기독교인은 우리 인간이 육신으로 소멸한 뒤 영계에서 영원히 있으면서 온갖 쾌락과 기쁨 속에 있을 것이라고 철석 같이 믿었고 불교도들은 극락에 가기를 열렬히 희구했다. 불교도 가운데에는 이 지긋지긋한 사바세계에 태어나지 않을 수 있는 방법에 대해 진지하게 고민한 사람도 있었지만 아마 그 숫자는 무시해도 좋을 것이다. 이런 사람들 말고 인간은 죽으면 다 끝나는 것이기 때문에 아무 것도 안 남는다고 믿는 사람들도 있었지만 그것은 매우 적은 숫자였다.

그러다 인류는, 인류라고 해봐야 주로 서양인들에게 해당되는 것이지만, 19세기부터 과학을 발달시키기 시작했다. 과학에서는 어떤 명제가 철저한 검증을 거치지 않으면 진리 혹은 사실로 인정되지 않는다는 것은 잘 알려진 사실이다. 이 입장에서 볼 때 사후생(그리고 환생)은 애당초 어불성설이었다. 사후생을 인정하는 입장에서는 인간의 영혼이라는 검증하기 힘든 실체가 있다고 주장하는데 이것부터 걸림돌이 되었던 것이다. 물질 중심의 연구를 하는 과학의 입장에서 볼 때 영혼은 그 존재를 입증하기가 아주 힘들거나 아예 불가능한 것이었다. 게다가 종교에서 말하는 인간의 영혼, 그리고 천당과 지옥과 같은 영계에 대한 이야기들은 과학자들로 하여금 그것들이 인간이 무지몽매할 때 의존했던 아주 저급한 믿음이라는 생각을 갖게 만들었다.

그 결과 인간의 영혼 문제와 사후생에 관한 생각은 과학에서 부정되었을 뿐만 아니라 그에 따라 과학의 연구 영역에서 사라지게 되었다. 이러한 풍조는 과학계에만 팽배했던 것이 아니라 과학적 방법론에 입각해 형성된 근대 교육의 기조가 되어 사람들에게 전파되기 시작했다. 그 결과 그런 교육을 받은 사람들은 인간의 사후생에 대해 매우 부정적인 견해를 갖게 되었다. 사후생에 대한 태도가 이렇게 바뀌었다면 그보다 두세 걸음을 더 나간 인간의 환생론에 대한 생각이 어땠을 것이라는 것은 불 보듯 뻔한 것 아닐까?

3

인류는 이처럼 인간의 환생론을 뇌리에서 지우려고 했지만, 혹은 아무 관심도 갖지 않으려고 노력했지만 그게 쉬운 일이 아니었다. 왜 그랬을까? 여기에는 이유가 있었을 게다. 우선 불교나 힌두교 같은 인도종교들은 줄곧 인간은 윤회/환생한다고 주장해왔다. 이 종교들은 엄연한 세계 종교이니 사람들이 그 종교가 주장하는 것을 자신들의 세계관과 맞지 않는다고 백안시 할 수만은 없었을 것이다. 또 그 종교에는 이 주제에 관한 많은 문헌들도 있고 이 종교에 속해 있는 수많은 스승들이 과거뿐만 아니라 지금도 인간의 환생을 사실로 가르치고 있지 않은가.

이와 함께 인간의 환생에 대한 사례들이 전 세계적으로 보고되기 시작했다. 이전 세계는 대륙 별로 혹은 지역 별로 상대적으로 차단된 상태이었기 때문에 소통이 적을 수밖에 없었다. 그러던 것이 교통이나 통신 수단이 발달하면서 전 세계 각 지역은 매우 빠르게 교통하기 시작했다. 이러한 추세에 힘입어 인간이 환생한 사례들이 전 세계적으로, 또 통시대적으로 수집되기 시작됐다. 이러한 자료들은 아마도 (서양의) 진지한 과학자들의 양심과 호기심을 자극하기에 충분했던 모양이다. 이렇게 전 세계에서 쏟아지는 인간의 환생(그리고 사후생)에 관한 자료들을 외면하는 것은 양심을 가진 학자라면 곤란한 일이었을 것이다. 이렇게 많은 환생의 증거가 있는데 '인간은 죽은 뒤에 존재하지 않는다'고 버틸 수 없었을 것이다.

4

이 같은 전 세계적인 현상을 목도한 소수의 서양학자들은 이 주제를 연구하기 시작했는데 그들의 연구는 이전과 달랐다. 그들은 연구하는 데에 그들이 제일 능한 과학적인 접근법을 쓴 것이다. 과학적인 접근법의 강한 장점은 철저하게(?) 객관적인 자세로 연구하는 것이다. 세상에 객관적이라는 것이 존재하는지에 대한 의문도 있지만 어떻든 서양학자들은 객관적인 태도를 견지하려고 노력했다. 이런 주제에 과학적인 방법으로 접근

한다는 게 가능할지 모르지만 서양 학자들은 자신들이 연구하는 대상을 놓고 따지고 따져 가능한 한 객관적인 결과를 내놓으려고 노력했다.

그렇게 해서 나온 결과는 물리학이나 생물학처럼 모든 사람들이 다 인정하는 정도는 아니었지만 그래도 이전과는 비교할 수 없을 정도로 많은 사람들의 동의를 얻어낼 수 있었다. 이 주제에 대한 관심이나 연구가 이전에는 과학 때문에 무시되어 과학적인 태도를 갖는 것이 독이 되었던 것에 비해 현금의 과학적인 연구는 독이 아니라 밥이 되었다고 할까? 이전에는 도외시 됐던 이 주제가 학자들이 과학적인 방법으로 연구함에 따라 신빙성을 갖게 되었으니까 말이다. 우리는 이 주제에 대해 연구한 학자들에게 감사해야 할 것이다. 왜냐하면 그들의 연구를 향한 냉소나 무관심이 많았음에도 불구하고 이들은 흔들리지 않고 꿋꿋하게 연구에 매진했기 때문이다.

5

이런 학자들 가운데 최고봉은 말할 것도 없이 바로 우리의 주인공인 이안 스티븐슨 교수이다. 그는 이 주제에 대해 40년이라는 엄청난 시간을 투자했다. 같은 주제를 가지고 이렇게 오랜 기간 동안 연구한다는 것은 쉬운 일이 아닐 것이다. 그의 연구에 대한 것은 본문에서 상세하게 밝혔기에 여기서는 아주 간단하게만 보겠다.

그는 이 주제에 대해 과학적인 방법론을 써서 가능한 한 객관적으로 접근했다. 과학적인 방법론을 사용하게 되면 사안에 대해 반드시 검증을 거쳐서 증명하기 때문에 그 연구를 직접 하지 않은 사람도 수긍할 수 있다. 이것이 과학적인 방법론의 가장 큰 장점일 것이다. 그런데 이 방법론에 대한 문제를 생각하기 전에 그가 먼저 신경을 썼던 것은 적절한 연구 대상을 고르는 일이었다. 우리가 연구를 할 때 대상을 제대로 고르는 것은 그 중요성을 아무리 강조를 해도 지나치지 않는다.

스티븐슨은 자신의 연구에서 검증이 가능한 대상을 찾았다. 지금까지 인간의 환생(윤회)을 말하는 사람들은 주로 종교인이나 최면전공자, 혹은 영능력자들이었다. 이들이 갖고 있는 가장 큰 문제는 이들의 주장을 검증할 수 없다는 것이었다. 그 중에 아주 비근한 예를 들어보자. 국내에서 사람들의 전생을 읽어주어 많은 인기를 끌고 있는 박진여 씨의 전생 읽기가 좋은 예이다. 그의 책을 보면 많은 전생 읽기 결과들이 수록되어 있는데 아주 극적인 것들이 많아 흥미롭다. 그런데 문제는 이 사례들을 대부분 검증할 수 없다는 것이다. 그런 예가 그냥 많은 게 아니라 아예 전체의 예가 검증할 수 없는 것으로 되어 있다.

예를 들어 40대 어떤 여성이 박 씨에게 상담 차 찾아 왔기에 전생을 읽어보았더니 이 사람이 살던 곳이 멕시코이고 시기는 18세기였다[1] 는 리딩 결과가 나왔다. 이 사람에 대한 자세한 사정을 설명하는 것은 우리의 주제와 관계없으니 약하기로 하고, 사람들은 이런 이야기를 들으면 다들 믿는 분위기이다. 그러나 한 번만 생각해보아도 여기에는 많은 의문이 드는 것을 피할 수 없다. 가장 일반적인 질문은 어떻게 그 사람이 전생에 살았던 곳이 멕시코인지 금방 알 수 있고 그 시기가 18세기인지 아느냐는 것이다.

박 씨는 자신이 명상 상태에 들어가면 그 영상이 보인다고 하는데 그렇게 마음속에 떠오른 이미지(mental image)를 가지고 대상자가 있는 나라와 시대를 즉시 파악하는 것이 과연 가능할까? 이것은 그렇다고 치고 이것보다 더 큰 문제가 있다. 이런 사례들은 전혀 검증할 수가 없다는 것이

1) 박진여(2015), 『당신, 전생에서 읽어드립니다』, 김영사, p.170.

그것이다. 멕시코가 외국이라 그런 것도 있지만 18세기는 과거이니 거슬러 올라갈 수도 없는 일이다. 과거의 외국으로 가서 이 사례가 진실인지 아닌지를 알아내는 것은 원천적으로 불가능하다. 따라서 영능력자들이 하는 이런 전생읽기에 대해 우리는 긍정할 수도 부정할 수도 없는 처지에 놓이게 된다.

6

이런 상황을 잘 알고 있던 스티븐슨은 이 주제를 연구하되 검증할 수 있는 대상을 찾았다. 그래서 찾은 것이 전생을 기억하는 아이들이었다. 이 분야에 관심 있는 사람들은 인간이 아주 어린 아이일 때 자신의 전생을 기억하는 경우가 종종 있다는 이야기를 잘 알고 있을 것이다. 스티븐슨이 아이들을 연구 대상으로 삼은 것은 아주 간단한 이유에서이다. 이 아이들의 증언은 검증될 수 있었기 때문이다.

이 전생을 기억하는 아이들은 물론 다 그런 것은 아니지만 그들이 말한 것들을 검증할 수 있는 여지가 많았다. 왜냐하면 그들은 전생에서 죽은 지 몇 년이 되지 않아 전생 가족들이 대부분 살아 있었기 때문이다. 따라서 스티븐슨은 이들이 전생의 가족에 대해 증언하는 것을 직접 확인할 수 있었다. 물론 이때에도 스티븐슨은 매우 엄격한 잣대로 이들의 증언을 검증했다.

스티븐슨은 어떤 아이가 전생에 대해 말하면 그것을 그냥 믿는 것이 아니라 그 정보가 분명 그 아이의 단독 기억에서 비롯된 것이라는 것을 검증하기 위해 아주 엄격하게 조사했다. 그러니까 이 아이의 전생 기억이 부모 같은 다른 경로를 통해 주입된 것이 아니라는 것을 밝히기 위해 많은 노력을 했다는 것이다. 이를 위해 그는 수많은 사람을 면담해서 교차 검증(cross check)했고 전생과 현생의 가족들이 어떤 상태에 있었는지 등에 대해 가능한 한 꼼꼼하게 따졌다. 그의 이러한 모습은 본문에 자세하게 소개했으니 그것을 보면 될 게다.

7

이 주제에 대해 이렇게 오랫동안 주밀하게 연구한 그였지만 끝까지 그는 '인간은 환생(윤회)한다'고 선언하지는 않았다. 그의 변은 간단했다. 자기가 조사한 2천 5백여 개의 예에서 인간이 환생하는 듯한 정보를 많이 찾아냈지만 그것을 60~70억이나 되는 전체 인류에게 확대 적용하는 것은 무리라는 것이다. 사례의 수가 너무 적다는 것이다. 또 다른 이유도 있지만 그것은 본문에서 확인하기 바란다. 바로 그의 이러한 연구 태도가 우리로 하여금 그의 연구 결과를 더 믿게 만든다.

그가 비록 머리로는 인간이 환생한다는 사실을 인정하지 않았지만 몸으로는 믿고 있다는 것이 그의 연구를 보면 드러난다. 그는 전통적인 용어를 쓰지 않을 뿐이지 영혼이라든가 영계 등에 대해 자신의 독자적인 용어를 만들어 그 존재를 인정하고 있기 때문이다. 예를 들어 영혼을 지칭할 때에도 'soul' 같은 용어를 쓰지 않고 'discarnate being', 즉 몸이 없는 존재라고 표현하는 경우가 그것이다.

이러한 그의 연구는 아직은 큰 빛을 보지 못하고 있지만 앞으로 인간학을 연구하는 데에 많은 도움을 줄 것이다. 인간이 계속해서 환생한다는 것을 받아들인다면 인간에 대한 이해가 이전과는 완전히 달라져야 하기 때문이다. 특히 도덕이나 윤리 같은 문제는 인간의 환생론을 도입하면 획

기적으로 바뀔 것 같은데 아직은 이 환생론이 대세가 아니어서 그런 변화의 조짐은 보이지 않고 있다.

그의 연구는 후학들에게도 많은 영향을 주어 그의 연구를 바탕으로 보다 더 광범위하고 대중적인 운동도 일어나고 있다. 그 중의 하나를 소개하면 월터 셈키우(Semkiw)라는 의사가 주축이 되어 만든 "Institute for the Integration of Science, Intuition and Spirit(IISIS)"라는 단체가 있다. 이 단체는 스티븐슨의 연구를 기반으로 범세계적으로 환생의 예를 소개하고 그 의미를 분석하고 있다.[2] 여기에 소개된 환생의 예 중에 극적인 예를 한 가지만 소개하면, 지금 화성으로의 우주여행을 계획하고 전기자동차 시대를 여는 데에 기염을 토하고 있는, 이 시대의 가장 혁신적인 인물 중의 하나인 엘론 머스크가 에디슨의 환생이라는 것이다. 믿거나 말거나 식이지만 두 인물이 혁신적인 괴짜 발명가라는 데에는 일치한다고 하겠다.

---

2) 더 상세한 정보가 필요한 사람은 이 단체의 홈페이지(www.iisis.net)에 들어가보면 된다.

저자 서문

1

이 책은 이런 스티븐슨의 연구를 소개하는 책이다. 그의 연구는 두 책, 『Twenty Cases Suggestive of Reincarnation』과 『Reincarnation and Biology』(1&2)에 집중되어 있기 때문에 필자도 이번 책에서 이 두 책을 중점적으로 소개할 것이다. 그러나 단지 소개하는 것으로 끝나는 것이 아니라 비판적으로 분석하는 과정을 거칠 것이다.

스티븐슨의 저작을 연구하는 일은 처음부터 쉽지 않았다. 가장 큰 장애는 말할 것도 없이 그의 저작을 국내에서 구할 수 없는 것이었다. 그의 연구는 그 규모가 방대하고 그가 사용하는 방법론이 녹록치 않아 그동안 국내에서는 연구자들이 외면하고 있었다. 그의 연구가 소개되지 않은 상태이니 그의 저작을 국내 대학의 도서관에서 발견하기가 힘들었다. 다른 대학의 도서관을 다 검색한 것은 아니라 확실하게는 알 수 없지만 그의 저작 가운데 『Twenty Cases Suggestive of Reincarnation』만이 내가 봉직하고 있는 이화여대의 도서관에 있을 뿐이었다.

그래서 이 책은 진즉에 빌려서 면밀하게 검토했지만 문제는 그의 연구의 결정판이라 할 수 있는 『Reincarnation and Biology』를 접할 수 없는 것이었다. 사진에서 보는 것처럼 이 책은 2권으로 되어 있는데 전체 쪽수가 2,200쪽이 넘는 엄청나게 방대한 책이다. 문제는 거기서 그치지 않고 이 책의 가격이었다. 쪽수가 이렇게 많다보니 이 두 책의 값은 거의 50만원에 이르렀다. 이 책들 말고 스티븐슨의 다른 저작들은 미국에서 직구(直購)해도 그다지 재정적으로 부담이 되지 않았는데(그래도 책 한 권에 7~8만원은 되었다) 이 책은 가격이 너무 높았다. 그런데 다행히 이 책의 축약본(『Where Reincarnation and Biology Intersect』)이 있어 그것을 구매해 원본의 내용을 대강 훑었다.

『Reincarnation and Biology』 1 & 2

그러나 연구에는 원본이 꼭 필요하기 때문에 원본을 구할 수 있는 방법을 강구해보았다. 먼저 뉴욕에 사는 아들에게 이 책을 도서관에서 찾아보라고 했는데 거기서도 이 책을 갖고 있는 도서관을 찾기가 쉽지 않았다. 그러나 간신히 그 책을 뉴욕 주립대학 도서관에서 찾았다는 연락이 왔는데 양이 너무 많아 전부를 복사하는 것은 불가능하다는 전언이 있었다. 그러는 사이 나는 고육지책으로 이대 도서관에 별 기대하지 않고 이 책의 구입을 신청했다. 이렇게 비싼 책을 사줄 것이라고 기대하지 않았지만 이 방법이 마지막 남은 것이라 지푸라기 잡는 마음으로 신청한 것이다.

그러는 동안 아들은 내가 필요한 부분이 있으면 그것을 사진 찍어 파일로 만들어 보낼 수 있다고 알려왔다. 그 소식을 듣고 내가 그동안 축약본을 보고 중요하다고 생각되었던 장(章)들을 골라봤더니 그것만으로도 수백 쪽은 되었다. 아들에게 그렇게 전했더니 그는 자신의 처와 함께 그것을 일일이 사진으로 찍어 파일로 만들어 내게 전송했다. 아무리 아들이라고 하지만 감사한 마음을 지울 길이 없었다. 그 파일을 받은 나는 그것을 출력하여 기쁜 마음으로 읽고 있었는데 그럴 즈음 학교 도서관에서 이 책이 도착했다는 전갈을 받았다. 이때 흡사 나는 복권에 당첨되는 듯한 기분을 맛보았다. 전혀 기대하지 않았는데 이 비싼 책을 사주었으니 말이다.

그렇게 해서 원본을 손에 넣고 보니 실로 방대한 규모의 연구라는 것을 곧 알아차릴 수 있었다. 이 책이 이렇게 방대하게 된 것은 220개에 달하는 수많은 사례들을 모아놓았기 때문이다. 이 사례들을 검토해보니 성격상 비슷한 것 끼리 모아 놓았기 때문에 각 사례 군에서 대표할 만한 것만 보면 되겠다는 생각이 들었다. 굳이 이 사례들을 다 소개할 필요를 느끼지 못한 것이다. 사실 다 소개하려 해도 분량 상 할 수 없었지만 말이다. 또 사례들이 내용만 조금씩 다르지 그 구조는 거의 같았기 때문에 일일이 모든 사례들을 소개할 필요가 없었다.

내가 이 책에서 서술하는 구조는 다음과 같다. 우선 스티븐슨이 소개한 사례들을 요약했다. 스티븐슨이 서술한 내용은 서양학자의 연구답게 매우 세심하고 분석적이라 번쇄한 것들이 많았다. 나는 이런 것들은 쳐내고 반드시 들어갈 내용만 골라 요약했다. 요약하는 중간에 내가 할 말이 있으면 간략하게 첨가했다. 이렇게 그의 설명을 다 소개한 다음에 마지막에 나의 비판적 분석을 '필자의 평'이라는 제목으로 실었다. 스티븐슨의 설명은 상식으로는 믿을 수 없는 격외적인 것이 많아 많은 의문이 있었다.

2

이렇게 해서 이 책의 원고를 완성했는데 책을 출간하면서 가장 아쉬운 것은 스티븐슨 책에 나온 사진을 쓸 수 없었다는 것이다. 저작권 문제가 있어 그것을 해결하는 일이 너무 힘들어 사진 넣기를 포기한 것이다. 특히 사진이 필요한 부분은 전생의 상처가 현생의 몸에 어떻게 그 흔적을 남기는가에 대한 것을 다루는 연구였다. 그 흔적은 모반(반점)이라든가 선천성 장애 등으로 나타났는데 이것을 사진으로 보여줄 수 없어 아쉽기 짝이 없다. 사진 가운데에는 극적인 것들이 많았다. 예를 들어 전생에서 겪은 사고 때문에 이번 생에 팔이 없이 태어난 아이라든가 손가락이 없이 태어난 아이의 사진 등등 꼭 싣고 싶은 사진들이 많았는데 안타깝지만 어쩔 수 없는 일이다. 차선책이 있다면 나중에 스티븐슨의 연구와 관련해 블로그라도 만든다면 거기에 올려놓는 일을 생각해볼 수 있겠다.

이제 마지막으로 감사의 말을 전할 차례이다. 가장 먼저 감사드릴 곳은 말할 것도 없이 출판사이다. 요즘 출판계는 불황이라는 말을 하는 것 자체가 필요 없을 정도로 그 사정이 실로 어렵다. 이 불황이 하도 오래 지속되니까 감각이 무뎌진 것이다. 그 때문에 출판사들은 원고를 선정하는 데에 아주 까다롭다. 이번 책은 출판사 입장에서 보기에 선정 순위 밖으로 밀려날 수밖에 없다. 내용이 너무 격외의 것을 다루고 있기 때문이다. 사후생을 인정하는 것도 어려운데 환생(윤회)을 기정 사실화 해서 말하고 있으니 수용하기가 힘든 것이다. 게다가 한 걸음 더 나아가 이 책에서는 전생의 상처가 후생의 몸에 흔적을 남긴다는, 말도 안 될 것 같은 주장을 하고 있으니 받아들이기가 훨씬 더 힘들었을 것이다.

그럼에도 불구하고 이 책을 출간하기로 결정한 주류성의 최병식 사장께 크나큰 감사를 드려야겠다. 부디 출판사의 이러한 용단이 빛을 보았으면 하는 바람을 가져본다. 이런 분야에 관심이 있는 독자가 한 명이라도 나와 스티븐슨의 연구로 인해 그의 연구나 정신세계가 더 열린다면 이 책을 출간한 보람을 느낄 수 있겠다. 그 다음 감사는 아들 내외(최나무와 김혜연)에게 해야겠다. 또 가족을 이야기해서 안 됐지만 이 책에 나오는 그림이나 사진을 스캔하는 데에 도와준 딸(최하람)에게도 감사의 말을 전해야겠다. 스캔하고 그것을 가공하는 등의 작업은 나로서는 절대로 할 수 없는 작업이라 딸의 신세를 지지 않을 수 없었다. 가족 이야기를 자꾸 해 남사스럽지만 이 책이 어렵게 나온 터라 감사의 말이 저절로 나오니 어쩔 수 없는 일이다.

이렇게 해서 이 책을 출간함에 붙여 바람은 단 한 가지이다. 스티븐슨의 연구에 힘입어 우리도 이 분야에 대한 연구를 제대로 하자는 것이다. 이 분야에는 스티븐슨 말고도 뛰어난 연구자들이 많다. 앞으로 이런 연구자들의 연구를 더 소개하고 한국 내에서도 사례를 모아 분석해보고 하는 등등의 일이 벌어졌으면 좋겠다. 이런 일의 발생에 이 책이 작은 단초를 제공할 수 있다면 더할 나위 없이 좋겠다는 것으로 저자 서문을 마쳐야겠다.

2017(4350)년
봄이 왔으되 봄 같지 않은 봄에

지은이 삼가 씀

책을 시작하면서

– 왜 이안 스티븐슨의 연구인가

나는 지난 십 수 년 동안 죽음 뒤의 삶이 엄연하게 존재하고 인간은 몸을 달리하면서 다시 태어난다, 즉 환생한다는 것을 알리고자 연구를 했고 그 결과를 책으로 발표했다. 그 결과가 다음의 두 책이다.[3] 근사(임사) 체험만을 다룬 『죽음, 또 하나의 세계』(동아시아, 2006)와 죽음 뒤의 생이 어떻게 전개되는가를 다룬 『죽음의 미래』(소나무, 2011)가 그것이다. 같은 주제를 다뤘으되 이 두 책과는 조금 다르게 접근한 『전생이야기』(모시는 사람들, 2013)라는 책도 있다.

앞의 두 책이 문헌 중심으로 이 주제를 다루었다면 세 번째 책은 대상자를 선정해 이른바 역행 최면이라는 독특한 방법을 활용하여 그들의 전생을 모색해서 쓴 책이다. 이 책은 피체험자를 최면 상태에서 전생으로 생각되는 시기로 퇴행시켜 얻은 결과를 모아 정리한 것인데 이때에는 최

---

3) 이 주제에 관해 저서 외에도 나는 다음과 같은 역서 한 권도 출간했다. 엘리자베스 퀴블러 로스, 『사후생』(최준식 역, 1996), 대화출판사.

면이라는 방법을 사용했기 때문에 최면 전문가(엄영문)와 같이 조사했다.[4)]

다음에서 필자는 이 책들의 내용을 요약하고 각 접근법들이 갖고 있는 특장과 한계에 대해 서술할 것이다. 그리고 나서 이안 스티븐슨의 연구를 소개할 터인데 그의 연구는 이 주제에 관한 한 가장 객관적인 연구이다. 이번 장을 읽어보면 독자들은 스티븐슨의 연구가 어떤 면에서 독보적인가를 알 수 있을 것이다.

역행 최면과 근사체험을 통해 사후생 알아보기

앞에서 본 세 가지 연구 가운데 가장 극적이지만 신임이 가장 덜 가는 것은 마지막 경우라 하겠다. 극적이라고 한 것은 최면을 통해 전생이라고 생각되는 데로 피최면자를 인도했으니 그렇다고 한 것이다. 그 최면 현장에서 계속 관찰한 경험이 있는 내가 보기에 그 현장은 대단히 드라마틱했다. 피최면자가 진실로 전생에 돌아간 듯한 언행을 보였기 때문이었다. 최면 시 피체험자는 보통 실제보다 더 괴로워하고 더 많이 우는 등 감정적인 태도를 많이 보인다. 만일 이 최면 시술과 관계없는 제3자가 이들의 이러한 태도를 보았다면 이들이 거짓으로 연극을 하고 있다고 생각할 것이다. 조금 전까지도 멀쩡하던 사람이 웃고 울고 괴로워하면서 흡사 다른 사람이 된 듯한 느낌을 갖게 만들기 때문이다. 그만큼 최면할 때 피최면자의 반응은 진실하고 절실하다.

그러나 이들의 태도가 아무리 진정성을 띠고 있다 하더라도 이들을 대

---

4) 위의 책에 나오는 내용을 모아 한 권으로 낸 책도 있다. 졸저 『너무 늦기 전에 들어야 할 죽음학 강의』(김영사, 2015)가 그것으로 이 책은 일반 독자들이 읽기 쉽게 수필체로 되어 있다.

상으로 한 실험이 사후생이 존재한다는 것을 입증하는 절대적인 증거는 되지 못한다. 피체험자들의 태도만 보면 그들의 반응이 하도 강렬해서 그들이 말하고 행동하는 것을 있는 그대로 믿고 싶지만 그럴 수 없는 일이다. 최면에는 얼마든지 피체험자나 최면사의 주관이나 의도, 혹은 바람이 들어갈 수 있기 때문이다.

이 역행최면법의 약점은 또 있다. 우선 최면 때 피최면자가 진짜 전생으로 돌아갔는지 아닌지를 증명할 수 있는 방법이 없다는 것을 들 수 있다. 두 번째 약점은 더 심각하다. 피최면자가 뱉어낸 정보들을 검증할 수 있는 방법이 거의 없다는 것이 그것이다. 예를 들어 피최면자가 최면 시 자신이 전생에 중국의 한나라 때 장교였다고 하면 우리는 그것을 검증할 수 있는 방법이 전혀 없다. 시대가 너무 격해 있고 장소가 너무 멀어 그의 전생에 대한 정보를 확인할 수 없기 때문이다. 이런 이유 때문에 역행최면을 통한 전생 찾기 방법은 단지 참고 사항에 그칠 수밖에 없다. 스티븐슨도 전생을 찾아볼 수 있는 방법 가운데 이 최면법을 거론했지만 앞에서 말한 이유 등 때문에 자신의 연구에서는 거의 사용하지 않았다(그는 최면을 배웠기 때문에 자신이 최면을 걸 수도 있었다!).

그 다음으로 사후생을 증명(?)할 수 있는 좋은 방법이 있다면 그것은 근사체험자들의 체험을 통한 것이다. 이들의 체험에 대해서는 위에서 본 졸저 『죽음, 또 하나의 세계』에서 상세히 다루었으니 상론할 필요는 없겠다. 그러나 독자들의 이해를 위해 간단하게만 보면, 근사체험이란 의학적으로 죽음을 선고받은 사람이 체외이탈해 겪은 체험을 말한다. 다시 말해 통상적으로 영혼이라고 불리는 '의식체'가 몸에서 빠져나와 겪는 체험을 근사체험이라고 하는 것이다. 이 경험을 한 사람들은 본격적으로 죽음 뒤의 세계에 진입한 것이 아니고 그의 영혼이 몸을 빠져나가 잠깐 그 주위를 부유하다 다시 몸으로 돌아온 사람들이다. 이들의 증언이 놀라운

레이몬드 무디 2세
그는 근사체험을 최초로 학문적인 방법을 사용해 연구한 학자이다.

것은, 그들은 의학적으로 죽음을 선고받았기 때문에 의식이 활동 정지되었는데도 자신(의 의식)이 자신의 몸을 바라보고 그 주위에서 일어난 현상들을 모두 기억했다는 데에 있다. 이것은 인간의 의식이 몸, 더 정확하게는 뇌를 떠나서도 존재할 수 있다는 의미에서 인간이 사후에도 의식체로서 계속 잔존할 수 있는 가능성을 보여주었다는 점에서 큰 의의가 있다.[5)]

이들의 체험이 사실일 가능성이 높은 것은 이런 체험을 한 사람이 부지기수로 많다는 데에 있다. 그러나 단순히 많다는 데에서 끝나는 것이 아니라 이들이 겪은 체험의 내용이 거의 비슷하다는 데에 이 체험이 시사하는 바가 크다(나는 물론 이들의 체험이 진실이라고 믿고 있다). 이들의 체험은 세부적인 데에서 조금씩 달랐지만 큰 틀은 모두 같았다. 의식이 체외 이탈해 자신의 몸과 그 주위에 있는 사람들을 보고 빛의 존재를 만나 큰 가르침을 받고 다시 몸으로 돌아온다는 큰 줄거리는 같았다는 것이다(그러나 빛의 존재를 만나 가르침을 받는 것은 그리 쉽게 일어나는 일이 아니다).

그런데 이 정도면 이들의 체험을 믿을 수 있으련만 유물론자나 회의론자들은 이들의 체험을 모두 환상으로 돌렸다. 비판론자들이 하는 주장은 천편일률적이다. 뇌에 산소 공급이 원활히 되지 않아 환상을 보았다는 것

---

5) 이 주제와 관련된 연구를 집대성한 듯한 느낌을 주는 책이 있다. 다음의 책은 우리의 의식 작용은 뇌로 환원될 수 없는 독자적인 영역을 갖고 있다는 것을 총체적으로 밝힌 책이다. 이 책은 800쪽이나 방대한 책으로 특히 미국의 저명한 심리학자였던 F, Myers와 이번 책의 주인공인 이안 스티븐슨에게 헌정하는 것으로 되어 있어 주목을 끈다. E. D. Kelly 외(2007) 『Irreducible Mind-Toward a Psychology for the 21st Century』, Rowman & Littlefield 출판사.

과 마취약 같은 것이 과다하게 투입돼 뇌가 환각을 일으킨 것이라는 것이 그것이다. 물론 이들의 말이 틀린 것은 아니다. 이들의 말대로 사람들이 환각 체험을 하는 경우도 상당히 많기 때문이다. 자신이 근사체험을 했다고 주장하는 사람 가운데 사실은 환상을 본 경우가 꽤 많다. 내가 한국에서 극히 제한적으로 만났던 극소수의 자칭 근사체험자들은 진정한 근사체험자로 보이지 않았다. 또 근사체험을 했더라도 극히 초기 단계만 체험한 것이라 연구에 그다지 도움이 되지 않았다.

우리는 근사체험자들의 생생한 체험을 통해 사후 세계라는 것은 엄연히 존재하는 것이고 우리의 의식(혹은 영혼)은 육체와 별도로 존재할 수 있다는 것을 확실하게 알았다. 그리고 우리가 영혼의 상태로 있게 되는 세계에 대해서도 어느 정도 그 속성을 알게 되었다. 그 세계는 파동으로 이루어졌다든가 시공 개념이 물질계와는 판이하게 다르다거나 의사소통은 텔레파시로 한다든지 하는 것이 그것이다. 이 근사체험에 대한 연구가 갖고 있는 의의는 인류가 사후생을 연구하는 데에 있어 큰 걸음을 했다는 데에서 찾아야 할 것이다.

신비가들의 가르침을 통해 사후생 알아보기
– 그 중에서도 특히 스베덴보리!

필자가 그 다음에 시도한 것은 신비가들의 가르침과 체험을 통해서 사후생과 환생이 실재한다고 주장하는 것이었다. 이 신비가들이라는 사람들은 그야말로 신비로운 사람들이라 보통 사람들은 상상할 수 없는 지경에 이른 사람들이다. 나는 이 사람들의 체험과 연구를 졸저 『죽음의 미래』에서 요약하고 비교분석해 보았다. 내가 주로 소개한 신비가들은

스베덴보리

스웨덴의 세계적인 개신교 신비가인 스베덴보리(1688-1772)와 그리스의 대표적 신비가인 다스칼로스(1912-1995), 그리고 국내에는 전혀 알려지지 않은 덴마크의 성자 마르티누스(1890-1981)였다. 이들의 체험이 비상한 것은 이들에게는 육체를 갖고 사는 물질계와 영의 상태로 사는 비(非) 물질계(즉 영계)의 구분이 의미가 없었기 때문이다. 이들은 자신들이 원하면 언제든지 영(혹은 의식체)의 상태가 되어, 즉 탈혼하여 자유롭게 영계를 왕래했다. 이런 사람들 가운데 가장 대표적인 사람은 말할 것도 없이 그 유명한 스베덴보리이다.

스베덴보리는 잘 알려진 것처럼 체외이탈을 해 그를 돕는 천사와 함께 천당과 지옥이라고 믿어지는 영계를 밥 먹듯이 드나든 사람이다. 그것도 약 27년 동안이나 계속해서 양계를 섭렵하면서 다녔고 그 체험을 책(『천국과 지옥(Heaven and its Wonders and Hell)』)으로 정리해서 냈다. 그런데 이 책은 처음 접하는 사람들에게는 도저히 이해할 수 없는 내용으로 가득 차 있다. 난해한 것 투성이기 때문이다. 그는 이 책에서 소위 천국과 지옥이라는 곳에 대해 소상히 밝혔는데 이 물질계의 상식으로는 도무지 이해할 수 없는 내용이 많다. 그 자세한 내용은 필자의 앞 책을 참고하기 바라는데 내 자신도 1970년대 대학을 다닐 때 강흥수 목사가 일본어 번역에서 중역한 이 책을 읽었을 때 전혀 이해할 수 없었던 기억이 아직도 새롭다.

그런데 30여년이 지나고 영계에 대한 여러 연구를 접해보니 스베덴보리의 영계 답사기는 정말로 놀랄만한 것이었음을 알게 되었다. 그 정확도나 진정성이 대단했기 때문이다. 그의 체험이 진실하다는 것은 특히 현대에 들어와 근사체험이나 본격적인 사후 세계에 대한 탐구가 시작되면서 판명이 되었다. 그가 제시했던 것들이 현대의 연구와 많은 부분에서 일치했기 때문이다. 그런 그를 칭송한 동서고금의 위대한 사상가들은 괴테를 비롯해 부지기수로 많다. 그 가운데 가장 독특한 예를 든다면 선불교를 서구에 처음으로 알린 일본의 스즈키 다이세츠를 들 수 있겠다.

스즈키는 전형적인 불교도이다. 그런 그가 자신의 전공과는 아무 관계가 없는 스베덴보리의 책[6], 특히 스베덴보리가 천계와 하계를 답사한 것에 대해 적은 책을 번역한 것이다. 그저 번역한 것에 그치지 않고 스즈키는 스베덴보리를 두고 '북구의 붓다'라고 한껏 칭송했다. 스베덴보리가 천계와 하계에 대해 적은 것을 모두 인정한 것이다. 그런데 이상하지 않은가? 스즈키는 과연 어떤 근거로 스베덴보리의 영계 탐방기가 옳다는 것을 알 수 있었을까? 그는 불교도였지만 동시에 학자였다. 스스로 수행하는 수도자이기보다는 책을 가지고 연구하는 사람에 가까웠다는 것이다. 그런 그가 불교와는 동떨어져 있는 스베덴보리의 기독교적인 세계관에 어떻게 감응할 수 있었는지 이해가 잘 되지 않는다. 스베덴보리의 책에 나오는 설명은 불교의 그것과 별 유사성이 없는데 스즈키는 과연 어떤 근거를 가지고 스베덴보리의 사상에 동조했는지 궁금하다는 것이다. 이에 대해서는 앞으로 연구가 더 필요할 것이다.

어떻든 나는 이러한 고금의 연구를 통틀어 영계에 관한 한은 스베덴보리의 연구가 최고라는 것을 알게 되었다. 물론 그에게도 기독교적인 한계가 엿보였지만[7] 그것은 시대적인 한계라고 생각하면 크게 문제될 것이

---

6) 앞에서 말한 강흥수 목사가 번역한 책도 바로 이 스즈키가 번역한 것이었다. 그런데 이 책은 일본어에서 다시 번역, 다시 말해 중역했기 때문에 책으로서 문제가 많았다. 내가 이 책을 읽고 이해하기 어려웠던 데에는 이런 이유도 있었을 것이다.

7) 가령 그는 인간의 환생에 대해서는 한 마디도 하지 않았다. 그에 비해 다스칼로스나 마르티누스는 환생을 인정했다.

없다. 이런 생각으로 나는 그의 교설을 독자들에게 알리고자 앞에서 언급한 내 책에서 아주 평이하게 소개했다. 이 정도면 누구든지 스베덴보리의 가르침을 이해할 수 있을 것이라고 생각했는데 현실은 전혀 그렇지 못했다. 당시 그의 가르침이 그다지 사람들에게 울림을 준 것 같지 않았다. 물론 한국에는 스베덴보리의 사상을 연구하는 학회도 있고 그의 책도 몇 권 번역되었다. 그러나 일반인들은 그다지 그에 대해 관심을 갖지 않았고 한국의 종교학계, 더 세부적으로 말해서 신학계에서도 그의 사상은 별로 조명 받지 못했다. 이렇게 된 이유는 무엇일까?

스베덴보리의 탁월한 사상이 왜 사람들에게 감동을 주지 못했을까를 생각해보니 그 이유는 의외로 단순했다. 그의 교설이 맞던 그르건 간에 그가(그리고 내가) 설명하려고 애쓴 것은 보통 사람들의 삶과 너무 동떨어져 있기 때문일 것이다. 얼마나 동떨어졌는가를 알고 싶다면 보통 사람들이 사후생이나 영계, 그리고 환생에 관해서 어떤 태도를 취하는지 알아보아야 한다. 이들은 대부분 영혼이 존재한다거나 사후생이 존재한다는 것 같은 아주 초보적인 사실에 대해서 부정적인 태도로 일관하고 있다. 아니, 이들은 이런 주제에 대해 관심조차 없다. 사후생이나 환생 같은 주제에 대해 이야기하면 이들은 통상 '지금 여기서 먹고 살기도 바쁜데 무슨 사후생이고 환생이냐?' 하는 태도를 취하는 경우가 많다.

그런 그들에게 스베덴보리가 말하는, 사후 세계에 있다는 천당 3단계와 지옥(하계) 3단계 등에 대해 말하면 도대체 무슨 설득력이 있을 수 있겠는가? 이들이 이런 이야기를 들으면 필경 대부분 '귀신 씨나락(볍씨) 까먹는 소리하고 있다'라는 태도를 취하거나 아예 외면할 것이다('귀신 씨나락' 이야기는 영적인 존재인 귀신이 어떻게 물질인 볍씨를 까서 먹을 수 있겠느냐는 것으로 있을 수 없는 터무니없는 소리를 말할 때 인용하는 문구이다).

대부분의 사람들은 물욕의 소유자들이다. 아니, 그냥 대부분의 사람이 아니라 거의 모든 사람들이 그렇다고 해야 할 것이다. 그런 우리들에게는 이 세상이 전부이다. 우리에게 존재하는 것은 이 세상뿐이지 이 세상을 넘어 있다고 하는 것은 아무 의미가 없다. 그래서 우리들은 이 세상에서 어떻게 하면 더 많은 돈을 벌고 더 많은 명예나 권력을 가지며 더 많은 쾌락을 누릴 수 있을까 하는 데에만 골몰하며 살고 있다. 우리에게는 이것이 전부인 것이다. 물론 이런 것이 부질없다고 하는 사람들도 있다. 그러나 그런 이야기를 하는 사람들도 가까이 가서 관찰해보면 똑같은 욕망을 갖고 있는 것을 알 수 있다. 이런 것이 허망하다고 주장하는 사람들 가운데에는 종교인들이 많은데 그들도 근접해서 세밀히 살펴보면 사람들이 잘 알아채지 못해서 그렇지 그들 역시 여전히 물욕이나 권력욕, 혹은 무지(ignorance) 등에 빠져 있는 것을 알 수 있다. 이 점에서 예외인 인간을 참으로 보기 힘든데 이런 이야기를 하는 것은 우리 인간이 그만큼 이 세상의 욕망에 빠져 있다는 것을 말하기 위함이다.

그런 사람들에게 이 세상과 너무도 다른 천계와 하계에 대해서 이야기하면 그게 먹힐 수 있을까? 그저 오늘 내일의 자신의 쾌락에만 관심이 있는 사람에게 천당의 생김새가 어떻고, 지옥에 가면 불이 활활 타고 있는데 그게 바로 우리의 정욕이 외현화 된 모습이라고 하면 과연 머리를 끄덕거리면서 받아들이겠느냐는 것이다. 뿐만 아니라 우리는 죽은 다음에 1차 영역에 가서 잠시 머문 다음에 준비가 다 끝나면 자신의 진짜 고향인 2차 영역으로 간다고 하면 이런 이야기를 도대체 받아들이겠냐는 것이다. 아마도 이런 이야기를 들으면 일반적인 세상 사람들은 분명 자다가 봉창 두드리는 소리를 하느냐고 반응할 것이 틀림없다.

이 이야기가 실감이 안 나면 불경(법화경)에 나오는 유명한 이야기를 인용해보자. 보통 '삼계는 화택(火宅)'이라는 이름으로 알려진 이 이야기는 '이 물질계뿐만 아니라 정신적인 세계도 모두 불타고 있는 집'이라는 내용을 담고 있다.[8] 그러니까 깨달음을 얻기 전의 세계는 모두 불타는 집처럼 위험하다는 것인데 문제는 그 불타는 집 안에서 아이들이 집에 불이 난지도 모르고 장난감을 가지고 놀고 있다는 데에 있다. 그런데 이 아이들은 덜 떨어진 어떤 특별한 아이들이 아니라 바로 우리들을 지칭한다.

집에 불이 나서 언제 무너질지 모르는데 우리들은 그 안에서 장난만 하고 있는 것이다. 이 경우에 장난은 돈이나 성욕, 권력욕에 미친 것을 말하는데 우리들이 이런 데에 빠져 탈출할 생각을 하지 않고 있다. 그래서 이런 중생들을 보다 못한 불보살들이 문 밖에 수레를 놓고 그 아이들에게 너희들이 문 밖으로 나오면 수레를 태워주며 놀아주겠다고 유인한다는 것이 이 비유의 전모이다. 그러니까 이 비유는 우리들이 붓다가 알려준 불법을 잘 이행하고 따르면 윤회의 수레바퀴에서 벗어날 수 있다고 한 것인데 그보다 우리가 더 관심 가는 것은 이 비유를 대한 우리들의 태도이다.

이 비유에는 아이들의 반응에 대해서는 별 말이 없지만 추측컨대 불보살들이 이렇게 꼬여도 아이들, 즉 우리들은 장난하는 데에 정신이 팔려 그들의 제의를 받아들이지 않을 것이다. 우리들은 왜 그들이 제시하는 것을 따르지 않는 것일까? 그 이유는 대체로 다음과 같지 않을까. 이 물질계에서 돈이나 증권을 가지고 놀고 땅이나 집을 팔고 사는 게 얼마나 짜릿한데, 또 술 마시고 섹스 하는 게 얼마나 재미있고 좋은데 이것을 버리

---

8) 이때 말하는 삼계는 알려진 것처럼 욕계, 색계, 무색계인데 욕계가 물질계라면 색계와 무색계는 육신은 없이 의식만 있는 상태를 말한다. 욕계가 몸을 갖고 사는 세계라면 뒤의 두 세계는 영혼들의 세계라 하겠다. 이 세계들은 위로 올라갈수록 의식이 의식하는 정도가 약해진다고 한다. 이 가운데 가장 높은 단계는 무색계의 비상비비상처(非想非非想處)이다. 이 상태는 말할 수 없이 미묘하다. 왜냐하면 생각이 남아 있다고 할 수 없지만 그렇다고 생각이 완전히 소멸된 것도 아니기 때문이다. 이 상태는 물질계에서 볼 때 엄청나게 높은 단계이지만 여전히 생각이 남아 있기 때문에 이 역시 영원한 것은 아니고 윤회의 영역에 들어간다고 한다. 불가에서는 이런 엄청나게 높은 영역마저 불타고 있다고 과감하게 선언한다.

고 어디를 가겠느냐는 것이다.

내 생각에 이런 보통의 우리들에게 영계에 대한 이야기를 하는 것은 바로 이런 상황과 비슷할 것이다. 지금 우리들은 증권이나 승진, 부동산 등 아주 사소한(?) 것에 매달려 인생을 걸고 살고 있는데 그런 우리들에게 영계가 어떻게 생겼고 거기 가서 무엇을 어떻게 하는 것이 좋겠다고 한다면 그것은 소귀에 경 읽는 것과 같을 것이라는 것이다. 그런 의미에서 신비가들의 뛰어난 가르침을 통해 영과 환생이 실재한다는 것을 알려주는 일은 그다지 성공하지 못했다는 생각이 든다.

가장 객관적으로 보이는 이안 스티븐슨의 연구

그런데 이 주제에 관해 놀랄 만큼 주밀하고 객관적으로 연구를 한 사람이 있어 우리의 주목을 끈다. 그는 바로 미국 버지니아 의과 대학의 정신과에서 교수로 오래 재직했던 이안 스티븐슨(1918~2007)이다. 그에 대해서는 뒤에 자세히 볼 터이니 여기서는 그의 연구가 왜 독보적인가에 대해서만 아주 간단하게 보기로 하자.

이안 스티븐슨

그는 인간에 대해 큰 궁금증을 갖고 있었는데 그중에서도 개개인이 갖고 있는 육체적인 특징과 정신적인 특징이 어디에서 비롯되었는가에 대해 특히 관심이 많았던 모양이다. 이것을 설명하기 위해 그는 유전자 이론이나 환경 영향론을 검토해보았는데 물론 이 두 이론으로 설명되는 경우가 많았지만 이 두 이론으로 설명되지 않는 예도 적지 않음을 알게 되었다. 그 결과 그는 환생 이론 쪽으로 관심을 돌리게 된다. 그가 이 환생 이론으로 설명하고자 했던 것은, 사람들이 갖고 있는 특질들은 많은 경우 선천적으로 태어날 때 갖고 온 것이라는 것이다. 즉 유전인자나 환경의 영향과는 무관하게 전생으로부터 자기가 가져왔다는 것이다. 이에 대한 자세한 것은 본문에서 다루니 그때 다시 보기로 하자.

그에게 남은 다음 과제는 이 환생 이론이 맞는다면 이 이론을 객관적으로 증명하는 일이었다. 이를 위해 그는 기존의 수많은 방법들을 검토해 보았다. 이 방법에는 앞에서 본 것 같은 역행 최면법도 있었고 근사체험자들의 증언에 대한 연구도 있었다. 그런데 이런 방법들은 객관적으로 증명할 수 없다는 아주 치명적인 약점을 갖고 있었다. 그렇지 않은가? 앞에서 본 것처럼 아무리 역행 최면으로 전생을 밝혀냈다고 해도 그 사람이 전생에 살던 곳에 가서 그것을 확인하는 것은 절대로 쉬운 일이 아니다. 또 그 사람의 전생이 역사적으로 오래 전에 존재했다면 그 전생에 대한 기록이 남아 있는 경우가 드물 것이다. 이런 이유 때문에 이 방법은 환생의 실재를 증명하는 데에 그다지 효력을 발휘하지 못했다.

이 이외에도 우리 인간이 자신의 전생이라고 간주되는 생에 대한 지식이나 정보를 가질 수 있는 방법은 또 있다. 그런 방법 가운데 가장 일반적인 방법은 초감각적 지각(ESP), 쉽게 말해 초능력이다. 이 능력을 가진 사람은 전생이라고 여겨지는 생에 대한 정보를 알 수 있다고 알려져 있다. 또 조금 전문적인 용어로 잠복기억(cryptomnesia), 즉 어떤 경로로 획득한 것인지는 모르지만 자신의 무의식 안에 저장된 정보를 통해서 자신이 전생에 누구였다고 말할 수 있을 것이다. 더 극적인 것은 제노글로시(xenoglossy, 배운 적 없는 외국어를 할 줄 아는 능력)인데 이 능력을 통해서 자신은 다른 나라에서 다른 언어를 쓴 전생이 있다는 것을 주장하는 경우도 있다(그런데 이때에는 최면법이 많이 동원된다).[9] 또 빙의라는 방법을 통해서 전생이라고 여겨지는 생에 대한 정보를 얻을 수 있는 경우도 있다.

전생을 기억하는 아이들을 찾아서

전생을 알아내는 데에 있어서 앞에서 본 방법들이 잘못된 것은 아니지만 스티븐슨은 더 확실한 방법을 원했다. 이유는 간단하다. 방금 말한 것처럼 위의 방법들은 확실하게 검증할 수 있는 방도가 없기 때문이다. 그래서 스티븐슨이 택한 방법이 바로 전생을 기억하는 것으로 보이는 아이들을 대상으로 연구하는 것이었다. 스티븐슨이 자신의 연구에서는 명확하게 이야기하고 있지 않지만 환생이나 윤회를 연구하는 사람들 사이에는 암묵적으로 인정하는 사항이 있다. 그 중의 하나가 어린 아이들의 전생 기억이다.

환생을 인정하는 사람들의 연구에 따르면 사람들은 아주 어렸을 때에는 직전생의 기억을 갖고 있다고 한다. 이것이 가능한 이유는, 우리가 비록 새로운 생으로 들어왔지만 아직 이 생에는 적응하기 전이고 직전생의 기억이 완전히 사라진 것도 아니기 때문에 아주 어렸을 때에는 전생을 기억할 수 있다는 것이다. 그러다 6~7살이 되면 이번 생에 적응하게 되고 그 결과 전생을 더 이상 기억하지 못하게 된다고 한다(사람에 따라 그 뒤에

---

9) 이것을 주제로 쓴 책이 스티븐슨의 다음의 책이다.
『Unlearned Language: New Studies in Xenoglossy』(버지니아 대학 출판부, 1984).

도 전생을 기억하는 사람이 적지 않다).

독자들의 이해를 돕기 위해 다른 예로 이 현상을 설명해보자. 우리가 아침에 잠을 깨면 처음에는 계속 꿈을 꾸고 있는지 혹은 잠이 다 깼는지가 잘 구분이 안 되는 경우가 있다. 그래서 바로 잠에서 깨었을 때에는 꿈에 대한 기억이 잘 난다. 그러다 4, 5분 정도 지나면 온전한 의식이 돌아오고 자신이 잠에서 완전히 깼다는 것을 알게 된다. 그런데 신기하게도 많은 경우 그때가 되면 조금 전까지 기억나던 꿈을 기억할 수 없게 된다. 아주 인상적인 꿈이 아니라면 지난밤에 꾸었던 꿈이 거의 기억나지 않는다.

바로 이 체험을 가지고 시간을 늘리면 전생과 현생의 이야기가 된다. 그러니까 우리가 아주 어렸을 때에 전생에 대한 기억이 나는 것은 흡사 우리가 잠에서 깨어난 직후에 꿈이 생각나는 것과 같다는 것이다. 잠은 겨우 몇 시간 정도만 자다가 깬 것이라 그때 꾼 꿈에 대한 기억이 불과 몇 분밖에 지속되지 않지만 전생은 수십 년을 살았던 것이라 다음 생에도 아주 어렸을 때에 그 기억이 몇 년 정도 가는 것 아닐까 한다.

그런데 아이들 가운데에는 자신의 전생에 대해 발설하는 아이들이 있다. 우리는 얼마나 많은 아이들이 자신의 전생에 대해 알고 있고 그것에 대해 말하는지 잘 모른다. 왜냐하면 자신의 전생에 대해 말한 아이들 가운데에는 부모를 비롯한 주위 사람들이 그들에게 핀잔을 주고 무관심한 태도로 대하기 때문에 전생에 대해 발설하는 일을 멈추는 아이들이 많기 때문이다. 사실 우리들도 그 나이에 전생에 대해 이야기했는지도 모른다. 그런데 우리가 속해 있는 사회의 문화는 대체로 전생의 실재를 용인하지 않기 때문에 우리가 전생에 대해 이야기한다 해도 무시 혹은 무관심으로 대접받았을 것이다. 그렇게 되면 우리는 이 전생 이야기가 주위로부터 좋지 않은 평가를 받는다는 것을 알고 더 이상 이야기하는 것을 멈추게 된다. 그렇게 있다가 나이를 먹으면 전생에 대한 기억이 사라져 나중에는 자신이 전생에 대해 기억을 했다는 사실조차 잊어버리게 된다.

그런데 스티븐슨을 포함한 전문가들의 연구에 따르면 아이들이 전생을 기억하는 것은 대체로 2살부터 4살 사이의 기간 동안이라고 한다. 그러니까 아이들은 말문이 터지면서 전생에 대해 발설하기 시작하는 것이다(하기야 말문이 안 터졌을 때에 어찌 전생에 대해 말할 수 있겠는가?). 스티븐슨이 주목한 아이들이 바로 이들이다. 자신의 연구에서 명확하게 밝히지는 않았지만 그는 이미 어린 아이들이 전생을 기억하고 있다는 사실을 많은 조사를 통해 잘 알고 있었을 것이다. 그런 생각을 갖고 그는 약 40년이라는 긴 세월 동안 전 세계를 돌아다니면서 이런 아이들에 대해 조사를 감행했다. 그리고 그것을 모두 기록에 남겼고 그 대표적인 예에 대해서 책이나 논문으로 발표했다.

스티븐슨이 자신의 연구 대상으로 이 아이들을 잡은 데에는 다른 명확한 이유가 있었다. 이 아이들은 보통 죽은 지 몇 년 안 되어 환생한 아이들이었다. 그리고 전생에 자기가 살았다고 주장하는 지역도 현생의 집과 가깝게는 바로 이웃인 경우도 있었고 멀어도 수십 내지 수백 킬로미터 정도밖에 떨어져 있지 않았다. 따라서 많은 경우 스티븐슨의 일행들은 아이가 주장하는 자신의 전생의 가족들을 찾을 수 있었고 이들과 함께 이 아이가 말한 것이 사실인지 아닌지를 확인할 수 있었다. 이를 테면 전생을 기억하는 아이가 전생의 엄마 이름은 무엇이었고 자신은 그 집에서 어떤 이름으로 불렸고 몇째 자식으로 태어났다는 것을 발설하면 스티븐슨은 그 정보를 가지고 직접 전생의 가족에게 가서 확인할 수 있었다.

그는 그렇게 확인된 예를 가지고 책이나 논문으로 발표했는데 이 연구가 우리에게 갖는 의미가 무엇일까? 생각해보면 이것이야말로 환생이 존재한다는 것을 유력하게 뒷받침하는 증거가 되지 않을까? 그는 그런 아이들이 전생 정보를 자기 자신의 영혼에 저장된 정보에서 얻은 것이라는 것을 밝히기 위해 많은 노력을 했다. 즉 그는 그 아이의 전생 기억이 다른 경로를 통해 들어온 것이 아니라는 것을 밝히려고 한 것이다. 예를 들어 이 전생의 기억이 부모를 비롯한 다른 사람에게서 암묵적으로 흘러 들어온 것도 아니고 또 초능력이나 잠복 기억에서 비롯된 것도 아니라는 것을 밝히고 싶었던 것이다.

그런 연구 끝에 그는 환생론이야말로 이런 사건을 설명해줄 수 있는 가장 좋은 방법이 아니겠느냐고 반문하고 있다. 자세한 내용은 본문에서 상세히 보기로 하지만 그의 연구에 일관되게 흐르는 풍조는 환생론을 진리처럼 생각하자는 것이 아니라 다른 이론을 보완해줄 수 있는 이론 정도로만 생각하자는 매우 냉철한 것이다. 그런 그의 태도가 그의 연구 결과에 대한 신임도를 높여준다.

어떤 아이들이 자신의 전생을 잘 기억할까?

스티븐슨이 이런 아이들을 대상으로 조사한 데에는 또 다른 이유가 있었을 것이다. 사후생이나 환생을 연구한 학자들에 따르면 어릴 때 죽거나 사고로 죽은 영혼들은 적지 않은 경우 곧 다시 태어난다고 한다(물론 그 반대의 경우가 전혀 없는 것은 아니다). 이런 주장은 일반인들에게는 너무나 생소해 믿을 수 없겠지만 이 분야의 연구자들에게는 상식처럼 되어 있다. 나는 이런 사실을 이미 졸저인 『죽음의 미래』에서 상세하게 밝힌 바 있다.

이 연구가들이 이렇게 말할 수 있는 근거를 살펴보면, 특히 어려서 죽은 영혼은 이번 생의 경험이 일천하기 때문에 사후 세계에 가더라도 '복습'할 게 별로 없어 다시 학습하러 환생한다는 것이다. 이들은 환생해서 새로운 경험을 쌓는 게 낫다고 생각한 것이리라. 반면에 사고사로 죽은 사람들이 곧 다시 태어나는 이유에 대해서는 이들이 확실하게 이야기하지는 않지만 추정해볼 수는 있을 것이다. 추측컨대, 이들은 너무나도 급작스럽게 이 세상을 떠나 당시의 생을 정리할 시간이 없었을 것이다. 그 때문에 그들은 다시 생을 시작해서 천천히 그 생을 정리하기 위해 이 세상에 곧 환생한 것 아닐까 하는 생각이 든다. 이렇게 추정할 수 있는 근거는 스티븐슨의 연구 결과에서 발견된다. 전생을 기억하는 아이들의 이야기를 들어보면 전생에 사고로 죽은 경우가 대다수였기 때문이다. 이것은 본론에서 소개되는 사례를 보면 확실하게 알 수 있으니 그때 다시 보기로 하자.

스티븐슨의 연구는 여기서 끝나지 않고 한 걸음 더 나아갔다. 스티븐슨에 따르면 어떤 사람이 사고사로 죽었을 경우 그때 입은 상처가 다음 생의 몸에 흔적을 남기는 경우가 많다고 한다. 스티븐슨의 연구는 어렸을 때 자신이 전생에 어떤 사고로 죽었다는 것을 증언한 아이에 대한 것이었다. 자신은 전생에 어떤 사람이었는데 어떤 사고 혹은 살인사건에 연루되어 죽었다고 증언한 아이들이 바로 스티븐슨의 연구 대상이었던 것이다. 이에 대해서 엄청난 연구 결과가 모여졌고 스티븐슨은 그것을 앞에서 말한 것과 같은 2천 페이지 이상에 달하는 책 두 권[10]으로 출간한 바 있다. 이 연구에서도 그는 자신이 인용한 수많은 예들에 대해 현장 검증을 실시해 각 사례들이 틀리지 않다는 것을 증명하려고 온힘을 다했다(그러나 현장 검증을 할 수 없는 예도 적지 않았다).

이번 책에서 내가 소개하려는 것은 바로 이러한 스티븐슨의 연구이다. 그의 연구는 이 분야에서 가히 어떤 추종도 불허하는 독보적인 것이다.

---

10) 『Reincarnation and Biology』, Praeger 출판사, 1997.

인간의 환생 현상에 대해 그동안 수없이 많은 연구가 있었지만 그의 연구처럼 과학적인 접근 방법을 쓰고 객관적인 증거를 댄 연구는 드물었다. 게다가 그는 40년이라는 엄청난 세월을 이 한 주제를 연구하는 데에 쏟아 부었다. 뿐만 아니라 그는 그렇고 그런 연구자가 아니라 이 시대 최고의 과학자이자 의사 중의 한 사람이었다. 그가 연구하는 방법이나 내용을 보면 그 주밀함에 놀라지 않을 수 없다. 한 사건을 두고 오랫동안 여러 사람들을 탐문해서 연구를 하고 그 세세한 것을 아주 꼼꼼하게 기록으로 남겼다. 또 그는 자신의 한계나 실수에 대해서 밝히는 데에도 주저하지 않았다. 그의 연구를 읽어본 사람들은 이에 대해 동의할 것이다.

물론 그의 연구에 대한 비판이나 반론도 만만치 않다. 이에 대해서는 본론에서 간략하게 다룰 터인데 대부분의 비판을 보면 스티븐슨의 연구가 자신들의 세계관과 맞지 않기 때문에 비판하는 것 같은 인상을 받는다. 이러한 비판은 감정적인 비판에 불과하다. 한 연구가 잘못되었다는 것을 밝히려면 그 연구에 내적인 일관성이 결여되었다는 것을 밝혀야 한다. 즉 자신의 의견과 다르기 때문에 그 연구가 잘못된 것이 아니라 그 연구 내에 모순이 있다는 것을 드러내야 한다는 것이다. 그런데 스티븐슨의 연구에 대한 비판에는 그런 것이 그리 발견되지 않는다.[11] 그보다는 스티븐슨이 주장하고 있는 인간의 환생이라는 개념이 기존 서구 사회의 상식, 즉 유물론적인 과학적인 사고나 사후생은 인정하지만 환생은 인정하지 않는 기독교의 기존 관념과 상치되니 비난의 눈을 갖고 보는 것 같다.

백보 양보해서 스티븐슨의 연구에 부분적으로 문제가 있다고 하자. 그러나 그렇다고 해서 그가 행한 연구 전체가 문제가 있는 것은 아니다. 그의 연구에서 잘못된 것 한두 개를 가지고 전체를 부정하는 것은 바람직한

11) 물론 필자가 이 주제에 대해 광범위하게 살펴 본 것은 아니다. 이것은 필자의 잘못만 있는 것이 아니라 환경적인 문제도 있다. 이에 대한 자료는 필자가 구하고 싶어도 한국에서는 구할 수가 없기 때문이다.

태도가 아니다. 사정이 어떻든 그의 연구에 문제가 있을 수도 있다는 것을 염두에 두고 그의 연구를 살펴보는 것은 대단히 값진 일일 것이다.

스티븐슨의 연구를 본격적으로 보기에 앞서

그런데 스티븐슨의 연구를 본격적으로 보기에 앞서 서론 격으로 먼저 살피고 싶은 것이 있다. 그것은 인간의 사후생이나 환생에 대해 어떤 의견들이 있는가에 대한 것이다. 이에 대해서는 대체로 서너 가지의 견해가 있다. 인간은 죽으면 아무 것도 남지 않는다는 견해부터 시작해서 사후생은 있지만 환생은 안 한다는 견해, 그 다음으로는 인간은 끊임없이 환생한다는 견해가 있다. 그리고 맨 마지막으로 환생은커녕 인간의 의식은 다 허상에 불과하다는 최상승의 시각도 있다. 나는 이 서너 가지 견해에 대해 소개하고 그것이 갖고 있는 문제점에 대해 밝히려고 노력할 것이다. 이렇게 하는 이유는 이 책이 택하고 있는 입장이 어떤 것인가를 밝히고 그것과 다른 입장들을 비교 분석하는 일이 필요하다고 생각했기 때문이다.

그 결과를 보면 마지막 입장, 즉 환생이니 카르마니 하는 것들은 존재하지 않는다는 최상승의 입장을 제외하고 앞의 세 가지 입장들은 각각 나름대로의 문제점을 갖고 있는 것으로 드러날 것이다. 이 책은 인간의 환생(그리고 카르마)를 인정하고 그것을 설명하는 입장을 취할 것이다. 이 입장은 앞의 두 입장, 즉 사후생을 부정하는 입장과 사후생은 긍정하지만 환생은 인정하지 않는 두 입장보다 포괄적이다. 그러나 그렇다고 하더라도 이 입장이 모든 것을 다 설명해 주지는 못한다. 이 입장에도 약점이 보이기 때문이다.

이러한 한계점을 명확히 알고 앞에서 말한 서너 가지 입장을 검토한다면 이러한 태도는 인간의 환생을 설명하고자 하는 우리의 시도에 많은 도움을 주리라 믿는다. 나의 입장은, 인간이 환생한다는 것은 부정할 수 없는 사실이지만 그렇다고 해서 환생설이 인간의 모든 상황을 다 설명해줄 수 있는 그런 완벽한 이론은 아니라는 것이다. 다시 말해 환생설은 다만 앞의 두 가지 설보다 더 포괄적인 이론이라는 것이지 그것만이 진실이라는 것은 아니라는 것이다. 이 점을 염두에 두고 다음 장으로 넘어가도록 하자.

서설

사후생과 환생에 관한 서너 가지 견해

첫 번째 태도
현생만 인정하는 견해 – 사후생은 없다!

인간의 사후생이나 환생이라는 문제와 관련해서 주위에서 가장 흔하게 발견되는 것은 사람은 죽은 뒤에 어떤 의식도 갖지 않는다고 믿는 것이다. 쉽게 말해 죽으면 끝이라는 것이다. 주위에서 만나는 사람들 보고 '사후생은 분명 존재한다'라고 하면 놀라는 사람이 많다. 자신들은 별 생각 없이 죽으면 아무것도 안 남을 것이라고 생각했는데 그렇지 않다고 하니 놀라는 것이다. 이런 사람들을 굳이 '유물론자'라고 말할 필요가 있을지 모르겠지만 현대인들은 소위 과학적인 교육을 받아서인지 사후생을 부정하는 것이 기본적인 태도처럼 되어 있다는 느낌을 많이 받는다(심지어는 기독교인 가운데에도 이런 태도를 가진 사람들이 있다).

인간의 의식은 뇌의 작용에 불과하다! vs 그렇지 않다! 이런 주장을 하는 사람들의 일관된 주장은, 인간의 의식은 뇌에서 생겨나는 것이라 뇌가 노화하거나 심하게 손상되면 의식이 없어진다는 것이다. 이들의 주장은 분명 일리가 있어 보인다. 우리들은 뇌사 상태에 들어간 사람들이 어떤 의식도 갖지 못하는 것을 많이 보아 왔으니 말이다. 아울러 사람이 코마 상태에 들어가지 않았더라도 건강이 심하게 나빠져 의식을 잃거나 마취 상태에 들어가 뇌가 작동하지 않는 사람들이 의식을 갖지 못하는 것도 뇌가 우리의 의식을 주관하는 것 아니냐는 주장에 힘을 실어주고 있다.

이 주장은 다음과 같은 조건, 즉 이번 생에만 국한하면 맞는 것처럼 보인다. 그러니까 현생에 육체를 갖고 사는 삶의 입장에서 보면 맞는 것처럼 보인다는 것이다. 이 물질적인 세계에서는 뇌가 작동해야 우리가 의식을 갖게 되는 것처럼 생각되는데 이 물질 영역을 벗어나면 이야기가 전혀 달라진다. 물질 영역을 벗어난다는 것은 영적인 영역으로 가는 것인데 만일 이 영적인 영역을 인정하게 되면 우리 인간은 뇌, 즉 육체 없이도 생각하는 일이 가능하다는 것을 알게 된다. 그뿐만이 아니다. 이 입장에서 보면 물질주의자들의 견해는 '전도된 세계관'이라 할 수 있다. 순서가 바뀌었다는 의미에서 '전도되었다'고 하는 것이다. 이들은 육체가 먼저 있어야 영이나 정신이 가능하다고 생각하는데 사실은 영이 있은 다음에야 육체가 가능하다는 것이 영적인 영역을 인정하는 사람들의 입장이다.

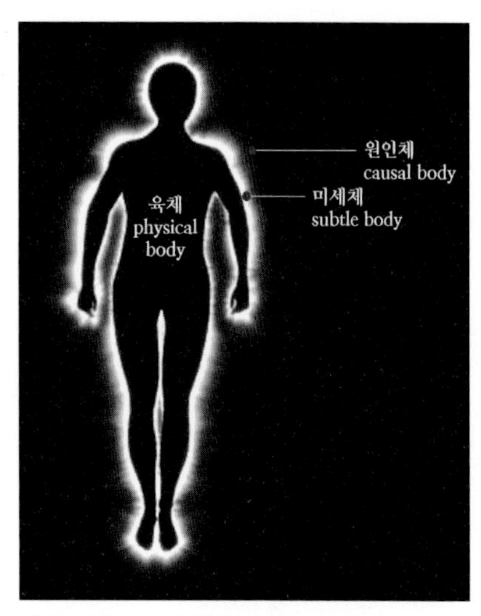

세가지 몸으로 구성된 우리 몸

이 입장을 견지하는 대표적인 그룹은 인도 사상이다. 특히 힌두교가 그러한데 이 사상에 따르면 우리 인간은 세 가지 몸으로 구성되어 있다.[12] 원인체(causal body)와 미세체(subtle body), 그리고 육체(gross body)가 그것인데 이러한 몸 이론은 아주 간결한 것이지만 우리의 영육을 설명하는 데에는 매우 적절하다. 이 세 가지 몸 이론에 입각해 후대에 그 몸을 7개나

---

12) 이 입장은 힌두교에서도 아드베이타 베단타학파(힌두교의 대표적인 불이론 학파) 등의 학설이다.

9개, 11개 등등으로 세분하는 이론들이 나오게 되는데 그 큰 틀은 이 세 가지 몸 이론에 기초를 두고 있다. 이 이론에 따르면 우리는 육체 때문에 다른 두 가지 몸-이것을 다르게 표현하면 그냥 '영'이라고 해도 무방하다-을 갖는 것이 아니라 이 선행하는 두 가지 몸 때문에 육체를 갖게 된다고 한다. 좀 더 풀어서 말하면 원인체가 있어서 미세체가 생기고 미세체가 있어서 육체가 생기는 것이라 할 수 있다.

따라서 이 입장에서 보면, 육체가 없으면 다른 두 몸(영)도 없어진다고 생각하는 것은 거꾸로 된 세계관이다. 그와는 반대로 육체가 사라져도 그것을 만들어낸 미세체나 원인체는 남으니 인간은 사후에도 의식을 가질 수 있다는 것이 그들의 주장이다.[13] 이것을 앞에서 행한 뇌에 대한 설명과 연결해서 보면, 우리 인간은 뇌라는 육체적 기관이 없이도 생각할 수 있다는 것이다. 그런데 이런 주장은 특히 과학이 발달한 현대에 와서 그다지 환영을 받지 못했다. 왜냐하면 과학은 육감으로 느끼고 지각할 수 있는 세계만 인정하는 경향으로 흘렀기 때문이다. 그런데 1970년대 중반으로 들어서면서 영을 인정하는 이 입장을 전적으로 지지하는 사람들이나 과학의 유물주의적인 사고를 반대하는 사람들이 불현듯 나타나기 시작했다. 이 사람들이 누구일까? 바로 근사(임사) 체험을 한 사람들이다.

인간의 의식은 뇌와 별도로 존재한다! 근사체험자들에 따르면 그들은 사망 선고를 받고 의식이 완전히 꺼진 상태에서 자신의 몸 주위에서 일어나는 일을 모두 보았다고 한다. 물론 이때 의식의 주체는 이른바 '영혼'이라고 하는 존재이다. 그들은 영의 상태로 자신의 육체를 위에서 바라보았고 그 곁에 있는 의사들이 하는 일을 모두 목격했다고 전한다. 이들의 영

13) 그들의 주장에 따르면 미세체는 일정 기간이 지나면 육체처럼 없어지고 원인체만 남게 된다고 한다. 그래서 이것을 환생과 연결시켜 말하면 환생의 주체는 이 원인체라 할 수 있다. 그러나 이것이 그들이 말하는 진아, 즉 아트만은 아니다.

은 이렇게 있다가 무슨 이유인지 모르지만 다시 육체로 돌아와 그것으로 인해 그들은 살아나게 된다. 그런 다음 자신이 영의 상태로 있을 때 목격한 일들을 주위 사람들에게 이야기하는데 그들의 전언이 틀린 것이 없는 것으로 판명되는 경우가 많다. 이러한 예는 부지기수로 많아서 세세한 예를 더 들 필요는 없다.[14)]

핌 반 롬멜

구미의 의학계는 이러한 근사체험에 대해 처음에는 이 체험이 앞에서 잠깐 살핀 것처럼 환상이나 산소 결핍 등의 요인 때문에 생긴 것으로 폄하해버렸다. 그러나 진지한 의사나 의학자들이 나와 근사체험을 주밀하게 연구했고 이 체험은 진실하다고 평가를 내리는 사람이 생겨나기 시작했다. 그 중의 대표적인 사람은 국제근사연구학회장을 역임한 브루스 그레이슨이나 네덜란드의 저명한 심장병 전문의인 핌 반 롬멜이다.[15)] 의사들은 대체로 유물론에 경도되어 있어 영혼을 인정하지 않는데, 이들은 비록 영혼이라는 단어를 쓰지는 않았지만 인간의 의식은 뇌의 중재가 없어도 작동할 수 있다는 가능성을 보여주었다.

이 두 사람 가운데 롬멜은 영혼이라는 말 대신에 국한되지 않는 의식이

---

14) 더 자세한 것을 원하는 사람은 필자의 『죽음, 또 하나의 세계』를 참고하면 된다.

15) 이 주제에 관해 이들이 발표한 대표적인 논문은 다음과 같다.
Bruce Greyson(2003). "Incidence and correlates of near-death-experiences in a cardiac care unit" *Gen. Hosp. Psychiatry* 25: 269-276.
Pim van Lommel(2011), "Near-death-experiences: the experience of the self as real and not as an illusion" *Annals of New York Academy of Science* 1234: 19-28.
롬멜은 이 논문에 입각해서 같은 주제로 다음의 책을 출간했다.
『Consciousness Beyond Life: The Science of the Near-Death Experience』, Harper One 출판사, 2011.

라는 의미에서 '비국지적 의식(Non local consciousness)'이라는 단어를 사용했는데 이는 영혼의 다른 표현에 불과하다고 할 것이다. 이런 단어를 쓴 배경을 풀어보면, 우리의 의식은 뇌라는 한정된(local) 장소를 벗어나도 작동할 수 있다는 것이 그것이다. 이러한 주장을 의학자가 했다는 것은 대단한 것이다. 대부분의 의학자들은 인간 의식의 활동을 뇌의 작용으로 국한시키는 환원주의자들인 경우가 많은데 이 사람은 그것을 거부했기 때문이다. 그러나 이러한 입장은 앞에서 소개한 힌두교의 가르침을 적용하면 어렵지 않게 설명될 수 있다.

힌두교 교리에 따르면 사람이 심하게 다치거나 크게 노화되어 육체가 더 이상 영혼을 잡지 못하게 되면 영혼은 바로 육체를 떠나게 된다. 이때 영의 상태는 앞에서 본 (원인체가 품고 있는) 미세체의 상태라고 할 수 있을 것이다. 이 미세체는 의식(혹은 생각)을 할 수 있는 능력을 갖고 있기 때문에 자신 주위에서 일어나는 일들을 모두 의식할 수 있다. 물질계에서 일어나는 일을 모두 보고 들을 수 있다는 것이다. 그러나 물질계와 소통은 할 수 없다. 차원이 달라졌기 때문이다. 이와 관련해서 조금 성급하게 말하면 이 육체, 즉 뇌가 의식을 가질 수 있는 것은 이 미세체(그리고 원인체)가 의식을 갖고 있기 때문이지 뇌가 독자적으로 의식을 갖고 있기 때문은 아니라고 할 수 있다.

이처럼 인간의 의식이 뇌와 별도로 의식 기능을 가질 수 있다는 주장은 비단 오늘날에 와서 생긴 것은 아니다. 서양의 학자 가운데 이 주장에 대해 강한 긍정을 한 대표적인 학자로 우리는 미국의 저명한 학자인 윌리암 제임스를 들 수 있다. 그는 19세기 말 뇌와 인간의 의식의 관계를 연구하고 나름대로의 의견을 제시했다.[16)] 그에 따르면 뇌는 생각을 만들어낸다

16) 이에 대해서는 다음의 책을 참고했다. 짐 터커(2005), 『어떤 아이들의 전생 기억에 관하여』, 박인수 역(2015), 김영사, pp.272-273.

기보다는 그것을 승인하고 전달하는 기능을 한다는 것이다. 그는 보다 나은 이해를 위해 뇌를 색 유리에 비유했다. 이 유리는 그것을 통과하는 빛의 색깔을 결정하지만 빛 자체를 만들어내지는 못한다. 마찬가지로 뇌는 어떤 생각을 조절하지만 생각 그 자체를 만들어내는 것은 아니라는 것이다. 더 나아가서 그는 이 물질계에서는 생각을 전달하는 것이 뇌에 의존하지만 육체가 소진되었을 때 인간의 의식이 살아남는다는 것은 이상한 일이 아니라고 주장했다.

그는 더 나아가서 아주 귀중한 관찰을 제공했다. 그에 따르면 뇌가 노화하거나 큰 충격을 받아 그 기능이 전부 멈추었을 때 "그것과 연관된 의식의 흐름도 이 자연계에서 사라지지만 의식을 관장하는 '존재 범위'는 여전히 손상되지 않을 수 있다"는 것이다. 그가 말한 '존재 범위'라는 것이 무엇인지 확실하지는 않지만 우리의 의식을 가능하게 하는 상위 개념, 즉 의식을 넘어서는 '의식의 장'으로 보면 되지 않을까 하는 생각이다. 평상시에는 이 상위 개념이 우리의 뇌를 통해 자신을 물질계에 드러내지만 뇌가 작동하지 않으면 더 이상 물질계에 자신을 드러내지 않게 된다. 그러나 이 장은 여전히 비물질계에서는 존재하고 있는 것으로 이해할 수 있다.

독자들의 이해를 돕기 위해 다음과 같은 비유를 들어보자. 이 비유는 스티븐슨을 비롯해 많은 학자들이 우리의 의식은 뇌와 별도로 존재한다는 것을 설명하려 할 때 드는 것이다. 이들은 우리의 뇌를 TV에 비유했다. 방송국에서 송출되는 프로그램 전파는 우리의 눈에는 보이지 않지만 이 TV를 거치면서 우리의 눈과 귀에 다다르게 된다. 그러니까 TV는 방송국 프로그램 전파와 우리 사이를 연결하는 매개체인 것이다. 그런데 TV가 고장 나면 방송 프로그램을 더 이상 볼 수 없다. 그러나 그렇다고 해서 이 프로그램 전파가 없어진 것은 아니다. 이 프로그램은 TV가 만들어낸 것이 아니라 다른 곳에서 오는 것이기 때문이다. 따라서 그 TV를 고치거나 다른 TV를 가져오면 다시 방송 프로그램을 볼 수 있게 된다.

이 비유가 썩 좋은 것은 아니지만 TV가 단지 매개체이듯이 우리의 뇌도 상위의 생각을 매개하는 기제에 불과하다는 것을 보여주었다는 점에서 좋은 설명이라고 하겠다. 이 입장에서 볼 때 유물주의자들의 문제는 이 TV가 프로그램 전파를 만들어내는 것으로 착각하고 있다는 데에 있다. TV는 아무리 많이 존재한다 하더라도 아주 작은 프로그램 하나도 만들어내지 못한다. TV는 철저하게 물질에 불과하기 때문이다. 같은 맥락에서 보면 우리의 뇌는 물질이기 때문에 스스로는 어떤 의식도 만들어낼 수 없다. 뇌는 자신보다 상위에 있는 '의식의 장'에서 만들어지는 것을 받아서 인간의 몸에 전달하는 역할만 할 뿐이다.

유물론은 의식의 생성을 설명하지 못한다! 그런데 이 입장이 갖고 있는 진짜 문제는 지금까지 본 것이 아니다. 이 입장이 설명하지 못하는 진짜 문제는 바로 인간의 의식이 어떻게 생성되느냐에 관한 것이다. 이 입장에 따르면 인간의 의식은 뇌가 만들어낸다. 이른바 유물론이다. 다시 말해 뇌라는 고기 덩어리가 의식을 만들어낸다는 것인데 이 생각이야말로 어불성설에 가까운 것 아닐까? 한 줌의 고기 덩어리가 의식을 만들어낸다는 것인데 이것을 어떻게 납득할 수 있을까?

이것을 좀 다르게 표현하면, 물질이라는 하위 영역이 의식이라는 상위 영역을 만들어낸다는 것인데 이것은 있을 수 없는 일이다. 물질은 아무리 많이 있어도 물질일 뿐이다. 물질이 상위 영역의 일을 할 수는 없다. 그에 비해 상위 영역은 하위 영역을 만들어내고 포함할 수 있다. 이와 반대로 물질이라는 하위 영역에서는 의식이라는 상위 영역이 추출될 수 없다. 이 영역 간의 구별은 대단히 엄격해서 예외가 없다. 상위 영역은 하위 영역을 포함하지만 하위 영역은 상위 영역에 개입할 수 없다.

조금 설명이 어려워졌는데 이것을 자연에 있는 사물들의 진화 사슬을 가지고 설명해보자. 우리는 지금 물질과 의식만 가지고 설명을 하고 있지만 사실 물질과 의식 사이에는 생명이라는 또 다른 단계가 있다. 이 점은 나중에 다시 상세하게 설명할 것이지만 이 자연은 아주 거칠게 보면, '물질에서 생명으로, 또 그 생명에서 의식으로 도약하면서 진화했다'고 할 수 있다. 이 자연에는 물질이라는 무정물이 있고 생명이 있는 생물이 있으며 의식이 있는 인간이 있다는 것이다. 이 가운데 가장 정점에 있는 것은 인간으로 자연에 있는 존재물 가운데 인간만이 무정물인 육체를 비롯해서 생명을 갖고 있고 더 나아가서 의식을 갖고 있다. 그런데 지금 인간의 과학이 굉장히 발달했다고 하지만 물질에서 생명이 생겨나고 또 그 생명에서 의식이 생겨난 것에 대해서는 전혀 설명을 하지 못하고 있다.

과학은 이 두 단계의 도약에 대해서 침묵하고 있다. 그런데 만일 유물론자들이 주장하는 것처럼 뇌라는 물질에서 의식이 생겨났다면 이것은 두 단계를 뛰어넘는 것이다. 즉 물질은 생명을 거쳐 의식으로 진화하는데 유물론자들의 설명에서는 뇌라는 물질에서 의식이 바로 생겨났으니 생명이라는 중간 단계를 뛰어넘었다는 것이다. 우리는 앞에서 진화의 한 단계를 뛰어넘을 때 마다 그 변환이 어떻게 일어나는지 모르고 있다고 했다. 그런데 이 유물론자들은 그 변환과정을 전혀 설명하지도 않은 채 무작정 두 단계를 도약시켜버리니 어불성설이라는 것이다. 한 단계의 비약도 설명하는 일이 불가능한데 두 단계를 건너뛰니 문제라는 것이다.

앞에서 나는 이러한 유물론적인 생각은 전도된 세계관이라고 했다. 앞뒤가 뒤바뀐 생각이라는 것이다. 우리는 인간의 의식을 설명할 때 이것이 어떻게 생겨났는지 모른다고 했다. 또 상위 개념이 하위 개념을 만들어내지 하위 개념이 상위 개념을 만들어내지는 못한다고 했다.[17] 다시 말해 상위 개념은 하위 개념을 포함하지만 그 반대는 아니라는 것이다. 예를 들어 분자라는 상위 개념에는 원자라는 하위 개념이 있지만 원자라는 하위 개념에는 분자라는 상위 개념이 있을 수 없는 이치이다. 따라서 우리는 이 논리를 사용해 물질이라는 하위 개념에는 의식(혹은 생명)이라는 상위 개념이 있을 수 없지만 의식이라는 상위 개념에는 물질이 있을 수 있다고 할 수 있다. 그렇다면 논리적으로 볼 때 의식이 먼저 존재해야 그 하위 단계인 물질이 존재할 수 있게 된다(물론 물질은 생명이나 의식없이 독자적으로 존재할 수 있다). 의식은 물질을 포함할 수 있지만 물질은 의식을 포함할 수 없기 때문이다.

켄 윌버

의식과 물질(뇌)의 관계는? -의식은 항존한다 이처럼 만일 의식이 물질에서 생겨날 수 없다고 한다면 이 의식이라는 것은 항존(恒存)하고 있다고 해야 하지 않을까? 다시 말해 의식이 없었던 적이 없다는 것이다. 그렇게 말할 수밖에 없는 것이 의식이라는 존재가 처음에는 없다가 있게 될 수 없기 때문이다. 이 의식은 무엇에서든 생겨날 수 있는 존재가 아니기 때문에 원래부터 있었다고 보아야 하지 않을까 하는 것이다. 이렇게 생각하는 것이 물질에서 의식이 생겨났다고 생각하는 것보다 더 합리적

17) 이러한 세계관을 가장 잘 설명한 사람은 켄 윌버이다. 그는 홀라키적 온우주론(holarchic Kosmology)라는 존재 대사슬 이론으로 우주의 모든 것을 설명하고 있다. 그 자세한 것은 켄 윌버(1996), 『모든 것의 역사』, 조효남 역(2015, 김영사)를 참고하면 되겠다. 이 책은 원래 윌버가 전문가적인 입장에서 쓴 대저 『Sex, Ecology, Spirituality; the Spirit of Evolution』(Random House Inc, 2000)을 일반 독자들이 이해할 수 있게 쉽게 풀어쓴 것이다. 이 대저는 약 850쪽에 달할 뿐 아니라 주석이 전체 책의 1/3에 달하는 대단히 전문적인 책이다.

일 것이다. 다른 말로 표현하면 이런 논리가 더 그럴 듯(plausible)하다는 것이다. 이것을 다시 정리해보면, 의식은 항상 존재하고 있는데 만일 어떤 요인에 따라 뇌라는 매개체가 생기면 그것을 이용해 이 물질계에서 소통을 하게 된다. 그러다가 어떤 사건으로 인해 뇌의 기능이 정지되면 물질계와의 소통은 일단 끊기지만 의식은 원래 있던 대로 존재하게 된다는 것이다.

사실 이 입장은 힌두교(그리고 불교)의 입장과 다르지 않다. 힌두교에 따르면 이 우주에는 브라만만 존재하는데 이 브라만을 현대어로 옮긴다면 '대령(大靈, Spirit)' 혹은 '우주의식(Cosmic Consciousness)', '원 마인드(One Mind)[18]' 등이라 할 수 있다. 우리 개개인의 의식은 이 대령이 개체화 된 것에 불과하다.[19] 흡사 달이 천 개의 강에 비추듯이 말이다[월인천강, 月印天江]. 그런데 이 대령은 한 번도 없었던 적이 없다. 영원불멸하는 존재이기 때문이다. 대령이 이런 상태라면 그 분령인 우리의 의식도 항존해야 한다. 이 대령과 우리의 개개령은 다르지 않기 때문이다. 대령은 영원한데 개개령이 소멸된다는 것은 있을 수 없는 일이다. 개개령은 단지 변할 뿐이다.

우리는 지금까지 우리의 의식은 이번 생에만 존재하는 것이고 뇌의 기능이 정지되면 인간도 의식을 가질 수 없다고 주장하는 사람들의 입장을 살펴보았다. 그 결과 이 입장이 갖고 있는 문제점이 적지 않다는 것을 알게 되었다. 그런데도 거개의 사람들이 이 입장을 고수하고 있는 것이 놀랍기만 하다. 이 입장을 지지할 수 없는 이유는 더 있다. 이것은 그다지 심각한 문제가 아니라 앞에서는 거론하지 않았는데, 만일 이 입장을 유지하면 사람들의 다양성을 설명하기가 힘들어진다는 것이 그것이다. 이게 무슨 말일까?

---

18) 이 원 마인드는 불교의 대승기신론에서 말하는 '일심(一心)'을 의미한다.

19) 그래서 힌두교에서 '브라만이 곧 아트만'이라고 하는 것이다.

사람마다 다른 것은 전생의 영향일 수 있다! 우리 인간들은 각자가 엄청나게 다양한 능력과 개성을 갖고 있다. 문제는 이 다양성을 어떻게 설명할 수 있느냐는 것이다. 만일 우리의 의식이 이번 생에 육체를 가지면서 시작됐다면 사람들 사이에 보이는 이 다양성을 어떻게 설명할 수 있을까? 또 왜 어떤 사람은 어렸을 때부터 어떤 일에 비상한 능력을 갖게 되었을까? 다른 사람은 평생을 노력해도 가질 수 없는 능력을 어떤 사람은 어떻게 해서 태어나면서 갖고 있느냐는 것이다.

비근한 예로, 바둑의 이창호 기사는 아주 어렸을 때부터 바둑에 비상한 능력을 보였다. 이른바 바둑계의 신동이었다. 그러면 이 기사의 이 능력은 과연 어디서 온 것일까? 사람들은 보통 인간의 능력이나 성격은 성장하면서 접했던 환경에 의해 형성되었다고 말한다. 그러나 이창호의 바둑 실력은 환경에서 만들어진 게 아니다. 만일 환경영향설이 맞는다면 거의 비슷한 환경에서 자라난 형제자매들 역시 모두 같은 능력을 가져야 한다. 이것이 사실이 아니라는 것은 삼척동자도 다 안다. 이창호가 갖고 있는 바둑 실력은 타의 추종을 불허하기 때문이다. 이처럼 우리는 같은 동기간에도 능력이나 성향에 있어 많은 차이가 있다는 것을 알고 있는데 이 다름은 자라나면서 생긴 것이 아니라 원래부터 갖고 태어난 것이라고 보아야 한다.

스티븐슨은 이것을 설명하기 위해 일란성 쌍둥이를 예로 들기도 했다. 유전인자와 자라온 환경이 완전하게 똑같은 쌍둥이가 성격에서 차이를 보이는 것은 전생으로부터 가져온 성향에서 비롯된 것이라고 보지 않을 수 없다는 것이 그의 견해이다. 이 점에 대해서는 뒤에서도 다루니 그때 다시 보기로 하자. 사정이 이러한데 이번 생만 주장하는 사람들은 사람마다 보이는 현격한 다름을 대체 어떻게 설명할지 모르겠다.

이상에서 우리는 이번 생만 존재한다, 다시 말해 육체가 다 하면 우리의 의식도 끝이 난다고 주장하는 사람들의 주장을 살펴보았다. 그 결과 이 입장으로는 설명되지 않는 일들이 많이 있다는 것을 알 수 있었다. 이 입장이 범하고 있는 가장 큰 오류는 뇌라는 물질이 의식이라는 정신 작용을 만들어낸다고 믿는 데에 있다. 이 생각이 그릇되었다고 할 수 있는 것은 물질이라는 하위 개념은 의식이라는 상위 개념을 만들어낼 수 없기 때문이다. 이것만으로도 우리는 이 입장이 그릇되었거나 혹은 충분하지 못하다는 것을 알 수 있었다. 우리는 이제 이 입장을 넘어 영을 인정하는 입장으로 옮겨가서 그 견해의 장단점에 대해 보자.

두 번째 태도
사후생을 인정하는 견해 – 내생은 있다, 그러나 환생은 없다!

이제 우리는 두 번째 입장에 다다랐다. 이 입장은 앞의 입장과는 달리 인간의 영을 인정하는데 이것은 주로 기독교 같은 유일신교[20]가 표방하는 견해이다. 이 태도에 대해서는 그다지 설명이 필요 없을 것이다. 이 입장에 따르면 우리 인간은 죽게 되면 육체는 소멸하지만 영은 남아 그들의 세계(영계)로 가서 영원히(?)[21] 산다고 한다. 그리고 우리 인간이 가지고 있는 개별성은 영원히 계속된다는 것이 이 입장이 지지하는 바이다. 다시

20) '유일신교'라는 단어는 그 개념 자체에 어폐가 있다. 이유는 간단하다. 유일하다는 개념은 많은 것이 있기 때문에 가능한 것이기 때문이다. 유일이란 다자와의 상관관계에서만 성립이 가능한 개념이라 유일이라는 개념을 생각하는 순간 거기에는 다자라는 개념이 동시에 존재한다. 이처럼 다자가 없는 유일은 존재할 수 없기 때문에 다자를 부정하는 유일신교는 성립할 수 없는 개념이다. 유일신이라고 말하는 순간 그것은 다신론을 의미하는 것이기 때문이다.

21) 이들은 자신들이 영계에서 영의 형태로 영원히 산다고 주장하지만 이것은 시간의 연장일 뿐이다. 인간의 영이 영계에서 삶을 시작했다면 그 삶은 반드시 끝이 난다. 시작한 것은 어떤 것이든 반드시 끝이 나기 때문이다.

말해 우리는 죽은 뒤에 이번 생에 가졌던 성향이나 능력 등을 모두 지닌 채로 영속한다는 것인데 그들에 따르면 우리는 이 상태로 세상 끝 날[22]까지 그 세계(영계)에서 거한다고 주장한다.

영의 기원과 인간의 다양성을 어떻게 설명할 수 있을까? 이러한 주장에 대해서도 우리는 많은 의문을 던질 수 있지만 그것을 모두 거론하는 것은 번거로우니 가장 큰 문제만 한두 개 논의해보자. 이 태도가 갖고 있는 가장 큰 문제는 한 개인의 영이 어디서 오는지에 대해서 설명하지 못하는 데에 있다. 이 태도는 주지하는 바와 같이 인간에게는 육체와 그에 깃들어 있는 영이 있다는 것을 인정한다. 그런데 문제는 이 영의 기원에 관한 것이다. 이 설명에는 인간이 태어날 때 그 육체에 깃드는 영이 어디서 어떻게 오는지에 대한 설명이 없다.

시험 삼아 이 입장을 변호하는 태도로 설명을 시도해본다면 이런 설명이 가능할지 모른다. 우선 신이 태초에 모든 인간들의 영을 창조했다(그렇지 않고 사람이 태어날 때마다 신이 그 사람의 영을 창조했다는 것은 매우 부적절하게 들린다). 이같이 영을 다 창조해놓고 신은 인간이 태어날 때 마다 그 인간에게 맞는 영을 골라 영을 하나씩 불어넣었다고 믿는 것이 그것이다. 그런데 사실 이런 설명은 학문적인 토의 대상이라기보다 믿음의 영역에 속하는 것이기 때문에 우리가 무엇이라고 말할 수 없다. 신의 행동에 대해 우리가 무슨 토의를 할 수 있겠는가? 그러나 이 주장에도 얼마든지 의문을 던질 수 있다.

우선 드는 의문은 태초에 신에 의해 창조된 영혼들은 도대체 어디서 어떻게 있다가 순번대로 육체에 깃드느냐는 것이다. 그 긴긴 세월 동안 어

---

22) 사실 끝 날이라는 것은 존재하지 않는다. 왜냐면 바로 앞의 주에서 말한 것처럼 끝이라는 개념은 시작과 항상 같이 가는 개념이라 어떤 것의 끝이라는 것은 다른 어떤 것의 시작이라는 의미라는 점에서 그렇다.

디서 어떤 상태로 있으면서 자기의 육체가 생겨날 때를 기다리다 지상에 오느냐는 것이다. 이에 대해 기독교 같은 일신교는 그저 침묵으로 일관할 뿐이다. 따라서 나도 왈가왈부할 게 없다. 이 입장에 대해서 우리가 말할 수 있는 것은 하나도 없다. 신에 관한 이야기로 들어가면 논의 자체가 힘들어지기 때문이다. 따라서 이 태도는 우리의 논의에서 제외해야 한다.

다음 질문은, 인간들이 지닌 말할 수 없이 다양한 개성이나 능력을 어떻게 설명하느냐에 대한 것이다. 다시 말해 개개 영들이 지니고 있는 다양함을 설명하는 문제이다. 신이 이 영들을 모두 창조했다는 것을 받아들인다 하더라도 신이 도대체 어떤 원리로 개개인의 영을 만들고 그 영에 각각 특별한 능력을 부여해 각 육체에 깃들게 하느냐에 대한 의문이 드는 것을 피할 수 없다. 앞에서 말한 것처럼 우리 인간들은 저마다 매우 다양한 능력과 성향을 갖고 있다. 한 사람도 같은 사람이 없다. 사정이 그렇다면 신은 각 영혼을 창조할 때 과연 어떤 원리에 의거해서 각 영을 만들었을까? 그리고 어떤 기준으로 이 사람에게는 A라는 능력이나 성향을 주고 저 사람에게는 B라는 능력이나 성향을 주었을까? 또 어떤 사람은 능력이 넘치는데 어떤 사람은 무능하기 짝이 없다. 이처럼 인간들의 다양함은 상상을 절하는데 과연 신은 어떤 심산(心算)으로 이렇게 인간에게 엄청난 다양성을 부여했을까?

이것은 아무리 생각해봐도 알 수 없는 문제이다. 그래서 유신론교도들은 자신들이 이 문제에 대해 적절한 답을 못하니까 신의 뜻은 오묘해 인간들의 알량한 생각으로는 알 수 없다고 답하는 경우도 있다. 그러나 만일 그렇게 생각한다면 우리 인간은 이 문제에 대해서 어떤 사유나 추리도 할 수 없게 된다. 인간의 능력으로는 알 수 없다고 하니 말이다. 따라서 이 입장도 우리의 논의에서 제외할 수밖에 없겠다.

태어나기 전에 영은 어디에 있었을까? 사정이 어떻든 이번 입장, 즉 인간의 영이 어떤 식으로든 육신보다 먼저 존재하고 있다가 육신이 생기면 그곳으로 들어온다는 입장을 견지한다면 그 다음에 우리가 설명해야 할 것은 그 영이 육신에 들어오기 전에 어디에 있었느냐는 것이다. 이런 질문에 대해 기독교 같은 일신교에서는 납득할만한 대답을 내놓지 않는다. 아니 의견을 내놓지 못하는 것인지도 모르겠다. 왜냐하면 이 영이 자기에게 할당된 육체에 깃들기 전에, 즉 이 세상에 태어나기 전에 어디엔가에 있었다고 한다면 그것은 전생을 인정하는 것이 되기 때문이다. 이 영이 어디엔가 있었다고 하면 그곳은 영이 있는 곳이니 영계라고 할 수 있다. 따라서 논리적으로 보면, 우리는 영의 상태로 이 영계에서 내 육체가 생성되는 것을 기다리고 있다가 때가 됐을 때 그 육체 안으로 들어가는 것이라고 할 수 있다. 이렇게 되면 힌두교나 불교의 이론과 크게 다르지 않으니 기독교 같은 일신교에서는 이 이론을 받아들일 수 없을 것이다.

이처럼 이번 생(현생)과 내생(영계)만 존재한다고 믿는 것은, 그 논리를 조금만 더 확장해 나아가면 심각한 문제가 도사리고 있는 것을 알 수 있다. 방금 전에 살핀 대로 이 입장은 인간의 영의 기원에 대해 납득할 만한 설명을 해주지 못하고 있다. 그래서 불교 같은 인도종교에서는 이 문제를 풀기 위해 전생이라는 개념을 도입했다. 이들의 주장에 따르면 우리 인간은 죽으면 영의 형태로, 불교식 용어로는 중음신(中陰身)의 형태로 영계(중음계, 中陰界)에 있다가 다음 생에 받을 육신이 준비되면 그 몸으로 들어간다. 이 입장에 대해서는 다음 장에서 자세히 볼 것인데 이 입장이 기독교 같은 현생만 인정하는 종교와 다른 것은 말할 것도 없이 전생을 인정하는 것이다. 그러나 가만히 살펴보면 기독교에서도 이미 전생을 인정하고 있는 것을 알 수 있다. 왜냐하면 우리가 죽어서 영계로 가게 되면 우리에게는 지상에서 살았던 삶이 전생이 되기 때문이다. 다시 말해 육신을 갖고 살았던 때가 전생이 되고 영으로 살고 있는 지금이 현생이 되는 것이다.

그런데 이 논리를 조금 더 밀고 나가면 지상에서 살았던 생의 이전 생으로도 연장시킬 수 있지 않을까 하는 생각이 든다. 그렇게 되면 이 생은 영계에 살고 있는 영의 입장에서 보면 전전생이 되는 것이다. 논리적으로는 얼마든지 이렇게 나갈 수 있다. 그런데 이들은 자신들의 논리를 더 이상 밀고 나가지 않는다. 그들은 현생에서 멈추고 육체로 살기 이전의 생은 없다고 말한다(아니면 노코멘트로 일관한다). 이 논리를 더 밀고 가지 않을 뿐만 아니라 그 논리를 왜 이번 생에서 끝내야 하는지에 대해 납득할 만한 설명을 제공하지 않는다. 이렇게 보면 이 유신론교의 입장도 인간이 생성되고 소멸되는 제반 상황을 잘 설명해주는 설명이라고 볼 수 없다. 모든 입장에는 이처럼 나름대로의 한계가 있다. 이제 남은 경우의 수는 많은 생을 인정하는 환생론이다.

세 번째 견해
많은 생을 인정하는 태도 – 인간은 카르마에 따라 환생(윤회)한다!

이 태도는 앞에서 누누이 말한 것처럼 인도 종교인 힌두교나 불교가 지지하는 입장이다. 이 입장에 따르면 우리 인간은 계속 몸을 바꿔 가면서 환생한다. 이 입장은 우리의 영은 언제부터 존재했는지 그 기원은 모르지만 하나의 의식체(conscious body)로서 계속해서 존재했고 지금도 여전히 존재하고 있다고 주장한다. 사실 영이라는 단어보다는 이 의식체라는 단어가 우리의 설명에 더 적합하다. 의식체란 육체 없이 존재하는 의식인데 여기에 체라는 단어를 붙인 것은 물질적인 의미가 아니라 일정한 에너지 덩어리라는 형체를 유지하고 있다는 의미에서 그렇게 한 것이다(그러나 관행 상 그냥 영이라는 단어를 계속해서 쓰기로 한다).

이 입장에서 가장 중요한 것은 카르마, 즉 업보설이다. 이 카르마는 인간이 왜 계속해서 환생하는가에 대한 답을 제공하기 때문이다. 이 입장에 따르면 우리 개개인이 지니고 있는 의식체는 원래 전체 의식체와 하나였다.[23] 이 전체 의식체를 힌두교에서는 브라만이라 하는데 현대어로 하면, 좋은 번역이라 할 수 있을지 모르지만 절대 지성(Supreme Intelligence), 혹은 앞에서 본 대로 우주의식(Cosmic Consciousness)이라 할 수 있다. 우리 개개인은 이것과 하나였는데 (스스로를 의식하면서) 개별자가 되었다. 개별자가 되었다는 것은 자기의식, 혹은 에고(ego)가 생긴 것을 말한다. 이것이 어떻게 그리고 왜 생겨났는지는 그 누구도 모른다. 우리는 이 개별의식이 생겨난 다음부터 생기는 일에 대해서만 말할 수 있다. 그런데 이것으로 그치는 것이 아니라 이 개별(자기)의식은 탐욕을 갖게 되고 그 탐욕으로 인해 수없이 많은 과오를 저지르게 된다. 이 때문에 이 개별의식은 자신의 근원인 우주의식에서 더 멀어져갔다.[24]

카르마 이론의 등장 그런데 애당초 우리는 이 우주의식과 하나였기 때문에 다시 그리로 돌아가지 않으면 안 된다. 우주의식으로 돌아가려면 어떻게 해야 할까? 이 일을 가능하게 해주는 것이 바로 카르마 법칙이다. 그러면 카르마는 어떤 방법으로 우리를 우주의식으로 돌아가게 안내할까? 카르마의 일은 어떻게 보면 아주 간단하다. 우리가 우주의식에서 멀

23) 사실은 지금도 하나이다. 단지 개개의 의식체들이 자신들이 분리되었다고 느끼고 그렇게 행동하기 때문에 자신이 이 우주의식과 하나임을 잊고 있을 뿐이다.

24) 여기서 멀어져갔다는 것은 물리적 거리를 말하는 것이 아니라 우주의식을 잊는 정도라고 보면 되겠다. 다시 말해 우리가 욕심을 부리면 부릴수록 우리가 우주의식과 하나라는 것을 더 강하게 잊는다는 것을 말한다.

어지면 카르마는 우리에게 고통을 안겨줌으로써 그 궤도를 수정할 것을 끊임없이 요구한다. 카르마가 존재하는 것은 바로 그 때문이다. 이 카르마 법칙은 우리 인간이 우주의식과 하나가 될 때까지 인간과 같이 하면서 인간에게 방향성을 부여할 것이다.

그런데 우리가 우리의 근원인 이 우주의식과 하나 되는 일은 한 생에서 해결할 수 있는 것이 아니다. 이 일은 인간에게 가장 중요한 일로서 이 일을 마치려면 얼마나 많은 세월이 걸릴지 모른다. 우리는 그동안 수많은 생을 살아오면서 많은 숙제나 과업을 지니고 살았고 지금도 여전히 그렇게 살고 있다. 우리는 이처럼 많은 숙제를 다 풀어야 하고 자신이 떠맡은 과업을 달성해야 한다. 카르마는 우리에게 이 일을 할 수 있게 계속해서 방향을 제시하고 있다.

카르마 이론에 따르면 우리는 지금까지 살아온 수많은 생 동안 행한 일들을 제대로 정리해야 한다. 이 정리가 제대로 되었을 때 우리는 다시금 우주의식과 하나가 될 수 있기 때문이다. 아니, 좀 더 정확히 말하면, 이 정리가 제대로 되었을 때 우리가 한 번도 우주의식에서 떠난 적이 없다는 것을 깨닫게 된다. 그래야 환생하는 것을 그치고 카르마 법칙에서 벗어날 수 있다. 한 마디로 말해 이 물질계에서 윤회하는 것을 그만 둘 수 있다는 것이다. 그런데 그것을 성공적으로 마치려면 앞서 말한 것처럼 얼마나 많은 생이 필요한지 모른다. 이 일을 한두 생에 마치는 사람은 결단코 없다. 이런 까닭에 인간은 환생할 수밖에 없다는 것이다.

이것이 우리 인간이 환생해야 하는 대강의 이유인데 이 카르마 이론을 따르면 우리는 앞의 두 이론보다 더 많은 것을 포괄적으로 설명할 수 있다. 그 중에서 가장 먼저 거론해야 할 것은 우리 영이 어떻게 생겨났느냐에 대한 것이다. 이 이론을 따르면 우리의 영은 우리가 이번 생에 태어나기 전부터 이미 존재했기 때문에 그 기원에 대해 걱정할 필요가 없다. 영은 원래부터 있었고 그 영은 카르마 법칙에 따라 자신에게 가장 합당한 육신과 합체되니 영의 기원에 대해 걱정할 일이 없다는 것이다.

사람의 다름을 설명해줄 수 있는 카르마 이론 이 이론의 매력적인 점은 여기에 그치지 않는다. 이 이론은 앞의 두 이론이 설명하지 못했던 것을 설명할 수 있다는 점에서 앞의 두 이론을 능가한다. 그게 무엇일까? 이 이론은 사람들 사이에 생기는 차이점을 설명할 수 있다. 앞의 두 이론은 사람들이 왜 이렇게 다른 능력과 성향을 갖고 태어났는지를 설명하지 못했다. 그뿐만이 아니라 사람들이 왜 이렇게 모두 다른 삶을 사는지에 대해서도 설명하지 못했다. 그렇지 않은가? 어떤 사람은 아무 잘못도 없는데 어려서 불치병에 걸려 고생만 하다가 죽는가 하면 어떤 사람은 온갖 나쁜 짓을 했음에도 불구하고 평생 큰 부를 누리고 장수한다. 일반적인 시각에서는 도대체 이런 불평등을 설명할 방법이 없다.

그러나 카르마 이론은 이런 상황에 대해 꽤 좋은 답변을 해줄 수 있다. 한 사람이 한 생에서 취하는 삶의 패턴은 모두 그가 과거 생에 행했던 것으로부터 영향을 받는다는 것이 그것이다. 다시 말해 이번 생에서 그가 겪는 모든 일은 그 자신이 이전 생에 했던 것들의 결과라는 것이다. 모든 일은 원인이 있어 일어나는 것이지 아무 원인도 없는데 어떤 일이 생긴다는 것은 있을 수 없다는 것이 이 카르마 이론의 주장이다. 그래서 이 이론을 불교에서는 '삼세인과론'이라고 하는 것이다. 인간의 삶은 삼세, 즉 전생과 현생, 그리고 내생에 걸쳐서 일어나는 일들이 모두 원인과 결과의 관계로 이어져 있다고 주장하는 것이 이 삼세인과론이다.

이렇기 때문에 우리는 이 카르마 이론을 가지고 각 사람이 갖고 있는 다양한 능력과 고유의 성향(혹은 성격)을 설명할 수 있다. 사람들 가운데에는 그만의 특별한 능력을 갖고 태어나는 사람들이 있다(사실 모든 사람은 그만의 특별한 능력을 갖고 있다고 할 수 있다). 앞에서 잠시 본 대로 이창호 같은 바둑 천재는 바둑에 관해서 아주 어려서부터 남들이 전혀 갖지 못한 뛰어난 능력을 갖고 있었다. 그런데 그의 이 능력은 배워서 획득한 것이 아니니 태어날 때부터 있었던 것이라고 해야 한다. 그의 카르마에는 이번 생에 그로 하여금 바둑을 잘 둘 수 있게끔 한 어떤 요인이 숨어 있을 것이다. 따라서 우리는 그가 살았던 과거의 수많은 전생에서 어떤 계기나 연유가 있었는지 모르지만 그가 바둑을 잘 둘 수 있게 한 무엇인가가 있었다고 추정할 수 있다. 그렇게 상정하지 않으면 다른 어떤 이론으로도 그의 바둑 실력을 설명할 길이 없다.[25]

고유의 성향도 마찬가지이다. 사람들은 태어나면서 특유의 성향을 갖는다. 이 상황을 가장 극적으로 보여주는 것 가운데 하나는 포비아(phobia)라 불리는 공포증이다. 예를 들어보면, 어떤 사람이 아주 어릴 때부터 물에 대한 심한 공포증을 가졌다. 특히 바다 근처를 가면 히스테리성의 공포를 느끼곤 했다. 그는 말을 하지 못하는 아기 시절부터 이러한 성향을 보였는데 성인이 된 다음에도 이 공포증은 계속됐다. 아무리 고쳐보려고 해도 약간의 차도만 있을 뿐 근본적으로 고쳐지지는 않았다.

우리는 그의 이러한 병적인 상태를 어떻게 설명할 수 있을까? 그런데 이번 생에서는 그가 바다를 특별히 두려워하게끔 만든 어떤 계기도 없었다. 그렇지 않은가? 아직 태어나서 얼마 되지 않은 어린 아기가 느닷없이 바다를 두려워 할 이유가 없지 않은가? 이 아기의 병적인 현상을 어떻게 설명할 수 있을까? 이 경우 그의 바다 공포증을 설명해줄 수 있는 가장

25) 그의 이러한 재능에 대해 유신론자들은 그가 신으로부터 은사를 받았다고 할 것이다. 그러나 이 설명은 그리 좋은 것이 아니다. 왜냐하면 신이 왜 유독 그에게만 이 능력을 하사했는지를 설명하지 못하기 때문이다. 큰 사랑이시고 절대 정의를 표방하는 신이 왜 그에게만 그런 능력을 주어 다른 영혼들과 차별을 두는지 알 수 없다는 것이다.

그럼직한 설명 중의 하나는 전생을 끌어들이는 것이다.

조금 더 부연해서 설명해보면, 그는 직전생에 어부였는데 고기 잡으러 바다에 나갔다가 빠져 죽었을 것이라고 추측해 볼 수 있다. 바다에서 빠져 죽을 때 그는 바다에 대해 엄청난 공포심을 갖고 죽었을 것이다. 그 때문에 그 공포심이 그대로 그의 영(의식체)에 깊게 각인되어 그 다음 생이 되어도 기억나게 되었던 것 아닐까 하는 추정을 해 보는 것이다.

우리가 이러한 정보를 알 수 있었던 것은 그를 역행 최면한 결과이다. 그를 최면에 들게 해 전생을 조사해보니 위와 같은 결과가 나온 것이다. 그가 최면 상태에서 스스로 이렇게 실토한 것이다. 그런데 더 놀라운 것은 이렇게 최면으로 전생을 재체험시켜 보면 그의 바다 공포증이 낫게 되는 경우가 있다는 것이다. 이것은 최면 현장에서 심심치 않게 발견되는 사례이다. 당사자를 괴롭혔던 사건을 다시 직면하게 하면 그 사건으로 생긴 공포심을 극복할 수 있게 되는 것이 그것이다.

카르마 이론은 왜 인정하기 힘들까? 이처럼 우리는 이 카르마 이론을 이용해 여러 인간의 삶에서 보이는 문제점들에 대해 설명해보았다. 그 결과 인간의 삶과 죽음, 그리고 환생을 설명하는 데에는 이 이론이 가장 그럼직한(probable) 설이라는 느낌을 받는다. 그러나 그렇다고 해서 이 이론에 문제가 없다는 것은 아니다. 세상에 완벽한 이론이란 없다. 그러면 이 설에서는 어떤 점이 가장 문제가 될까?

가장 문제가 되는 것은 말할 것도 없이 이 카르마 설의 진실여부이다. 과연 이 카르마는 절대적으로 맞는 설인가? 다시 말해 카르마 설은 지구상의 어떤 환경에서든 하나의 오류도 없이 통용되는 절대불변의 진리냐는 것이다. 우리는 카르마 이론이 '절대적으로' 확실한 진리라고 말할 수 있는 근거는 갖고 있지 않다. 요즘 사람들이 좋아하는 과학적인 근거는 없다는 것이다. 사정이 이렇게 될 수밖에 없는 이유는 이 카르마 이론은 물질계를 넘어서는 이론이기 때문이다. 과학이라는 것은 이 물질계 안에서 이루어지는 일에 대해서만 언급하지 물질을 넘어선 의식이나, 더 나아가서 영에 대해서는 언급하지 않는다. 인간의 영은 볼 수도 없고 만질 수도 없으니 물질만 다루는 과학이 무엇이라 말할 수 없는 것이다(그러나 사정이 이렇다고 해서 과학이 인간의 영이나 카르마를 부정한다면 그것은 과학이 월권을 하는 것이다).

카르마 원리의 진리 여부 문제는 더 복잡하다. 인간이 죽은 뒤에 영으로 존재하는지의 여부도 아직 논쟁 중에 있는데 카르마는 이 주장보다 훨씬 더 앞서 간다. 카르마 이론에 생소한 사람들이 이 이론을 받아들이기 힘든 가장 큰 이유는 이 이론이 주장하는 인과론 때문일 것이다.[26] 즉 이전 생에서 한 개인이 심적인 차원이던 육적인 차원이던 행하거나 당한 일이 다음 생에 일어나는 일에 원인을 제공한다는 것이 삼세인과론인데 그것을 받아들이기 힘들 것이라는 것이다. 도대체 여러 생들에서 일어난 사건들이 어떤 식으로, 혹은 어떻게 연결되어 있어 서로에게 원인을 제공하고 결과를 만들어내느냐는 것이다. 우리는 이에 대해서 어떤 대답도 내놓을 수 없을 것 같다.

그러나 굳이 해결책을 찾아본다면, 인도 종교에서는 인간의 영이나 그 영들을 지배하는 법칙인 카르마 이론을 알기 위해서는 다른 차원에서 모색해야 한다고 주장한다. 다른 차원이란, 우리 인간에게는 육체에 있는 육적인 눈[육안, 肉眼] 외에도 그보다 상위 차원에 존재하는 심안[혹은 영안]이 있는 것을 말한다. 그런데 명심해야 할 것은 영과 관계되는 것은 이 차원의 눈으로 볼 때에만 알 수 있다는 것이다. 육안으로는 영이나 카르

26) 이 이외에도 여러 생을 달리 하면서 다른 몸을 받는 중심 영혼이 있다는 것도 받아들이기 힘든 설일 것이다. 아울러 한 영혼이 여러 생을 환생하면서 그 정체성을 잃지 않고 한 인격을 유지하는 일이 가능할까에 대해서도 강한 의문을 표할 것이다.

마 법칙이 어떻게 돌아가는지에 대해 전혀 알아차릴 수 없지만 심안으로 보면 카르마가 운용되는 모습이 있는 그대로 보인다고 하는 것이 그것이다. 그런데 이 심안은 인간이면 누구나 다 갖고 있지만 그것을 작동시킬 수 있는 사람은 극소수이다. 이 극소수 가운데에도 이 심안을 완전하게 활용할 수 있는 사람은 더 소수다.

이런 사람들을 무슨 이름으로 부를 수 있을지 모르지만 가장 중립적인 용어를 사용해 초인(超人)이라고 하자. 이 사람들은 많은 수련과 명상, 기도를 통해 그동안 잠자고 있던 심안을 재가동시켰다. 이것을 조금 쉽게 말하면 이들은 심안을 가리고 있던 많은 노폐물들을 제거하는 데에 성공했다고 할 수 있다. 기존 불교에서는 이런 일을 이룬 사람들을 보고 천안통이 열렸다느니 숙명통이 열렸다느니 하는 말로 그 경지를 표현하고 있다.[27] 사정이 이러하니 육안으로만 사리 판단을 하는 기존 과학에서는 이 부문의 일에 대해 한 마디도 할 수 없는 것이다.

인간이 수없이 환생, 혹은 환생한다는 가르침은 앞에서 본 것처럼 인도에서 주로 가르치던 것이었다. 물론 세계의 다른 지역에서도 이런 주장이 전혀 없었던 것은 아니지만 그 주장이 대세를 이루는 지역은 인도 말고는 없었다. 이처럼 환생은 인도 종교의 대표적인 가르침이었다. 그랬던 것이 20세기에 들어오면서 서구에서 환생을 연구하기 시작해 많은 서구 학자들이 환생을 옹호하는 연구 결과를 발표하게 된다.

이들은 환생뿐만 아니라 자연스럽게 카르마 이론까지 받아들였는데 이들의 연구가 가지는 중요성은 다른 어떤 것과도 비교할 수 없다. 왜냐하면 서구의 연구자들은 매우 과학적인 입장에서 접근한 덕에 그들의 연구 결과는 대단히 신빙성이 있어 보이기 때문이다. 게다가 그들은 대부분 기

---

27) 이것을 두고 기존불교에서는 양 미간 조금 위에 존재하는 제3의 눈이 열렸다는 표현을 쓰기도 한다.

독교적인 세계관을 사상적 배경으로 지니고 있어 자신들의 세계관에 상치되는 환생론이 나왔을 때 그냥 쉽게 받아들이지 않았다는 것을 잊어서는 안 된다. 그들은 재삼재사 엄중하게 그들이 발견한 것을 검증했고 충분히 납득한 뒤에 '인간은 카르마의 법칙에 따라 환생한다'는 명제를 받아들이게 되었다.[28)]

그 가운데에 가장 대표적인 학자를 든다면 앞에서 소개한 이안 스티븐슨 교수를 드는 데에 주저할 사람이 없을 것이다. 그와 그의 연구에 대해서는 본설에서 자세하게 볼 것이고 앞에서도 간략하게 보았으니 여기서 다시 거론할 필요는 없을 것이다. 그의 연구는 그의 제자이자, 그의 사후에 그의 연구를 이어가고 있는 터커(Tucker) 등에 의해서 더 심화되고 있다. 이 두 사람의 연구 외에도 서양의 과학자들이 행한 환생 연구는 부지기수로 많아 일일이 그 예를 다 들 수 가 없다. 게다가 그 연구 방법도 다양해, 최면부터 영매나 채널링 등과 같은 다양한 방법을 통해 이행된 엄청난 연구들이 집적되어 있는데 이 모든 것은 인간이 환생한다는 사실을 일괄적으로 주장하고 있다. 사정이 이렇다면 인간이 환생한다는 사실을 부정하기보다 받아들이는 게 정상이 아닐까 하는 생각이 든다.

잘 알려진 것과 같이 이 인간의 환생설은 인도의 최고의 종교인들이 그 정확한 시기는 확실하게 알 수 없지만 대략 3천 년 전부터 주장해온 것이다. 그런 이론을 현대에 와서 전혀 다른 사상적 배경을 가진 서양학자들이 매우 과학적인 방법으로 증명(?)하고 있으니 이 가르침을 받아들이지 않을 방법이 없어 보인다. 이런 여러 가지 이유 때문에 이 카르마 이론과 환생설은 인간의 삶을 전체적으로 설명할 수 있는 가장 그럴듯한 이론으로 보인다. 그러나 이 이론이 정말 문제가 전혀 없는 완벽한 이론일까?

---

28) 이들의 연구에 대해 자세하게 알고 싶은 사람은 다음의 책을 참고하면 되겠다. 졸저(2011), 『죽음의 미래』, 소나무.

필자의 눈에는 그렇게 보이지는 않는다. 이 설에도 문제가 있는 것으로 보이는데 조금 더 정확하게 말하면 문제라기보다는 이 이론에 대해 의문점이 생기는 것을 피할 수 없다. 이제 그 점에 대해 살펴보기로 하자.

카르마 이론에서 발견되는 허점들(?) – 카르마는 완전무결한 이론이 아니다!

이 카르마 이론, 즉 삼세인과론을 주장하는 사람들은 이 이론이 흠이 없는 완벽한 이론이라고 생각하는 것 같다. 현세의 모든 것을 전생으로 되돌리면 되기 때문이다. 현생에서 일어나는 모든 것은 다 전생에서 그 원인을 찾을 수 있으니 이렇게 되면 현생의 모든 것을 다 설명할 수 있게 된다. 그래서 완벽한 이론처럼 보인다는 것이다. 그러나 이처럼 카르마 이론이 무결점인 이론인 것처럼 보이지만 세밀하게 보면 이 이론 역시 설명할 수 없는 부분이 나온다는 데에 주목하지 않을 수 없다.

그 설명할 수 없다는 부분이 무엇일까? 바로 '카르마의 시초'이다. 이 카르마가 어떻게 시작되었는가를 설명할 수 없다는 것이 카르마론이 갖고 있는 가장 중요한 문제라고 할 수 있을 것이다. 어떤 문제일까? 현생의 모든 원인이 전생에 있다면 그 원인들은 계속해서 전전생, 전전전생으로 회귀될 수 있을 것이다. 그렇게 거꾸로 올라가다 보면 과연 어디까지 갈 수 있는 것일까? 다시 말해 그 끝이 어디냐는 것이다. 아니 끝이 있기나 한 것일까? 끝이 있다면 그것은 카르마가 시작되는 최초의 점이 될 터인데 이때 다시 드는 의문은 '그러면 그 시작은 어떻게 가능했을까?'에 대한 것이다. 만일 시작이 있었다면 이 지점은 원인이 없이 (카르마의 기운이) 굴러가기 시작한 시점이 되는 것인데 과연 이런 지점이 있을 수 있는 것일까? 아무 원인이 없는데 어떻게 최초의 카르마가 굴러가기 시작했느냐는 것이다. 이렇게 의문이 일파만파로 커지는데 우리는 이 의문에 대해 마땅한 설명을 하지 못한다.

이 점은 어차피 설명하는 일이 불가능하니 일단 접어두고 그렇게 해서 카르마가 굴러가기 시작했다고 하자. 그 다음에 던질 수 있는 질문은 이 카르마 이론으로 인간이 가진 다양한 개성과 능력을 어떻게 설명하느냐는 것이다. 앞에서 본 대로 인간들은 개개인이 모두 다르다. 같은 사람은 하나도 없다. 카르마 이론은 이런 다름을 어떻게 설명할 수 있을까? 물론 가장 간단한 설명은, 개개의 인간이 수많은 전생에서 행한 바가 다르기 때문이라고 할 것이다. 그러나 그것으로 답이 다 된 것이 아니다. 여전히 문제가 남는다. 그 다름이 생긴 배경을 찾아서 전생을 따라 찾아가보면 우리는 최초에 그 다름이 생기게 된 배경에 도달할지도 모른다. 이때 드는 의문은 그러면 이 최초의 다름은 대체 어떻게 생겨난 것이냐는 것이다.

독자들의 이해를 돕기 위해 서양음악사에서 천재 중의 천재로 꼽히는 모차르트를 예로 들어보자. 모차르트 같은 사람은 어떻게 해서 그런 엄청난 능력을 갖게 되었을까? 그의 능력은 한두 생에 닦을 수 있는 것이 아닌데 이 모차르트라는 인격체는 과연 어떻게 그런 능력을 갖게 되었을까? 다시 말해 다른 사람과 어떻게 다른 원인을 갖게 되어서 이런 어마어마한 능력을 갖게 되었냐는 것이다. 이를 설명하기 위해 카르마 이론을 주장하는 사람들은 아주 간단하게 '그것은 모차르트가 전생에 음악적 훈련을 엄청나게 행한 결과이다'라고 답을 한다.

그런데 이것은 충분한 대답이 아니다. 곧 다음 질문을 할 수 있기 때문이다. 다음 질문으로 '모차르트로 하여금 음악적 훈련에 몰입하게 만든 그 원인은 무엇인가'라고 물을 수 있고 그 질문은 계속 소급해서 이전의 원인을 찾아 더 이전의 전생으로 올라갈 것이다. 이렇게 찾아 올라가다 보면 모차르트가 음악적 능력에서 다른 사람들과 다르게 된 최초의 순간과 만날 수 있을 것이다. 앞서 말한 것처럼 이 최초의 순간은 카르마 이론으로 설명하지 못한다. 카르마 이론에 따르면 반드시 원인이 있어야 결과가 생기는 것인데 이 최초의 순간은 원인이 없기 때문이다. 이것을 조금 풀어 다시 설명해보면, 최초의 순간에 일정한 동기가 생겨 모차르트의 음악성이 생기기 시작했고 그것이 수없이 많은 생 동안 쌓여 지금의 모차르트가 탄생한 것이라는 설명이 가능한데 카르마 이론으로는 이 최초의 순간이 어떻게 해서 생겼는지 설명할 수 없다는 것이다.

사실 그의 음악적인 능력은 인간이 노력해서 만들어낸 것이라기보다 (하늘로부터) 주어진 능력이라고 보는 것이 더 적합할 것 같다(아마도 그렇게 보는 사람이 더 많을 것이다). 인간의 노력으로 이루어낼 수 있는 것이 아닌 것처럼 보이기 때문이다. 이처럼 그의 능력이 어떤 외부의 원천에서 주어졌다고 하면 문제가 풀리는 것처럼 보이지만 조금만 더 생각해보면 그것도 그다지 좋은 설명이 아니라는 것을 알 수 있다. 왜냐하면 우리는 곧 다시 '그는 어떤 카르마 덕분에 외부로부터 그런 은사를 받을 수 있었는가'와 같은 질문을 던질 수 있기 때문이다. 그가 어떤 업보를 지었길래 외부에서 그런 엄청난 능력의 세례를 받을 수 있었느냐는 것이다. 그러니 이렇게 보아도 저렇게 보아도 문제는 전혀 풀린 것이 아닌 것이 된다. 결국 이 문제도 카르마의 시초가 어떻게 이루어졌느냐는 앞의 문제로 회귀한다.

카르마론과 관련해 이해할 수 없는 면들 – 카르마론은 왜 이렇게 어려울까?

질문은 계속된다. 카르마론을 주장하는 사람들에 따르면, 카르마 법칙이 존재하는 이유는 인간으로 하여금 인간 진화의 종착점인 깨달음으로 인도하기 위함이라고 한다. 인간은 그들이 가질 수 있는 가장 상위 덕목인 '사랑', '용서', '지혜' 등을 실천해야 종국의 목표인 깨달음에 도달할 수 있다고 한다. 만일 인간이 이 길을 가지 않으면 카르마가 개입해 적절하게 고통을 줌으로써 그 인간으로 하여금 궤도 수정을 하게 한다. 따라서 카르마론에 따르면 한 사람이 생을 살면서 자신이 예기치 않거나 무관할 것 같은 일로 고통을 받으면 그것은 카르마가 삶의 궤도를 수정하라는 징조로 받아들여야 한다. 가령 느닷없이 사기를 당해 돈을 떼였다든가 강도를 당했을 때 우리는 굉장히 화를 내고 한을 품게 되는데 카르마론을 주장하는 사람들은 그런 일은 본인이 과거에 행한 일에 대한 보답적 결과일 뿐이니 악감정보다는 선한 감정을 가지라고 말한다. 다르게 표현하면, 닥쳐온 그 부정적인 힘에 대해 저항하지 말고 그 사건의 의미가 무엇인지 알아내서 자신이 더 발전할 수 있는 발판을 만들라고 하는 것이 그것이다.

이런 카르마론은 꽤 매력적으로 들리고 일정한 정도의 진리성도 있어 보인다. 그러나 카르마에 대한 이 같은 설명에 다시금 의구심이 생겨나는 것을 막을 방도가 없다. 어떤 의구심일까? 나는 이번 인류가 생겨나고 지금까지 발달해 온 역사를 보면서 이것을 카르마론으로 설명하려면 다음과 같은 질문에 답을 내놓아야 한다는 생각이 든다. 그 질문을 간략하게 정리하면 다음과 같다.

고고인류학에서 주장하는 이론에 따르면, 이번 인류는 대체로 약 200만 년 전에 (아프리카 어느 곳에서) 생겨났다. 이때 인류를 어떻게 정의하느냐는 문제는 또 많은 논쟁을 불러일으킬 수 있는 문제일 수 있지만 인간을 정의하는 것은 의외로 간단하다. 이 문제에 대해서는 필자의 다른 책[29)]에서 상세히 논했으니 여기서는 간단하게만 보자. 인간은 동물, 아니 전 생물 가운데 유일하게 '자의식을 가진 존재'라고 하는 것이 그것이다. 자의식을 가진 존재란 인간만이 자기 자신을 인식하고 자신이 죽는다는 것을 아는 존재라는 의미이다. 수많은 동물 중에 인간만이 자기 자신을 객관적으로 대할 수 있어 자기가 존재한다는 것을 안다. 이렇게 보면

29) 졸저(2005), 『종교를 넘어선 종교』, 사계절.

인간이 생겨났다는 것은 약 200만 년 전 어느 날 인간을 아주 닮은, 그러나 아직 자의식을 갖지는 않은 어떤 동물이 갑자기 자의식을 갖게 되었다는 것을 뜻한다.[30)]

지금 카르마와 연관해서 말하고자 하는 것은 이러한 인간이 어떻게 출현했느냐에 관한 것이 아니다. 우리가 관심 있는 것은 그 뒤의 이야기이다. 이렇게 해서 지구상에 나타난 인간은 그 뒤 어떻게 살았는가? 당시는 구석기 시대인데, 이때 인류는 동굴 같은 곳에 살면서 사냥을 하고 열매를 채집해서 근근이 먹고 살았다. 불은 사용하기는 했지만 자기 마음대로 만들 수 있는 단계는 아니었다. 이들이 살았던 삶의 수준이 어느 정도가 될지는 확실하게 알 수 없지만 그 생김새나 사는 환경이 동물보다 크게 낫지 않았을 것이다. 끊임없이 자연과 동물, 질병으로부터 위협을 받았고 식량 부족에 시달렸으며 밤에는 어둠(그리고 동물이나 해충)이라는 공포에서 벗어날 수 없었을 것이다. 이러한 비참한(?) 삶을 인류는 얼마나 오랫동안 살았을까? 다시 말해 구석기 시대가 얼마나 오랫동안 지속되었냐는 것이다.

잘 알려진 것처럼 구석기 시대는 전 인류의 역사 가운데 99% 이상을 차지한다. 이렇게 보면 약 200만 년 전에 인류가 생겨난 다음에 그 인류는 거의 대부분의 세월을 캄캄한 어둠 속에서 생존한 것이 된다. 그 오랜 기간 동안 인류는 그저 종족 보존에만 힘을 쓰면서 동물들과 그다지 다르지 않은 생활을 영위했다. 인류가 그나마 도구를 만들고 불을 마음대로 만들어 활용할 수 있었던 것은 신석기 시대 때부터나 가능했던 일인데 그것은 지금으로부터 불과 1만 년 전의 일이다. 그러니까 인류는 말할 수

---

30) 이 순간을 유대교에서는 비유를 사용하여 아담과 이브가 에덴동산에서 선악과를 따먹은 때라고 설명하고 있는데 이것은 매우 탁월한, 아마 인류가 제시하고 있는 설명 가운데 가장 탁월한 설명일 것이다. 더 자세한 설명은 앞의 주에 인용한 책을 보면 된다.

없이 오랜 세월을 질곡(桎梏)의 어둠 속에서 보내다가 겨우 1만 년 전부터 도구를 만들고 농경을 시작해 조금 삶의 여유를 찾은 것이다(인류가 숫돌을 만들어 돌을 갈다가 컴퓨터를 만들게 되기까지 걸린 기간은 불과 1만 년이다!).

이런 인류사를 배경에 두고 이것을 카르마론과 연결시켜보면 이해가 잘 안 되는 면이 있다. 만일 카르마가 인류로 하여금 초월적인 단계로 도약하는 것을 돕는 법칙이라면 도대체 인간이 생겨난 다음에 거의 200만 년이라는 세월 동안 이 카르마 법칙은 왜 아무 것도 하지 않고 시간을 허비했을까 하는 의문이 든다. 신석기 시대나 청동기 시대가 되기까지 인류는 이런 이론에 대해 아무것도 모르고 있었다. 인류가 이 이론을 알게 된 것은 대체로 인도의 우파니샤드 기간이니 BCE 6~7세기 정도의 시기이다. 이때 인류는 처음으로 인간은 끊임없이 환생하고 인간의 삶은 카르마라는 법칙이 지배하고 있다는 것을 알게 된다. 그러니까 인류는 지금으로부터 약 2천 5백년이나 3천 년 전이 되서야 비로소 이 법칙을 알게 된 것이다.

이렇게 보면 인류는 약 200만 년이나 되는 세월 동안 어떠한 영적인 성숙도 없었고 지혜의 발달에도 아무 진전이 없었던 것이 된다. 인류는 그 긴 세월 동안 그저 동물과 같은 삶만 살았다. 그런데 만일 카르마가 정말로 인류의 진화를 위해 존재한다면 왜 그 오랜 세월을 허비했는지 알 수가 없다. 다시 말해 200만 년의 세월이 지난 뒤에야, 정확히 말하면 지금으로부터 3,000년 전도 안 되는 시기에 카르마 이론이 알려졌으니 그 이전의 세월은 무슨 의미가 있느냐는 것이다.

이것과 연관해서 또 던질 수 있는 질문은, 인류는 이 카르마론을 왜 이렇게 어렵게 알았느냐는 것이다. 인류가 이 이론을 알아차린 것은 불과 3,000년도 안 되었다고 했다. 그것도 인도인들만 알아차렸지 인도 이외의 다른 지역 사람들은 거의 눈치를 채지 못했다(다른 지역에도 이 이론을 아는 사람이 있었지만 인도 사람들처럼 세세하게는 몰랐던 것 같다). 이 이론은 이렇게 알기가 힘들었던 것이다. 인도에서도 극소수에 달하는 최고의 수도자들만 이 이론을 알았지 보통 사람들이 알았던 것은 아니다. 그러니 지금도 보통 사람들이 이 이론을 알거나 더 나아가서 체감하는 일은 거의 불가능하다.

카르마론을 피부로 체감하는 것이 얼마나 어려운지를 예를 통해 보자. 어떤 사람이 예기치 않은 다른 사람의 모함으로 아주 나쁜 상황에 빠졌다고 하자. 그러면 사람들은 보통 자신에게 나쁜 짓을 한 사람을 원망하고 앙갚음을 하려고 할 것이다. 그런데 카르마론에 따르면 이 경우 이런 일이 생기게끔 단초를 먼저 제공한 사람은 나이다. 내가 언제인지 모르지만 어떤 전생에서-반드시 전생일 필요는 없지만 여기서는 전생이라고 해두자-이 사람에게 먼저 나쁜 짓을 한 것이다. 그래서 저 사람이 자신이 당한 것을 되갚기 위해 이번 생에 나에게 나쁜 짓을 하는 것이다.[31] 따라서 이 원한의 사슬을 끊으려면 이번 생에 내가 앙갚음을 하지 않으면 된다고 카르마 법칙은 말하고 있다. 그런데 이 이야기는 우리가 많이 듣던 것 아닌가? 이것은 바로 세계의 고등종교들이 가르치고 있는 바가 아닌가?

이것이 세계의 고등종교가 가르치고 있는 것이기는 하지만 이것을 실천에 옮기는 사람(혹은 국가)은 극소수에 불과하다. 그래도 현대라는 시대가 좋은 것은 이 법칙을 고등종교를 통해 어느 정도는 알고 실천할 수 있다는 것이다. 그러나 카르마의 법칙은 그렇게 이해하기 쉬운 법칙이 아니

31) 그런데 이 논리를 계속해서 거꾸로 가면 누가 이 일을 시작했는지 알 수 없는 지경에 이른다. 내가 피해를 받으면 그것은 먼저 전생에 내가 그에게 나쁜 일을 했기 때문인데 그 생에 내가 나쁜 일을 한 것은 그 전전생에 그가 나에게 나쁜 짓을 했기 때문이라고 할 수 있다. 그러니 이렇게 계속해서 거꾸로 가면 도대체 이 일을 누가 먼저 시작했는지 알 길이 없어진다. 이것이 앞에서 본 것처럼 카르마 이론의 허점(?)이라 할 수 있다.

다. 우리 같은 보통 사람들이 여러 생을 넘나드는 카르마의 종횡무진 하는 활약상을 아는 것은 거의 불가능하다. 이것은 수많은 세월 동안 명상 수련을 해 정신적으로 상당히 높은 지경에 올라간 사람이 아니면 알 수 없다고 했다. 카르마의 법칙이 이렇게 알기 어렵기 때문에 보통 사람들은 자기 마음 가는 대로 복수를 하고 눈앞에 일이 닥치는 대로 행동을 하는 것이다.

사정이 이러하니 다음과 같은 질문이 솟아나는 것을 피할 길이 없다. 카르마론은 왜 이렇게 알기 어렵게 되어 있을까? 또 이처럼 이 이론을 알기도 어려운데 우리 같은 보통 사람들은 어떻게 그 이론에 따라 진화를 꾀할 수 있을까와 같은 질문 등이 생긴다. 이 이론을 모르는 대부분의 우리들은 거의가 이 이론에 맞지 않게 생활하다가 인생을 허비하는 경우가 많다. 그래서 대부분의 사람들은 진화는커녕 퇴화하기 쉽다. 카르마 이론은 개개 인간을 돕기 위해 있다고 했는데 왜 대부분의 사람들은 답보 상태가 아니면 퇴화하는 방향으로 가게 될까? 그것은 말할 것도 없이 일반인들에게는 이 이론이 너무 어렵기 때문이다. 이 이론은 이해하는 것만도 힘들지만 따르기는 더 더욱이 힘들다. 그러니 인간이 진화하는 것은 거의 불가능한 일이 되지 않을까?

지금까지 말한 것을 결론적으로 다시 정리해서 말하면, 우리 인간의 삶을 관통하고 있는 카르마론을 인류가 알아내는 데에만 약 200만년이라는 시간이 들었다. 인류 역사의 거의 모든 기간이 걸렸던 것이다. 그런데 그렇게 어렵게 알아냈건만 지금도 대다수의 사람들은 이 법칙에 대해 잘 모르고 있어 진보는커녕 끊임없이 제자리걸음을 하며 세월을 허비하고 있다. 내 개인적인 생각에 그칠지 모르지만 인류는 이 카르마론에 따라 살아야 진화할 수 있다. 그런데 이 카르마 법칙은 왜 이렇게 알기도 어렵고 실행하기가 어려운지 이해가 안 된다는 것이다. 얼마나 많은 세월이 지나야 인류가 이 법칙을 제대로 알고 자신들의 궁극적인 진화를 위해 정진할지, 과연 이 질문에 누가 답을 할 수 있을지 궁금하기만 하다.

카르마 이론에 대한 작은 의문들 카르마 법칙에 대해서는 이런 큰 의문만 있는 것이 아니다. 이런 의문 외에도 카르마론에는 이미 여러 작은 질문들이 있어 왔다. 카르마론이나 환생론과 관련해서 일반적으로 사람들이 가장 많이 던지는 질문은 인구 증가에 대한 것이다. 사람들이 계속 환생을 한다면 인구가 증가하는 일은 불가능한 것 아니냐는 것이 그것이다. 이 질문은 그럴 듯하게 보이지만 그것은 지상의 관점에서 보는 것에 불과한 것 아닌가 하는 생각이 든다.

지상에서 보면 이 물질적인 세계가 전부인 것처럼 보이지만 그동안 연구된 것을 통해 보면 이른바 영계(혹은 중음계)에는 우리가 상상하는 것 이상의 세계가 있는 것으로 파악된다. 그래서 그곳에서 이루어지는 일에 대해서는 지상에 사는 보통 영혼들의 능력으로는 알기 어렵다. 그곳은 말할 수 없이 광범위한 것으로 보이는데 그것은 지리적으로 그렇다는 것이 아니라 영적(혹은 정신적)으로 그렇다는 것이다.

스베덴보리는 이 영계가 천계 3층과 하계 3층, 즉 6계의 층으로 되어 있다고 했는데 이것은 어떻게 나누느냐에 따라 얼마든지 세분될 수 있다. 게다가 역행 최면 등으로 알아낸 바에 따르면 영계는 수직적으로만 구성되어 있는 것이 아니라 수평적으로도 수많은 집단이 있다고 한다. 추측컨대 이런 맥락에서 예수가 요한복음에 나온 대로 '내 아버지 집에는 거처할 곳이 많다'고 한 것이 아닌가 하는 생각을 해본다. 우리 같은 하수의 영혼들은 영계의 광범위함이나 오묘함을 도저히 알 수 없을 것으로 생각된다. 그런 시각에서 이 질문은 답을 유보하는 것이 낫겠다.

카르마와 관련해서 그 다음으로 던지고 싶은 질문은 내가 항상 갖고 있는 의문이다. 이것은 개인적으로 일어나는 사건에 대한 것이 아니라 여러 사람이 같이 겪는 사건에 대한 것이다. 그 비근한 예로 비행기 사고를 들어보자. 예컨대 비행기의 추락 사고로 탑승자 수백 명이 몰살하는 사건이 일어났다고 하자. 이런 사건은 꽤 자주 일어나니 상상의 예로 들 필요도 없다. 이런 사건에 대해 보통 카르마론을 따르는 사람들은 이 비행기에 탄 사람들은 이렇게 한 날 한 시에 같이 죽을 업을 갖고 태어났다고 주장한다.

카르마론의 입장에서는 이렇게 말하는 것이 이해가 되기는 한다. 세상의 모든 일에는 원인이 있다고 하니 말이다. 그러나 이성적으로 따져보면 과연 이런 일이 가능하겠느냐는 의문이 든다. 카르마 법칙이 아무리 엄중한들 어떻게 그 시간에 한 장소에서 같은 사건으로 죽을 업보를 지닌 그 많은 사람들이 모일 수 있느냐는 것이다. 이것을 조금 다르게 말하면 똑같은 시간에 같은 장소에 죽을 운명을 가진 사람들이 모이는 일이 확률적으로 가능하겠느냐는 것이다. 카르마의 작용은 오묘하고 불가사의하기 짝이 없다고 하지만 이렇게 확률적으로 대단히 낮은 일이 가능할까 하는 의구심이 없어지지 않는다.

카르마를 가능하게 하는 인간의 의식은 도대체 어떻게 생겨났을까?

위의 질문들도 나름대로 중요한 것들이지만 우리가 더 주목해야 할 큰 주제가 있다. 바로 카르마와 인간의 의식 간의 관계이다. 주지하다시피 카르마 법칙은 인간에게만 적용된다. 왜냐하면 동물 가운데 인간만이 사고 능력을 갖고 있기 때문이다. 카르마는 사고가 시작되면서 생기는 것이다. 생각을 하면 사물을 이분법적으로 보게 되어 좋고 나쁜 것, 위와 아래, 너와 나, 내 것과 네 것과 같은 상대 개념이 생겨난다. 인간이 자행하는 모든 악(그리고 선)은 바로 이분법적 사고에서 나오는 것이다. 인간은 이 상태에 머물러 있기 때문에 항상 괴롭다. 인간은 이 상태를 초월해야 하는데 그것은 고등 종교에서 말하는 지혜와 사랑으로서만이 가능하다. 이런 맥락에서 보면 인간의 모든 문제는 '생각'으로 귀결될 수 있다. 이 생각의 세계를 지배하고 있는 것이 카르마라는 것은 앞에서 말한 그대로이다.

이에 비해 인간처럼 사고를 하지 못하는 동물들에게는 카르마라는 개념이 적용될 수 없다.[32] 동물들은 자아 개념이 없어서 그런 것인데 이 자아 개념은 바로 생각에서 비롯된 것이다. 만일 이 사실을 받아들인다면 이 생각이 어떻게 생겨났는가 하는 것은 첨예의 관심사가 아닐 수 없다. 사람들은 인간이 생각한다는 사실에 너무나도 익숙한 나머지 이 생각이 별 것 아닌 것으로 알고 있는데 사실은 인간이 생각할 수 있다는 것은 기적 중의 기적이라 할 수 있다. 이것이 왜 기적 중의 기적이라고 하는 것일까? 이 문제를 단계 별로 짚어보자.

인간이 생각할 수 있는 것은 일단 인간이 생명을 갖고 있기 때문이다. 물론 식물이나 동물도 생명을 갖고 있다. 그러나 인간이 식물이나 동물, 그 중에서도 동물과 다른 것은 누누이 말한 대로 인간은 여기서 한두 단계 넘어서 의식을 갖고 있는 것이다. 인간이 의식을 가졌다는 의미에서 식물이나 동물보다 상위에 처한다고 할 수 있지만 생명이 없으면 생각이 나올 수 없다는 의미에서 생명은 의식(생각)의 필요조건이라 할 수 있다.

그런데 이 생명은 어떻게 해서 가능한 것일까? 생명이 가능하려면 물질이 있어야 한다. 생명에는 이 생명이 깃들 수 있는 물질이 있어야 한다

---

32) 그런데 동물 중에도 어떤 동물은 좋은 환경에 태어나 호사를 누리고 어떤 동물은 그렇지 않은 환경에 태어나 힘들게 사는 것을 보면 그들에게도 카르마가 존재하지 않을까 하는 생각도 드는데 그것은 인간의 이분법적 관점에서 볼 때 그런 것 아닐까 하는 생각이다. 동물들은 자신이 어떤 상태에 있든 그것이 좋은 것인지 나쁜 것인지에 대한 인식이 없다. 그들은 그저 본능적으로 행동할 뿐이다.

는 것이다. 이 물질계에서 물질이 없으면 그야말로 아무 것도 가능한 것이 없게 된다. 이렇게 보면 크게 말해서 진화의 사슬이 단계 별로 "물질→생명→의식"의 순서로 진행된 것을 알 수 있다. 지금 이렇게 간단하게 물질, 생명, 의식이라는 세 단어를 언급했지만 이 단어들의 연결은 신묘하기 짝이 없다. 어떻게 신묘하다는 것일까?

사실 엄밀히 따지면 이 우주에 아무것도 없지 않고 물질이 있는 것부터 신비로운 일이다.[33] 이 물질들은 어떻게 생겨났을까? 이 물질이 있는 것은 언젠가 어떤 연유로 인해 그 물질이 생겨났기 때문이다. 그 물질이 생겨나기 전에는 아무 것도 없었을 것이다. 그런데 어떻게 아무 것도 없는 데에서 물질이 생길 수 있었을까(아니면 물질은 원래부터 있었을까)? 이것부터 설명이 되지 않는다. 아무 것도 없는 데에서는 어떤 것도 생길 수 없다. 그런데 그런 곳에서 어떤 것이 생겨났다. 그래서 신묘하고 신비롭다는 것이다. 물질 문제는 그냥 지나치기로 하자. 물질이 언제 어떻게 생겨났는지는 워낙 까마득한 이야기이라[34] 인간의 계산 범위 내로는 들어오기 힘들기 때문이다.

그 다음에 우리가 주목해야 할 것은 생명의 창조에 관한 사항이다. 생명은 물질이 만들어진 연후에야 가능한 것이기 때문이다. 이제부터 우리의 무대는 지구로 한정된다. 지구에 있는 물질에서 어떻게 생명이 탄생했는지를 보자는 것이다. 이 지구에 생명이 언제 나타났는지에 대해서 우리 인류는 알고 있다. 이 시점은 거칠게 말해서 지금으로부터 약 37억 년 전에 바다 속에서 단세포의 생명이 생겨난 때가 그것이다. 지금 지구상에

33) 같은 맥락에서 20세기 최고의 철학자 중의 하나였던 하이데거는 '왜 세상에는 아무 것도 없지 않고 무엇이 있는 것인가(Why is there something rather than nothing?)'라고 의문을 던졌을 것이다.

34) 사실 물질이 생긴 것을 시간 안에서 설명한다는 것은 어불성설이다. 따라서 이 물질의 창조에 대해서는 미제(未濟)의 사건으로 남기는 것이 나을지 모른다.

있는 생명은 모두 이 하나의 세포에서 생겨난 것이다. 그런데 이 평범하게 보이는 사건이 사실은 확률적으로 거의 0에 가까운 사건이라는 것을 잊지 말아야 한다. 무생물에서 생명이 나왔으니 말이다.

이 엄청난 사건의 발생이 확률적으로 불가능하다는 것은 많은 비유로 설명되어 왔다. 이에 대해 가장 흔한 예를 들어보자. 어떤 원숭이가 무작위로 타이프라이트를 쳐서 햄릿이라는 희곡을 만들어내는 것은 가능하지 않을 것 같지만 확률적으로는 가능한 일이라고 한다. 수백억 년이라는 엄청난 세월이 지나면 가능할 수도 있다고 한다. 그러나 무생물에서 생물이 나오는 것은 이야기가 완전히 다르다. 발생할 수 있는 확률이 0에 가깝기 때문이다. 그런데 표현을 눅이느라고 확률이 거의 0에 가깝다고 했지 사실 엄밀히 말하면 이 사건은 일어날 수 없는 일이다. 무생물이 생물로 바뀔 수 있는 가능성이 없기 때문이다. 그래서 신묘하다는 것이다. 일어날 수 없는 일이 일어났으니 신이하기 짝이 없다고 하는 것이다.

신묘한 일은 아직 하나가 더 남았다. 인간의 의식이 발생한 사건이다. 이 사건도 생명이 나타난 것만큼이나 신이한 사건이다. 앞의 이야기로 돌아가서, 어떻든 이렇게 해서 생명이 생겼다고 하자. 그 다음부터의 진화는 그다지 어렵지 않게 진행되었을 것이다. 단세포에서 계속해서 세포가 분열해나가면서 복잡한 상위 개념의 생물들이 생겨났을 것이기 때문이다. 물론 이 과정에서도 동물의 출현이라는 또 다른 엄청난 사건이 있지만 이에 대한 것은 너무도 복잡한 주제이니 그냥 지나치기로 하자. 문제는 동물에서 인간이 진화한 사건이다.

생물학 책을 보면 비록 복잡한 과정을 거쳤지만 원숭이나 그에 준하는 유의 동물에서 인류가 생겨났다고 쓰고 있는데 이것은 대단히 무책임한 설명이다. 인간의 의식에 대해서는 전혀 언급하지 않았기 때문이다. 생물학에서는 인간의 의식에 대해서 다루지 않기 때문에 그냥 지나쳤는지 모르지만 인간의 총체적 발달학의 입장에서 보면 이 사건은 지구가 생겨나고 가장 중요한 사건이라 할 수 있다. 인간이 출현했으니 인간의 입장에서 볼 때 가장 중요한 사건이 아닐 수 없다.

인간의 출현이라는 사건이 왜 중요하다는 것일까? 그 이유에 대해 다시 정리해보면, 약 200여만 년 전에 인류가 생겨나기 전에는 지구상에 자기를 의식할 수 있는 동물이 하나도 없었다. 그런데 지구상 어디선가, 아마도 아프리카 어디선가에, 어느 날 자신이 존재한다는 것을 '아는' 동물이 생겼다. 이것이 앞에서 누누이 말한 대로 인간의 탄생 사건이다. 이 사건이 신묘하다는 것은 이전에는 존재하지 않았던 (인간의) 의식이 생겨났기 때문이다. 이 의식이 어디서 왔는지에 대해서 우리는 모른다. 그냥 어느 순간 생겨났다. 없던 것이 또 생겨난 것이다. 그래서 설명이 안 되는 것이고 그 까닭에 신묘하다는 것이다. 우리는 이 의식의 출처를 알지 못한다. 그래서 앞에서 이 의식이 원래부터 있었다고 하는 쪽이 더 있음직한 설명이라고 했던 것이다. 없던 것이 생겨날 수는 없는 일이지만 원래부터 있어서 없었던 적이 없었다고 하면 일단 문제는 풀리기 때문이다.

카르마는 바로 여기서부터 시작됐다고 했다. 그런데 우리는 이 의식이 왜 혹은 어떻게 생겨났는지와 같은 근본적인 질문에 대해서는 전혀 대답하지 못한다. 그저 의식이 생겨난 다음에 그것이 무엇인지에 대한 설명을 시도하고 이 의식이 지니고 있는 문제에 대해서만 볼 뿐이다. 이처럼 우리는 그 근본적인 문제에 대해서는 즉답을 미룰 수밖에 없다. 대신 앞으로 어떻게 해 나아가야 할 것인가에 대해서만 볼 것이다. 여기서 우리가 인간의 의식이나 카르마론을 설명하는 문제는 이렇듯 불가사의하다는 것을 알고 인간이 의식을 갖고 있다는 것이 얼마나 중차대한 일인가를 안 것만으로 충분할 것 같다.

네 번째 견해
환생이고 카르마고 다 존재하지 않는다 – 초절정의 부정의 입장

이 정도면 인간의 의식과 사후생, 그리고 카르마에 대한 기존의 견해들을 대충 훑은 것인데 마지막으로 검토했으면 하는 의견이 있다. 이 시각은 직접적으로 위에서 본 세 견해와 연결되는 것은 아니지만 어느 정도는 관련이 있어 소개해본다. 이 견해는 인도 종교의 교리로서 그 교리 가운데에는 최상승이라고 할 수 있다. 왜 최상승이라고 하는 것일까? 그것은 이 가르침이 앞에서 말한 견해들을 모두 부정하기 때문이다. 다시 말해 인연법도 없고 인과법도 없고, 따라서 환생도 없다고 주장하는 것이 이 최상승법이 설하고자 하는 바이다.

이 주장을 대표하는 사람은 충분히 예측할 수 있는 것처럼 대승불교 철학의 기초를 만든 용수이다. 그의 가르침은 말할 수 없이 깊은 것으로 그가 구사하는 논리는 인간의 생각이 더 이상 미칠 수 없는 데까지 나아갔다. 그는 자신의 저작 『중론송』[35]에서 모든 명제를 부정한 팔불중도(八不中道)를 주장한 것으로 이름 높다. 팔불중도란 '어떤 것도 소멸하지 않고[不滅], 어떤 것도 생겨나지 않고[不生], 어떤 것도 단멸하지 않고[不斷], 어떤 것도 상주하지 않고[不常], 어떤 것도 그 자체와 같지 않고[不一], 어떤 것도 그 자체와 다른 것이지 않고[不異], 어떤 것도 오지 않고[不來], 어떤 것도 가지 않고[不去]' 라고 하는 것이다. 그는 이 주장에서 모든 사물이나 사건은 서로 의존하고 있어 어떤 것도 절대적일 수 없다는 의미에서 절대적인 공을 말하고 있다. 그런 입장이니 인연법이니 인과론이니 하는 것들이 의미가 없어지는 것이다.[36]

---

35) 황산덕 역해(1996), 서문당.

36) 특히 업에 대해서 그는 이 책의 17장 "관업품"에서 '업은 공이라고 하나 단절이 없고

이러한 주장은 현대의 성자에게서도 보여 우리의 비상한 관심을 끈다. 그 성자는 다름 아닌 유지 크리슈나무르티로서 그는 어떤 책도 남기지 않았지만 그가 남긴 말에서 그의 급진적인 주장을 접할 수 있다.[37] 그의 주장은 아주 단순하다. 인간의 의식 같은 것은 존재하지 않으며 그 당연한 결과로 카르마니 환생 같은 것 역시 없다는 것이다. 그는 모든 것을 부정한 성자로서 유명하다. 그는 어떤 말을 하면 바로 그 다음 순간에 그것을 부정한다. 모든 것을 부정한 용수와 흡사하다. 그런데 그의 이 주장은 조심해서 받아들여야 한다. 그가 이런 주장을 하는 데에는 명확한 이유가 있다. 그는 카르마니 환생이니 하는 이런 개념들이 모두 인간의 생각 속에서만 존재한다고 생각하기 때문에 부정하는 것이다. 인간의 생각은 실재성을 갖지 않기 때문에 그 안에 있는 것 역시 실재성이 없다는 것이다. 인간의 생각이란 생각하는 순간 과거의 것이 되기 때문에 지금 여기에 현존하는 현재성이 없다는 것이다. 여기 현존하지 않으니 지금 여기에는 존재하지 않는 것이 된다.

그런데 이런 그의 주장을 제대로 이해하려면 대승불교에서 말하는 진제(眞諦)와 속제(俗諦)의 구별을 알아야 한다. 우선 진제는 진리의 영역에서 말하는 것을 말한다. 다시 말해 최상승의 수준에서 말하는 것이다. 그런 수준에서 보면 세상의 모든 것은 텅 비어 있다. 세상의 절대적인 상태는 한 생각이 일어나기 전의 상태이니 거기에는 어떤 관념이나 사건이 있을 수 없다. 그래서 비어 있다고 하는 것이다. 대신 아무 대상이 없는 순

유라고 하나 영원한 것이 아니다. 여러 업은 자성이 없기 때문에 불생이고 불생이기 때문에 불멸이다. 업은 연으로부터 생하는 것도 아니고 비연으로부터 생하는 것도 아니니 업을 일으키는 자도 실재하는 것이 아니다.'라고 하면서 업이나 업을 만드는 사람이 모두 존재하지 않는다고 주장했다.

37) 유지 크리슈나무르티에 대한 국내 저작은 다음의 두 권밖에 없다. 최준식(2015), 『길은 없어도 가야 할 길』, 하나바람에 영글다. 『그런 깨달음은 없다』, (김훈 역, 김영사, 2015).

수한 의식만 존재하게 된다. 생각이 일어나기 '전(?)'의 상태이다. 그런 상태에서는 세상의 모든 것이 부정된다. 순수한 의식만 있고 대상이 없으니 세상에는 어떤 것도 있을 수 없다. 그래서 아무 것도 없다는 것이다.[38]

반면에 속제는 이 세상이 돌아가는 모습을 그린 것이다. 이것은 생각의 영역으로 들어온 상태이다. 따라서 내 의식이 생겨난 상태인데 그 나의 의식에는 항상 대상이 있게 마련이다. 인간의 의식이란 그 의식을 의식하는 순간 대상이 생긴다. 가장 첫 번째 대상은 바로 자기 자신에 대한 의식이다. 이것이 바로 주체적 자아(subject-I)와 객체적 자아(object-I)의 구별이다. 이런 상태가 되면 '보는 나'와 '보여지는 나'가 분리된다. 이와 더불어 시간 개념이 생기면서 세상의 사물이 변화하는 것을 알게 된다. 자신을 객관적으로 보니 조금 전의 나와 지금의 나를 구별할 수 있다. 그래서 변화를 감지하는 것이다.

이 입장에서 보면, 이 세상에는 내(혹은 내 의식)가 있기 때문에 카르마가 존재하게 된다. 내가 내 의식으로 어떤 생각을 하던 혹은 어떤 행동을 하던 그것은 흔적을 남기게 되는데 그러는 가운데 카르마가 형성되는 것이다. 카르마가 형성되면 우리의 삶에는 문제가 발생하기 시작하고 고통스러워지기 때문에 우리는 그것을 해결해야 한다. 카르마가 횡행하는, 이 문제 많은 이원론적인 세계를 넘어서려면 주체적 자아과 객체적 자아의 구별을 넘어서서 초자아의(trans-personal) 단계로 가야한다.

앞에서 나는 카르마는 바로 우리가 이 단계로 가게 도와준다고 했다. 그런데 그 단계는 한 생의 노력으로 닿을 수 있는 것이 아니다, 그 때문에

---

38) 같은 표현은 중국 선종의 실질적 시조인 혜능의 오도송(悟道頌)에도 나온다. 그의 오도송에 '본래무일물(Originally there is nothing)'이라는 구절이 바로 그것이다. 이때 아무 것도 없다는 것은 '한 번 생각해보니 아무 것도 없다'는 것이 아니라 생각이 일어나기 전에 아무것도 없다는 것이다. 그런데 '본래무일물'이라고 생각하는 순간 이것은 다시 생각의 영역으로 들어와 아무 의미 없는 문구가 된다.

우리는 계속해서 환생해야 한다. 거듭 환생하면서 이 세간을 넘어서기 위해 무진 애를 써야 한다. 우리가 이 지상에 환생하는 이유는 바로 여기에서 찾을 수 있다. 이 수준에서 볼 때에 인과응보론이나 환생론 같은 속제의 진리는 참이 된다. 진제의 입장에서는 이 속제의 수준이 모두 하찮게 보이고 환상으로 보이지만 속제의 입장에서는 바로 이것이 진실인 것이다.

네 번째 입장은 이런 관점이기 때문에 이 입장에 서게 되면 우리는 지금 살펴보고 있는 주제에 대해 어떤 말도 할 수 없게 된다. 따라서 이 입장은 이 정도의 소개로 그치는 것이 낫겠다. 그럼에도 불구하고 이 입장이 필요한 것은, 이런 최상승의 견해가 있다는 것을 염두에 두고 우리의 주장을 펴는 것과 그렇지 않은 것은 분명 차이가 있기 때문이다. 이 최상승의 진리를 모른 채 우리의 주장을 하면 우리가 주장하는 것이 유일한 것이고 최고의 진리라고 착각할 수 있다. 이것은 다시금 자신이 만든 도그마 속에 빠지는 것이 되니 조심해야 한다. 이 최상승의 견해는 어떤 입장이나 어떤 명제든 상대적인 관점에서 보아야 한다는 태도를 견지할 수 있게 도와준다는 점에서 우리에게 필요하다 하겠다.

이 책의 입장
– 인간에게 사후생이 있음은 물론이고 환생을 한다는 세 번째 입장

다시 한 번 밝히고 싶은 것은 이 네 가지 입장 가운데 이 책은 세 번째 입장에 선다는 것이다. 이 책에서는 인간이 수없이 많은 환생을 거치면서 카르마 법칙을 통해 진화의 정점으로 가고 있다는 가정 아래 설명이 펼쳐질 것이다. 물론 그렇다고 해서 앞에서 말한 것처럼 수승(殊勝)의 관점인

네 번째 관점을 배제하는 것은 아니다. 그런데 이 네 번째 관점은 어찌 보면 그다지 유용한 것이 아닐 수 있다. 왜냐하면 이 관점은 극소수의, 정말로 극소수의 최상근기의 사람들에게만 통용되기 때문이다. 이런 사람들에게는 환생의 법칙이나 진화같은 단어가 필요 없다. 이 최고의 인간들은 이 우주에 실재하는 유일한 것인 인간의 의식이, 그들의 용어로 표현하면 우주 (의식) 그 자체인 인간의 의식[39]이 텅 비어있는 의식체라는 것을 알고 있어 여기에는 카르마의 법칙이 통용되지 않는다는 것을 잘 알기 때문이다(통용되지 않는다기보다 카르마 법칙이 이 사람들에게는 더 이상 필요하지 않다고 하는 게 더 정확할 테지만).

그런데 과연 이 단계까지 간 사람이 얼마나 될까? 그것을 정확히 알 수 없지만 아예 없거나, 있다고 해도 지극히, 지극히 적은 숫자일 것이다. 이 방면은 매우 주관적인 영역처럼 보여서 자신들이 그런 최고의 상태에 이르렀다고 자부하는 사람들이 꽤 있는데 대부분의 경우 그것은 그의 망상일 뿐이다. 어떻든 이러한 이유 때문에 이 단계는 인류의 대부분을 차지하는 우리 보통 사람들에게는 그다지 의미가 없다고 해야 할 것 같다. 대신 우리들은 3번 째 입장, 즉 우리는 구원의 세월을 거쳐 진화해간다는 입장에 서서 점진적으로 자신의 내적인 발달을 도모해야 할 것이다.

그러려면 이 환생의 실태를 제대로 파악할 필요가 있다. 여기서 가장 중요한 것은 카르마의 법칙이 어떻게 작동하는가에 대한 것을 완전하게 숙지하는 것이다. 그래야 우리의 무궁한 진화를 돕고 있는 카르마의 법칙을 따라 끝없는 진화의 길로 나아갈 수 있다. 그런데 이 카르마의 법칙을 제대로 학습하려면 그 전에 인정해야 할 것이 있다. 바로 환생(혹은 윤회)이 존재한다는 것이다. 우리는 인간이 환생한다는 것을 충분히 숙지해야

39) 이것을 전통적인 힌두교 용어로 하면 '브라만(우주, 의식 혹은 the Spirit 혹은 大靈)이 아트만(개아의식, individual soul)이 되는 것이다.

그 다음 단계인 카르마의 작동 모습을 알아나갈 수 있는 것이다.

따라서 이런 견해에 동의한다면, 우리는 인간의 환생을 보다 더 궁구(窮究)해야 하는데 여기서 중요한 것은 이 같은 초자연적인(?) 현상을 객관적으로, 혹은 과학적으로 이해하려고 노력해야 한다는 것이다. 과거에 이 방면에 대한 것은 거의 믿음의 영역에 있었기 때문에 객관적으로 이해하는 일이 매우 힘들었다. 인간의 환생이라는 법칙 혹은 현상은 인간이 갖고 있는 오감의 영역을 넘어서는 분야라 그 분야를 초감각적으로 경험한 사람들만이 거론했는데 그 때문에 보통 사람들은 그 주장들의 진위를 전혀 알 수 없었다. 그래서 믿음(혹은 추측)의 영역 속에 있다고 한 것이다.

물론 내가 이전의 저서에서 밝힌 것처럼 최면을 이용해 환생의 실상을 알아내는 방법도 있다. 인간의 환생에 대해 알고자 할 때 활용되는 여러 방법 가운데 최면은 가장 흔한 방법일 것이다. 그러나 최면은 앞에서도 본 것처럼 전적으로 과학적(?)이라고 하기에는 부족한 면이 있다. 최면에는 항상 주관적인 관점이 실릴 수 있고 더 나아가서 최면에서 나온 결과들을 검증할 수 있는 방법도 한정되어 있어 그 유효성에 의문을 가질 수밖에 없기 때문이다.

내가 직접 체험한 것을 가지고 예를 들어보자. 앞에서 인용한 책[40]에 실은 최면의 예를 보면, 한국에 유학 와서 공부를 하는 중국인 제자를 최면에 들게 해 직 전생으로 가라고 했더니 그는 자신이 청나라 때 재단사라고 밝혔다. 우리는 그 재단사의 이름까지 최면으로 밝혀냈다. 이 제자의 직 전생이 옷을 만드는 재단사였을 것이라는 데에는 심증이 꽤 있었다.[41] 그러나 그것을 증명할 수 있는 방법은 전혀 없었다. 그렇지 않겠는

40) 최준식, 엄영문(2013), 『전생이야기』, 모시는 사람들.

41) 가령 그는 이번 생에 옷 만드는 법을 전혀 배우지 않았는데도 자신의 아들 옷 같은, 그리 만들기 어렵지 않은 옷은 스스로 만들 줄 알았다. 그리고 바느질에도 누구보다 소질이 있었다.

가? 그의 진술이 모두 맞는다 치더라도 그가 정확하게 청나라 언제, 어디에 살았는지 알아낼 방법이 없지 않은가? 또 알아낸다고 해도 실제로 그곳에 가서 그 재단사의 생존 여부를 확인하는 것은 결코 쉬운 일이 아니다. 더 큰 문제는 그의 진술이 100% 맞는다는 보장이 없다는 것이다. 최면 과정에서 잘못된 정보들이 얼마든지 들어갈 수 있기 때문이다. 그래서 이렇게 최면을 통해 인간의 환생을 알아보는 일이 상당히 제한된다고 한 것이다.

이러한 환생의 연구에서 앞에서 잠시 본 것처럼 미국 버지니아 대학의 이안 스티븐슨 박사의 연구를 능가할 수 있는 것은 없다. 그 양이나 연구한 기간이 다른 연구들과는 차원을 달리 하기 때문이다. 게다가 그는 그렇고 그런 연구자가 아니라 서양 의학(정신의학)을 전공한 의사이자 버지니아 대학에서 수십 년 동안 가르친 교수이다. 그는 서양의 과학적인 방법론을 정통으로 습득했다는 점에서 높이 평가받아야 한다. 물론 서양의 과학적인 방법론을 통해서만 진리를 알 수 있다는 것은 아니지만 지금까지 인류가 고안해낸 학문적인 방법론 중에 서양의 과학적인 방법론은 최고 중의 하나가 아닌가 싶다.

서양의 과학적인 방법론이 상대적으로 우수하다는 것에 대해서 우리는 여러 가지 측면을 이야기 할 수 있을 것이다. 그 중에서 나는 이 서양의 방법론이 객관적이고 논리의 전개가 도약이 없어 합리적인 사고를 하는 사람이라면 누구든지 이해할 수 있다는 점을 가장 큰 장점으로 들고 싶다. 인간의 환생 문제에 대한 태도도 동서양의 접근 태도는 아주 달랐다. 먼저 동양을 보면, 동양, 특히 인도는 인간의 환생설을 종교 교리로만 주장했지 이에 대한 객관적인 증거를 내놓지 못했다. 그에 비해 서양에서는 이 문제에 대해 객관적인 증거를 대기 위해 부단히도 애를 썼다.

이런 시도를 한 학자 가운데 대표적인 이가 바로 이안 스티븐슨이다.

물론 그가 제시하는 것이 다 맞는다고 하는 것은 아니다. 우리는 그 진실을 확실하게 알 수는 없다. 그러나 세계적인 학자가 그렇게 공들여 연구한 것을 제대로 궁구하지 않고 외면하는 것은 결코 책임 있는 태도가 될 수 없다. 그의 주장이 틀렸는지 맞았는지는 일단 그의 연구를 검토한 다음에 평가해야 한다. 그의 연구가 방대하고 깊은 것은 앞에서 말한 대로이다. 게다가 그의 연구의 주밀함은 차원을 달리 한다. 따라서 그의 연구에 대한 꼼꼼한 분석은 인간 이해를 한층 더 깊고 넓게 해 줄 것으로 믿는다. 이제 이런 생각을 갖고 그의 연구에 대해 보려 하는데 우선 그의 일생과 연구 방향과 업적에 대해 훑어보기로 하자.

본설

1

이안 스티븐슨의 연구와 그 가치에 대해

이안 스티븐슨은 누구인가?

젊은 시절의 이안 스티븐슨

이안 스티븐슨(1918~2007, 이하 스티븐슨)은 캐나다의 몬트리얼 시에서 태어났지만 인생 후반부의 주요 무대는 미국의 버지니아 대학의 정신의학과였다. 그는 무려 50년 동안이나 이 학과의 교수로 있었는데 1957년부터 1967년까지 이 학과의 과장직을 역임했으니 이 분야에서 상당한 권위를 가졌던 것으로 평가된다. 뿐만 아니라 그는 이 학과에 '지각연구 부서(Division of Perceptual Studies)'라는 연구기관을 스스로 만들고 이 기관의 소장으로 오랫동안 있었다. 2002년까지 이 기관의 소장으로 있었으니 이 기관은 그의 전용 연구기관이라 할 수 있다. 2002년이면 그의 나이가 84세이니 그렇게 말할 수 있는 것이다. 그 후 그는 은퇴했고 이 자리는 그의 직 제자인 짐 터커 교수로 이어졌다.

그의 인생이나 교육 배경은 지금 본 것보다 훨씬 더 복잡하지만 우리의 주제와 연관이 없는 것은 모두 생략하였다. 그가 세계적으로 명성을 떨칠 수 있게 된 것은 그가 평생 행한 '전생 연구'였다. 40년 동안이나 이 연구를 행했으니 그의 성과를 알만 하지 않을까? 게다가 그는 대학이라는 제도권 안에 있는 교수로서 이 주제에 대해 연구를 했기 때문에 그 성과는 더욱더 인정받을 수 있다.[42)]

그가 이렇게 오랫동안 연구를 했다지만 연구 대상이나 방법론은 외려 단순하다. 그는 전생을 기억한다고 주장하는 아이들만을 대상으로 그 진실 여부를 캤기 때문이다. 이런 아이들의 주장을 가지고 이 아이가 왜 현생에 어떤 특정한 태도를 보이고 특정한 몸의 상태를 갖게 되었나를 밝힌 것이다. 이에 대한 것은 뒤에서 상세하게 밝힐 테지만 어떤 아이들은 태어날 때부터 특이한 태도나 신체의 특징을 갖고 있는데 이를 설명할 수 있는 훌륭한 설명이 전생의 영향이라는 것이다. 그는 전생을 무조건 인정하려 하지 않고 설명의 한 대안으로 전생이 최적이라고 말함으로써 객관적인 태도를 유지하려고 노력했다. 바로 이런 점이 그가 얼마나 훌륭한 연구자였는지를 알 수 있게 해준다. 그런 면에서 그는 매우 객관적이고 조심스러운 학자적인 태도를 유지했는데 그렇다고는 하지만 심정적으로는 전생의 존재를 믿고 있었던 것으로 보인다.

---

42) 이 주제를 연구하는 사람들은 대학이라는 제도권 안에 들어가지 못하는 경우가 많다. 대학이라는 사회는 모든 연구에 그들 나름대로의 방식으로 객관적이고 엄밀한 근거를 요구하기 때문에 그 요구에 부응하지 못하는 연구는 이행되기 어렵다. 이 주제에 대한 연구를 많이 했지만 대학 같은 제도권 안에 들어가지 못한 대표적인 연구자로는 『영혼들의 여행』이라는 책을 쓴 마이클 뉴턴을 들 수 있다. 뉴턴의 이 책은 최면으로 영계와 전생을 밝힌 책 가운데 독보적인 위치를 차지하고 있지만 그가 대학에서 정식 교수가 되었던 것은 아니다. 이것은 그가 최면 하나에만 의존해 임상실험을 한 관계로 대학 사회에서는 용납되기 힘들었을 것으로 생각된다.

스티븐슨은 왜 이런 주제를 연구하는 데에 '올인'했을까?

이 시점에서 우리가 던질 수 있는 질문은 그 많은 대학 교수 중에, 다시 말해 그 많은 제도권 인사 중에 왜 이안 스티븐슨이라는 교수만이 이러한 비일상적인, 혹은 초일상적인 연구에 평생을 매진했는지에 대한 것이다. 앞에서도 말한 것처럼 이런 주제는 대학에 있는 교수들이 대단히 꺼리는 주제이다. 자칫하면 반과학적이라고까지는 아닐지라도 적어도 유사과학적인 연구로 낙인 찍혀 그가 하는 연구에 심대한 타격을 입을 수 있기 때문이다. 아니 그런 염려가 있는 것을 잘 알기 때문에 대학 교수들은 이런 주제를 아예 건드리지 않는다.[43] 그런데 어떻게 스티븐슨은 이러한 주제를 선택했을 뿐만 아니라 그 주제에 대해 40년 동안 일관되게 연구할 수 있었을까? 이러한 사정에 대해 자세히 밝힌 책은 없기 때문에 그 전모를 알 수 없지만 현재까지 알려진 것만으로 이를 추정해보자(그에 대한 소개는 이런 것이 중요한 것이지 그가 어떤 대학서 수학하고 어떤 대학에서 얼마동안 있었고 하는 따위의 정보는 그다지 중요하지 않아 모두 생략했다).

그는 꽤 유복하고 수준 있는 가정에서 자란 것으로 보인다. 아버지가 변호사 일을 하면서 런던 타임즈나 뉴욕 타임즈의 캐나다 특파원을 했다고 하니 말이다. 그러나 그것보다 더 중요한 것은 그의 모친이 보여준 성향이다. 그의 모친은 '신지학회'에 큰 관심을 갖고 있었고 이 학회와 관련된 많은 책을 집에 소지하고 있었다고 한다. 이 학회에 대해서는 내가

43) 이런 유에 속하는 주제로 UFO를 빼놓을 수 없다. 국내외를 막론하고 UFO라는 주제에 대해 대학에서 공개적으로 연구하는 교수는 거의 없다(미국 템플 대학의 역사학과 교수로 있는 제이콥슨이 몇 안 되는 예외인지 모른다). 들리는 후문에 의하면 천문학의 세계적인 대가였던 칼 세이건도 (유력한) 교수가 되기 전에는 UFO의 존재를 인정했다는데 대학교수가 된 다음에는 일관되게 그 존재를 부정했다고 한다. 이유는 간단하다. UFO를 인정하면 연구 자금의 지원이 끊기기 때문이다.

다른 책[44]에서 이미 설명했기 때문에 여기서는 그 자세한 설명을 생략한다. 이 학회는 동서양의 종교를 융섭하여 연구하고 그것을 바탕으로 공동체를 만들어 인류의 진화를 한 단계 업그레이드시키는 것을 목적으로 하고 있다.

이 학회는 또 앞으로 세계를 구원할 메시아를 찾아내는 데에도 많은 노력을 기울였는데 지두 크리슈나무르티가 그 주인공으로 뽑힌 것은 잘 알려진 사실이다. 이러한 성향 때문에 이 학회는 매우 신비적인 경향을 띠는데 스티븐슨이 초현상적인 데에 관심을 갖게 되는 데에는 이 학회와 관련된 책을 많이 읽었다는 데에 기인하는 바가 있을 것이다. 이런 책을 비롯해 그가 읽은 책이 3천 권이 넘었다고 하니 그의 방대한 독서량을 알 수 있다.

헉슬리와의 만남

그의 이력을 살펴보면, 별 것 아닌 것처럼 보이는 사건이 하나 있는데 1950년대에 세계적인 지성인이자 문호인 앨더스 헉슬리를 만난 게 그것이다.[45] 그냥 만나기만 한 게 아니라 그는 헉슬리와 함께 환각제인 L.S.D.를 체험했다고 한다. 이 체험이 중요한 것은 그 뒤로 그는 화를 낸 적이 없었다고 알려져 있기 때문이다. 이 사건이 아무것도 아닐 수 있지만 어찌 보면 이것은 그의 종교적 체험이라고 할 수 있다. 사람이 화를 내지 않는다는 것은 아무나 할 수 있는 일이 아니다. 사물이나 존재의 심층

---

44) 졸저(2015), 『길은 없어도 가야할 길』, pp.32-35.

45) 그는 1945년에 미국으로 건너오고 1949년에 미국 시민권을 획득한 것으로 알려져 있다.

부를 체험하지 않으면 할 수 없는 일이기 때문이다. 일종의 깊은 종교적 체험을 하지 않으면 이 일은 가능하지 않다.

헉슬리가 환각제를 직접 체험했다는 것은 잘 알려진 사실이다. 헉슬리는 이 체험을 통해 평상시의 의식 상태를 넘어 초일상(?)적인 체험을 한 것으로 알려졌고 이것을 정리하여 책으로 냈는데 그것이 바로 『The Doors of Perception(지각의 문) & Heaven and Hell』이라는 책이다. 보통 때에는 우리의 인식이 매우 제한되어 있는데 환각제를 섭취하면 외계를 어느 정도 있는 그대로 받아들일 수 있다고 한다. 헉슬리는 바로 이 경험을 하고 책으로 남긴 것이다. 추정해본다면, 스티븐슨도 이와 비슷한 체험, 그러니까 불교적인 용어로 표현하면, 사물의 실상을 접해 우주의 완벽함을 알게 된 것 아닌가 하는 생각이 든다. 그는 이 체험을 하면서 3일 동안 완벽한 평온을 맛보았다고 실토했다. 이것이 사실이라면 그가 그 체험 이후로 한 번도 화를 내지 않았다는 것이 이해될 수 있다.

스티븐슨을 연구소에서 도왔던 켈리(Emily W. Kelly) 박사에 따르면,[46) 그는 사람들에게서 나타나는 특별한 성격이나 능력, 질병, 태도(혹은 성향), 설명하기 힘든 공포증(phobia) 등이 어떻게 생겨나는가에 대해 많은 관심을 가졌다고 한다. 이에 대한 대부분의 설명은 그 원인을 유전이나 환경적인 것으로 돌리는데 스티븐슨은 이러한 설명에 만족하지 못했다고 한다. 예를 들어 같은 스트레스를 받아도 어떤 사람은 그 결과가 천식으로 나타나고 어떤 사람은 고혈압으로 나타나는데 이것을 어떻게 설명하느냐는 것이다. 그는 이런 차이를 모두 생화학적인 요인으로 돌리는 환원주의를 반대한다는 뜻을 강하게 표명했다. 그는 만일 이러한 차이를 후천적인 요인으로 설명할 수 없는 경우가 있으면 인간의 환생론이 최고의

---

46) 이에 대한 것은 그의 책, 『Science, the Self, and Survival after Death: Selected Writings of Ian Stevenson』(Rowman & Littlefield 출판사, 2012)에 잘 나와 있는데 이 책은 아직 번역되지 않았다.

설명이 될 수 있다고 주장했다.

그는 자신의 생각이 맞는다는 것을 증명하기 위해 어린 아이들을 주목하기 시작했다. 그는 사람들이 어린 아이 시절에는 매우 유연한 성격을 갖는다고 믿었다. 그런 가정에서 나온 연구가 그가 1957년에 *American Journal of Psychiatry*이라는 학술지에 쓴 "Is the human personality more plastic in infancy and childhood(인간의 성격은 영아기나 유아기 때에 더 유연한가)?"이다. 그는 이처럼 이른 시기부터 어린이에게 관심을 가졌다. 따라서 그가 주요한 연구 대상으로 어린이의 전생 기억 체험을 잡은 것은 자연스러운 일일지 모른다. 이 논문을 내고 2년 뒤에 스티븐슨은 미국심령연구협회(American Society for Psychical Society)에서 미국의 대학자였던 윌리암 제임스를 기리기 위해 열린 논문 공모 대회에 참여한다. 이 대회는 '초현상적인 심적 현상과 이 현상이 사후에 존재하는 인간의 성격과 갖는 관계에 대해(paranormal mental phenomena and their relationship to the problem of survival of the human personality after bodily death)'라는 주제를 제시하고 이에 대해 가장 잘 쓴 논문을 선정하는 것을 목적으로 열렸다. 그때 그는 "The Evidence for Survival from Claimed Memories of Former Incarnations(전생의 인격체가 주장하는 기억을 통해본 잔존(환생)에 대한 증거)"라는 글로 결승까지 올라갔다고 한다.

본격적으로 시작되는 스티븐슨의 연구

위의 논문에서 그는 이미 발표되어 있는, 전생을 기억한다고 하는 아이들의 사례 가운데 44개의 예를 선정해 나름대로 세심하게 고찰했다. 그는 이 글에서 이 아이들이 말한 증언들이 매우 유사하지만 이것을 가지고 사람이 환생한다고 결론 내릴 수는 없다고 주장했다. 더 명확한 판단을 위해서는 더 광범위하고 주밀한 연구가 필요하다는 것이 그의 마지막 생각이었다. 그런데 마침 이 글이 당시 초심리학 재단의 창시자인 에일린 개러트(Eileen J. Garrett)의 주목을 받게 되었다. 개러트는 스티븐슨의 글에 감명을 받았던 것이 틀림없다. 왜냐하면 그는 스티븐슨이 인도로 가서 전생을 기억한다고 주장하는 아이들을 조사하는 데에 필요한 모든 자금을 지원했으니 말이다. 이 사건은 스티븐슨의 생애에서 매우 중요한 사건이라고 할 수 있다. 왜냐하면 이때부터 스티븐슨이 전 세계를 다니면서 전생을 기억하는 아이들을 연구하기 시작했기 때문이다.

앞에서 인용한 터커의 책에 따르면,[47] 스티븐슨은 이때 인도에 가자마자 4주 만에 25개의 사례를 수집했다고 한다. 또 스리랑카에 가서도 대여섯 개의 사례를 수집했다. 이러한 자료를 가지고 그가 1966년에 낸 첫 번째 책이 바로 『Twenty Cases Suggestive of Reincarnation.(환생을 암시하는 20 가지 사례)』이다.[48] 이 책에서 그는 인도, 스리랑카, 브라질, 레바논 등지에서 수집한 사례에 대해 매우 주밀하게 분석하고 있다. 그 사례를 제공한 당사자의 증언부터 그의 부모나 그의 전생의 부모, 또 그 주위에 있는 지인들의 증언을 가능한 한 많이 수집하여 당사자의 증언이 참인지 아닌지를 밝히려고 애를 썼다. 나는 뒤에서 이 사례 가운데 주목할 만한 것들을 골라 구체적으로 소개할 것이다.

47) 터커, pp.40-41.

48) 이 책은 후(1980년)에 같은 제목으로 증보되어 버지니아 대학 출판부에서 다시 출간된다.

제록스 복사를 처음 발명한 사람으로부터 거액의 지원금이!

스티븐슨의 연구에 대한 지원은 여기서 끝나지 않았다. 1967년에 제록스 복사로 알려진 건조인쇄(乾燥印刷) 기술을 발명한 칼슨이라는 사람이 그의 논문을 읽고 재정 지원을 약속했기 때문이다. 이 제안에 대해 스티븐슨은 처음에는 거절했다고 하는데 좀 더 광범위한 연구를 위해 나중에 수락하게 된다. 이 연구를 위해 스티븐슨은 10년이나 맡고 있었던 정신의학과 과장 자리도 사임하게 된다. 그러다 1년 뒤 칼슨이 죽으면서 재정 지원이 끊기는 듯 했는데 놀랍게도 칼슨의 유언장에 스티븐슨의 연구에 100만 불을 지원하라는 문구가 발견되면서 그의 연구는 지속될 수 있었다. 그런데 대학에서는 이런 격외적인 주제의 연구에 대한 지원을 받아야 하는가에 대한 논란이 있었다고 한다. 종국적으로 대학은 지원을 수락하기로 하고 그 결과 스티븐슨은 버지니아 대학의 정신의학과의 첫 번째 칼슨 교수(Carlson Professor)로 임명된다.

그 다음부터 스티븐슨은 혼자만 연구하는 것이 아니라 다른 학자들과 함께 전 세계를 다니며 사례를 수집해갔다. 인도를 위시해 스리랑카, 태국, 터키, 미얀마 등과 같은 아시아 국가뿐만 아니라 브라질이나 북미, 유럽의 사례까지 그 범위를 확장해 나아갔다.[49] 1966년에 펴낸 저작 다음으로 주목을 요하는 책은 『Unlearned language: New Studies in Xenoglossy(학습되지 않은 언어: 제노글로시(배운 적이 없는 언어를 할 수 있는 능력)에 대한 새로운 연구』(1984)이다. 이것은 전생을 기억하는 어떤 사람이 이번 생에서는 전혀 배우지 않았던 전생의 언어를 구사하는 사례를 모은 것이다. 그런데 이 책에는 두 가지 사례밖에 수록되지 않았고 이

49) 유럽에서 발견한 환생 사례들을 모은 다음의 책은 스티븐슨의 마지막 저작이 되었다. 『European Cases of Reincarnation Type(유럽의 환생 사례들)』, 2003.

주제에 대한 주위 반응도 그리 우호적이지 않아 이 분야에 대한 저작은 더 이상 나오지 않았다.[50)]

전생의 사건이 이번 생의 몸에 남기는 흔적에 대한 연구

스티븐슨의 책『Reincarnation and Biology』

그 다음으로 나오는 연구 역시 스티븐슨의 대표적인 연구라 할 수 있다. 이 연구는 앞의 연구보다 더 대담하다고 할 수 있는데 그의 주장에 따르면 어떤 사람이 전생에 어떤 치명적인 사고로 죽게 되면 그때 난 상처가 다음 생의 몸에 흔적을 남기는 경우가 있다고 한다. 그는 이 흔적을 두 가지로 분류했는데 태어날 때부터 있는 모반(母斑, birthmark)과 선천적 장애(birth defect)가 그것이다. 이에 대해서는 뒤에 자세히 보겠지만 아주 간단한 예를 들어보면, 어떤 사람이 전생에서 권총을 맞고 죽었을 경우 이번 생의 몸에 총알이 들어가고 나온 자리에 모반(혹은 반점)이 생겨 털이 나지 않을 수 있다고 주장하는 것이 그것이다. 그런가 하면 전생에 줄 같은 것으로 묶인 상태로 죽었을 경우 이번 생에는 그 줄이 있는 자리에 움푹 파인 흔적이 남는 것도 이 예에 속한다. 이것은 참으로 믿기 힘든 것이지만 그는 이러한 예를 많이 모아 1997년에『Reincarnation and Biology: A Contribution to the Etiology of Birthmarks and Birth Defects(환

50) 이러한 이유때문에 나도 이번 책에서 이 책을 다루지 않았다.

생과 생물학: 모반과 선천적 장애의 인과관계에 대한 한 공헌)』라는 대작을 남긴다. 대작이라고 하는 것은 이 책이 2권으로 되어 있을 뿐만 아니라 약 220 가지의 사례를 다루고 있고 그 쪽수도 무려 2,200페이지가 넘기 때문이다. 같은 해에 그는 이 책이 너무나 방대해 일반 독자들이 접근하기 어렵다고 생각해 약 220쪽 짜리의 축약본을 내는데 『Where Reincarnation and Biology Intersect(환생과 생물학이 교차하는 곳에서)』가 그것이다. 필자는 이번 책에서 앞서 말한 대로 이 두 책("Twenty Cases.."와 "Reincarnation..")을 중심으로 스티븐슨의 연구를 소개하려고 한다.

이 두 대표적인 연구는 2001년에 스티븐슨이 출간한 『Children Who Remember Previous Lives(전생을 기억하는 아이들)』에서 종합된다. 이 책은 원래 같은 제목으로 1987년에 출간되었는데 이것을 개정해서 새로 낸 것이다. 1987년에 출간된 것은 그 전에 나온 책, 즉 "Twenty Cases..."를 일반 독자들이 읽기 쉽게 바꾼 것이다. 이 "Twenty Cases.."는 그야말로 지극히 학술적인 책으로 아주 주밀하게 쓴 책이다. 그래서 일반 독자들에게는 번쇄하게 보일 것이 틀림없고 그 때문에 쉽게 읽히지 않는다. 이런 약점을 보완하기 위해 1987년에 이 책을 쓴 것이다. 그러다 그 후에 스티븐슨은 1997년에 방금 전에 본 『Reincarnation and Biology: A Contribution to the Etiology of Birthmarks and Birth Defects』이라는 또 다른 역작을 내게 되어 이 연구와 "Twenty Cases..."를 통합해서 일반인을 위한 책을 만들 구상을 한 것 같다. 그래서 나온 게 2001년에 나온 개정판이다. 그는 이 책에서 자신의 대표적인 연구 두 가지를 통합했을 뿐만 아니라 자신의 연구에 동참했던 다른 동료들의 조사까지 포함해서 내용을 더 풍부하게 만들었다고 술회하고 있다.

스티븐슨의 연구에 대한 비판과 반론

앞에서 본 책들을 중심으로 앞으로 스티븐슨의 연구를 살펴볼 터인데 이 작업에 들어가기 전에 소개하고 싶은 것이 있다. 그의 연구에 대한 비판이다. 그의 연구는 주제 자체부터 서구 사회에서는 받아들여지기 힘든 것이어서 비판의 화살을 피하기 어려웠을 것이다. 환생이나 윤회 같은 주제는 아무래도 기독교에 뿌리를 박고 있는 서구에서 환영 받을 수 있는 것이 아니다. 게다가 그의 연구방법론에서도 문제를 찾으면 얼마든지 찾을 수 있을 것이다. 그 때문인지 그의 연구는 초기에는 호응을 받았던 모양인데 대부분의 학자들은 그의 연구가 비과학적이라는 이유로 비판하게 된다. 여기서는 그에 대한 비판 이론들을 소개하고 그 이론들이 신빙성이 있는 것인가에 대해 잠깐 알아보았으면 한다.

그런데 문제는 이에 대한 정보들을 한국에서는 접할 방법이 없다는 것이다. 그를 비판한 사람들의 저서나 논문은 한국에서 접하기가 매우 힘든 것들이다. 그런데 다행히 "위키피디아"에 이에 대한 내용들이 꽤 자세히 실려 있어 그것을 중심으로 소개해보고자 한다. 문제는 내가 이 내용들의 원문을 본 것이 아니라는 것이다. 읽어보고 싶어도 그렇게 할 수 없으니 여기서는 재인용에 그치게 될 수밖에 없는데 만약을 위해 출처들은 모두 밝혀 놓겠다. 더 알고 싶은 독자들은 알아서 그 원문을 찾아보면 되겠다(찾기가 쉽지 않겠지만).

스티븐슨을 가장 많이 비판한 사람은 맥밀란 철학백과사전의 주 편집자였던 폴 에드워즈라고 한다. 그는 1986년부터 2년 간 스티븐슨의 연구를 비판한 논문을 4개[51)]나 썼는데 그게 모자라다고 생각했는지 1996

---

51) "The Case Against Reincarnation: Part 1~4," *Free Inquiry*(1986~1987)가 그것이다.

년에는 아예 단행본[52]을 내어 스티븐슨을 강력하게 비판했다. 그에 따르면 스티븐슨의 연구는 큰 구멍투성이이다. 특히 사례를 조사할 때 그렇다는 것이다. 그가 보기에 스티븐슨은 어떤 사례를 조사할 때 한 사람의 증언에만 너무 심하게 의존하는가 하면 어떤 때에는 선천적 모반(반점)이나 상처를 제대로 확인하지 않고 그것을 그대로 전생과 연결시키는 우를 범했단다. 게다가 그가 조사한 지역들은 대부분 환생을 수용하는 문화권이었기 때문에 친(親) 전생적인 발언을 얻는 일이 쉬었던 것도 스티븐슨의 객관적 연구를 방해하는 요인이었다고 서술했다. 에드워즈는 스티븐슨이 자신을 과학자라고 생각했지만 행동은 과학자처럼 하지 않았다고 주장했다. 또 스티븐슨은 자신의 견해에 반대하는 의견에 대해 답을 하지 않았을 뿐만 아니라 언급조차 하지 않았다고 한다. 이것은 그의 저작인 『Children Who Remember Previous Lives』(1987, 2001)의 참고문헌에 그의 의견에 대해 반대하는 사람들의 논문이나 책을 하나도 기재하지 않은 것으로 알 수 있다는 것이다.[53] 에드워즈가 왜 이렇게 혹독하게 스티븐슨을 비판했는지 모르지만 철학하는 입장에서 보면 스티븐슨의 연구가 못마땅했을 게 틀림없다.

스티븐슨이 사망했을 때 그에 대한 부고 기사를 실은 뉴욕 타임즈에도 그를 혹독하게 비판하는 글이 보인다. 이 기사를 보면, 비방자들은 그를 '부지런하고 집요하지만 종국적으로는 남의 말에 잘 속고 소망충족적인 생각, 그리고 다른 사람들은 미신이라고 생각하는 것을 과학이라고 생각해 그릇되게 인도되고 길을 잃었다'고 여겼다고 묘사되어 있다.[54] 이와 비슷한 맥락에서 반대론자들은 스티븐슨이 조사한 아이와 그의 부모들

52) 『Reincarnation: A Critical Examination』, Prometheus Books.

53) Paul Edwards 편(1992), 『Immortality』, Prometheus Books, p.11.

54) 2007년 2월 18일 자.

이 그를 속였다고 주장했다. 뿐만 아니라 그는 그들의 말을 너무 잘 믿었고 그 역시 (자신에게 유리한) 질문을 유도했다고 주장했다. 그 결과 이 연구는 (자신의 생각과 일치하는 정보만 받아들이고 그렇지 않은 정보는 무시하는) 확증편향(confirmation bias)에 노출되어 그의 가정에 반하는 예들은 예시되지 않았다는 것이다.

비슷한 맥락에서 행해진 이안 윌슨이라는 사람의 지적 또한 재미있다. 그에 따르면 스티븐슨이 소개한 사례 중 많은 것들이 자신이 전생에는 부잣집에 살았다거나 상위 카스트에 속했다고 기억하는 아이들의 예라는 것이다. 이 아이들은 현재 처한 자신의 지위에 불만을 갖고 자신의 전생은 그렇지 않았다고 함으로써 현실을 피해가려는 소망충족적인 욕구에 따라 전생을 조작했다는 것이다. 그는 심지어 이 아이(와 그들의 부모)들은 그 전생의 가족으로부터 돈을 뜯을 수 있다고 생각하는 것 같다고 덧붙였다.[55)]

서양 학자들만 스티븐슨의 연구를 비판한 것이 아니다. 인도 현지에서도 스티븐슨의 연구에 대한 비판이 있었다. 이 비판은 현지인이 직접 한 것이라 의미가 있다고 생각한다. 그 주인공은 인도 남부 도시인 첸나이에 소재한 한 대학의 교수인 챠리라는 사람인데 그는 초심리학의 전문가였다고 한다. 그는 현지인이면서 환생 같은 초현상을 연구하는 사람이니 스티븐슨을 비판할 수 있는 자격을 충분히 갖추었다고 할 수 있다. 그에 따르면, 스티븐슨은 순진했고 조사하는 지역에 대해 충분한 지식을 갖고 있지 못했기 때문에 그의 연구를 믿을 수 없다는 것이다. 아울러 스티븐슨이 조사했던 인도 같은 지역은 환생을 믿는 사회이기 때문에 인도 사람들이 하는 이야기는 단순히 그 문화가 만들어낸 가공물에 불과한 것이라는 것이다. 뿐만 아니라 이런 나라의 아이들이 갖고 있는 전생 기억은 상상

---

55) Ian Wilson. (1981). 『Mind Out of Time: Reincarnation Investigated』. Gollancz.

의 놀이 친구(를 갖는 것과) 같은 것이라고 주장했다. 그만큼 허황되다는 것이다. 그는 또한 스티븐슨이 그 지역의 언어를 몰라 통역자에게 의존한 것도 그의 연구의 객관성을 떨어뜨린다고 지적했다.[56)]

지금까지 스티븐슨에 대한 비판론을 잠시 본 것은 앞으로 우리가 그의 연구를 자세하게 볼 때 이 비판들을 염두에 두자는 것이다. 국내에는 그의 연구를 본격적으로 다룬 논문이나 책이 하나도 없다. 대신에 이 주제에 관심 있는 개인들이 그의 연구를 많이 축약해서 자신들의 블로그에 올려놓은 것 정도이다. 그런데 그런 것들을 선별적으로 보면 스티븐슨의 연구를 아무 비판 없이 받아들이는 데에 급급한 인상을 보인다. 이런 사람들은 대체로 전생이나 카르마를 믿는 사람들일 터인데 그들에게는 스티븐슨처럼 미국의 저명한 교수가 행한 연구가 대단하게 보이는 모양이다. 그러나 어떤 연구이던 문제없는 것은 없다. 우리는 그의 연구를 개방적으로 받아들이되 비판의 날을 잃지 않고 갔으면 한다. 그의 연구를 본격적으로 보기에 앞서 그가 어떤 식으로 조사를 했는지 잠시 보기로 하자. 이에 대해서는 앞에서 인용한 터커의 책에 잘 요약되어 있으니 그것을 중심으로 보았으면 한다.[57)]

56) C.T.K. Chari, "Reincarnation Research: Method and Interpretation," Edwards (1996)에 인용됨, p.261. 이러한 챠리의 주장에 대해 스티븐슨은 다음의 글에서 반박을 하고 있는데 이 글도 보지 못했다.
Ian Stevenson (1986), "Reply to C.T.K. Chari," *Journal of the Society for Psychical Research*, 53, pp.474-475.

57) 터커, 앞의 책, pp.45-54.

스티븐슨이 행한 조사는 어떻게 이루어졌을까?

스티븐슨은 세계의 거의 모든 지역을 대상으로 연구

그가 조사를 처음으로 시작한 곳은 인도와 스리랑카로 알려져 있다. 사정이 이렇게 된 것은 말을 하지 않아도 뻔한 일이다. 이곳은 힌두교와 불교의 신앙 지역이라 사람들이 인간의 환생을 상식처럼 생각하기 때문이다. 그러니 사례를 찾기가 매우 쉬었을 것이다. 그러나 그는 이 지역에만 머물지 않고 곧 지역을 확장해서 같은 믿음을 가진 다른 나라로 향했다. 태국이나 미얀마, 터키나 레바논의 일정한 지역 등이 그의 다음 연구 지역이 되었다. 특히 태국 같은 곳이 재미있다. 태국에서는 길에서 만나는 사람 중에 아무나 잡고 전생을 기억하는 아이가 이 근처에 있느냐고 물으면 금세 유사한 사례를 알려주었다고 한다. 그 정도로 이 지역에서는 환생이라는 주제가 사람들에게 친숙했는데 이 때문에 앞에서 본 것처럼 스티븐슨은 자신의 연구에 부응하는 지역만을 골라 조사했다는 비판을 받았다. 하지만 그는 이런 비판을 인지하고 후에 그 연구 지역을 확장해 환생 사상이 없는 지역, 그러니까 유럽이나 북미 등의 지역도 조사하게 된다.

그러면 스티븐슨은 이 지역에서 조사를 어떻게 했을까? 일단 그는 이들 나라에서 자신을 도와줄 수 있는 조수를 찾아내 사례를 찾아달라고 부탁한다. 이 조수들은 이 사례들을 신문기사를 보고 찾아내는 경우도 있지만 대부분 입소문을 통해서 그 주인공들을 만났다고 한다. 그렇게 조사해서 더 조사해볼 가치가 있다고 생각되면 스티븐슨에게 연락을 하는데 현장 조사가 필요하다는 결정이 서면 스티븐슨 일행이 그곳을 찾아가서 본격적인 조사를 실시한다. 재미있는 것은 그가 발표한 사례에 베트남의 사례가 한 건도 포함되지 않았다는 것이다. 그런데 그 이유가 다소 의아스럽다. 단지 베트남에 연고가 없기 때문이란다. 왜 베트남에서만 조수를 구할 수 없었는지 궁금하지만 이들이 밝히고 있지 않으니 알 수 없는 노릇이다.

조사하는 방법에 대해

이번에는 스티븐슨 일행이 이렇게 발견한 사례를 조사할 때 어떤 방법으로 접근했는지에 대해 보자. 가장 문제가 되는 것은 언어이다. 스티븐슨이 조사한 나라에는 영어를 할 수 있는 사람이 거의 없었기 때문에 통역을 사용해야 하는데 터커에 따르면 자신들은 정보제공자들이 말하는 것을 확실히 이해했다고 믿을 때까지 캐물었다고 한다. 그는 그 과정에서 오해나 문제가 생기면 아주 작은 것이라도 확실하게 풀었다고 주장했다. 그래서 전체 과정이 아주 늦게 진행되었는데 그 이유는 정확도를 기하기 위해 되풀이 하면서 확인해야 하기 때문이었다고 한다. 이와 더불어 중요한 것은 자신들은 조사 대상인 가족들에게 전혀 대가를 지불하지 않았다는 것이다. 이것은 만일 처음에 돈을 준다고 약속을 하면 그 가족들이 자신들의 입맛에 맞게 증언을 조작할 수 있다고 생각했기 때문이란다.

스티븐슨 일행은 자신들이 이렇게 조심해서 조사했다고 하는데 비판론자들은 앞에서 말한 대로 조사 대상 가족들이 이들이 원하는 대답을 해 이들을 속였다고 주장했다. 우리는 어떤 쪽이 맞는지 확실하게 알 수는 없다. 그러나 상식적인 입장에서 생각해 본다면, 비판자들의 주장이 분명히 타당할 수 있을 것이다. 그렇지만 그것이 스티븐슨이 조사한 수천 개의 사례에 다 적용되지는 않을 것이다. 몇몇 개의 사례에서 스티븐슨이 조사 대상 가족으로부터 속임을 당했다고 해서 전체 연구가 다 의미 없다고 하면 그것 또한 독단적인 판단이 아닐까 한다.

스티븐슨 일행이 조사 대상 가족들에게 가면 그때는 벌써 그 아이의 전생이 확인된 후이다. 즉 아이의 가족이 그 아이의 전생에 대해 대부분 알고 있는 상황이라는 것이다. 그리고 많은 경우에 아이의 가족이 그 아이의 증언에 따라 전생의 가족이라는 사람들을 만나 적지 않은 정보를 서로 교환한 뒤가 된다. 스티븐슨이 사례를 접하는 시기가 어떤 때는 아이가 전생을 기억한지 몇 주 후가 될 수도 있지만 어떤 때는 몇 년이 지난 다음에 그 아이를 만나는 경우도 있다. 스티븐슨이 이런 사례를 알게 되는 것은 이미 이 사건이 당사자의 마을에서는 잘 알려진 뒤인데 어떤 때는 지역 언론에 잘 알려져 있는 사례를 접할 때도 꽤 있었다. 그가 사례를 이렇게 접하게 되는 것은 당연한 것 아닐까 한다. 이 사례가 이 정도로 유명해져야 스티븐슨의 레이더망에 들어왔을 것이기 때문이다. 그렇지 않고 소수의 사람만이 이 아이에 대해 알고 있을 때에는 그 가족들을 제외하고는 아무도 알지 못하니 연구 대상으로 삼으려 해도 가능하지 않았을 것이다.

스티븐슨 일행에게 제일 좋은 경우는 전생을 기억하는 아이의 가족이 전생의 가족을 만나기 전에 그 가족들을 조사하는 것인데 안타깝게도 이런 일은 그리 자주 벌어지지 않았다. 여기서 스티븐슨의 연구는 비난을 피할 길이 없게 된다. 스티븐슨이 이 아이들을 만나러 오기 전에 많은 세월이 흘렀기 때문에 정보 조작이 얼마든지 일어날 수 있기 때문이다. 특히 당사자인 아이는 다른 사람들의 이야기를 많이 듣다보면 자신이 처음 한 이야기와 나중에 한 이야기를 구별하지 못하게 될 수도 있다. 또 다른 가족들도 자기도 모르게 스티븐슨의 연구에 일치하는 사실만 말하게 될 수 있고 심지어는 정보를 조작할 수도 있다.

이런 이유 때문에 스티븐슨은 주인공이 그 사례에 대해 어떤 것을 말했는지를 정확하게 복원하는 데에 주력을 기울였다고 밝히고 있다. 그러나 이런 일에는 반드시 정보의 왜곡과 조작이 들어가기 마련이다. 스티븐슨이 이것을 어떻게 피해갔는지는 모르지만 완전하게 객관적인 방법으로 전모를 밝히는 것은 쉽지 않은 일이었을 것이다. 물론 그의 연구 방법을 보면 객관적인 조사를 위해 노력한 흔적이 많이 보인다.

이들은 조사를 행할 때 당사자인 아이를 대상으로 먼저 시행하지 않고 그의 가족들로부터 시작한다. 그 이유는 간단하다. 아이들이 너무 어려 조사에 제대로 응할 수 없기 때문이다. 가족으로는 물론 부모가 가장 핵심적인 대상이지만 그의 조부모나 다른 친척들도 포함된다. 이때 이들이 역점을 두어 조사했던 것은 그 아이가 전생에 대해 이야기하기 시작했을 때 당사자의 가족들에게 무엇을 말하고 어떤 행동을 했는지를 밝혀내는 것이다.

스티븐슨 일행에게 가장 흥미로운 일은 당사자가 이 두 가족(전생과 현생의 가족)이 만나기 전에 무슨 말을 했는지에 대한 것이다. 당사자가 전생의 가족이라고 믿어지는 가족들을 만나기 전에 행한 발언은 그 전생의 가족이 진짜인지 아닌지를 알 수 있게 해주는 좋은 단서가 된다. 그러나 이렇게 하지 않고 이 두 가족이 만난 다음에 당사자를 접하면 이 아이의 진술은 전생의 가족들로부터 들은 정보와 얼마든지 뒤섞일 수 있다. 이 점을 조심해야 하는데 스티븐슨이 조사하는 과정에서 이런 것들을 다 걸러냈는지는 알 수 없다. 아울러 그는 말하길, 자신은 이 조사에 가능한 한 많은 사람들의 증언을 포함시켰지만 마을에 떠도는 소문은 그 말을 직접 들은 사람과 대면하지 않는 이상 포함시키지 않았다고 했다. 이러한 태도를 취한 것은 소문이란 믿을 게 하나도 없기 때문이다.

스티븐슨이 조사 결과를 기록하는 방법에 대해

스티븐슨의 연구가 얼마나 많은 사람들을 주밀하게 면담하고 그것을 기록에 남겼는지는 뒤에서 상세하게 밝힐 것이니 그때 자세히 보기로 하고 여기서는 그 대강만 보자. 그는 일단 당사자가 자신의 전생에 대해 말한 것을 모두 포함시켰다. 그리고 그 진술을 들은 정보 제공자(보통은 부모나 조부모)의 이름을 적고 그 아이가 한 진술이 전생의 인물이나 사건과 일치하는지를 확인했다. 또 그 확인과정이 어떻게 이루어졌는지, 예를 들어 가족 가운데 누구에 의해 이루어졌는지 혹은 다른 관계자로부터 이루어졌는지를 확실하게 적었다. 이때 그는 정확한 정보만 적은 것이 아니라 그렇지 않은 것까지 포함시킴으로써 객관적인 태도를 유지하려고 노력했다. 비판자의 입장에서는 스티븐슨이 자기의 가정에 맞는 진술만 포함시킨다고 생각할 수 있기 때문이다.

스티븐슨의 연구에 따르면 직 전생에서 당사자가 죽을 때에 입은 상처가 다음 생에 받는 몸에 모반이나 선천성 장애로 나타날 수 있다고 했다. 이럴 때 가장 바람직한 것은 직 전생의 주인공이 죽을 때 몸에 남겨 있는 상처를 모두 표시해놓은 부검보고서를 확인하는 것이다. 이 보고서를 통해 당사자가 죽을 때 입은 상처의 위치를 정확하게 알 수 있고 그것을 가지고 이번 생의 몸에 있는 모반 등의 위치와 일치하는지의 여부를 판단할 수 있기 때문이다. 그러나 이런 경우는 그리 흔하지 않았다. 스티븐슨이 조사한 지역들은 많은 경우 궁벽한 시골이었기 때문에 이런 기록이 남아 있는 경우가 별로 없었다.

그런데 폭력으로 전생을 마친 사람의 경우에는 경찰 쪽의 보고서를 참고할 수도 있었다. 총상 같은 것으로 죽은 사람의 경우 경찰은 반드시 그 시신의 상태를 확인하고 그것을 문서로 남기기 때문이다. 이런 객관적인 보고서가 없을 경우 그 다음으로 참고할 만한 것은 목격자들의 증언이다. 가족 구성원 가운데 당사자가 죽었을 때 시신이 어떠했는지 그 상태를 본 사람이 있거나 시신을 염 할 때 도운 사람이 있다면 그들은 그 시신의 정확한 상태를 알 수 있을 것이다. 그러나 이렇게 목격자의 증언에 의존하는 일은 꽤 신중하게 해야 한다고 스티븐슨은 밝히고 있다.

이런 조사가 전체적으로 끝난 뒤 스티븐슨 일행은 몇 년이 흐른 뒤에 다시 그 지역을 방문해 당사자들을 면담했다. 그렇게 하는 이유는 그 사이에 혹시 이 사례와 관련해서 어떤 변화나 진전이 있었나를 조사하기 위해서였다. 그와 함께 중요한 것은 당사자의 증언이 처음에 했을 때와 다르지 않은지 확인하는 것이다. 당사자는 증언을 한지 수년이 지나면 보통 기억이 많이 쇠퇴하는데 그 중에서 어떤 것은 남아 있고 어떤 것은 없어지는가를 확인함으로써 그 증언의 경중을 판단할 수 있다고 한다. 마지막으로는 이렇게 직 전생을 밝힌 다음에 당사자에게 괄목할 만한 성장이 있었는지 등을 조사하는 것도 하나의 목표라고 주장했다.

어떤 조건이 충족되어야 사례로 선정될까?

이렇게 조사를 마친 다음에 스티븐슨과 터커는 일정한 조건이 채워지면 그 사례를 자신들이 관장하고 있는 대학 연구소의 파일에 첨가한다. 그들에 따르면 예시한 조건 가운데 두 가지 이상의 조건이 채워지면 파일에 등록시켰다고 한다. 그러면 이들이 제시하는 조건이 무엇일까?

우선 당사자가 '자신은 이번 생에 죽은 뒤 다음 생에 누구의 자식으로 다시 태어날 것이다'와 같은 예언을 해야 한다. 사례들을 보면 많은 경우 당사자가 자신은 다음 생에서 누구의 자식으로 다시 태어날 것이라는 예언을 남긴다. 그러면 이것을 그 가족들이 듣고 나중에 스티븐슨 일행에게 그 사실을 전달하게 된다.

두 번째는 태몽이다. 스티븐슨이 모은 사례들을 보면 놀랍게도 태몽에 대한 이야기가 많이 나온다. 직 전생의 인격이 현생의 모친 꿈에 나와 당신의 아이로 태어나겠다고 밝히는 것이 그것인데 이런 경우가 너무 많이 나와 믿을 수 없을 정도이다. 태몽이라는 것은 보통 주술적이고 주관적인 것으로 평가되고 있는데 그런 예를 스티븐슨이 책에 마구 언급하고 있어 선뜻 받아들이기가 힘들다. 그렇지 않은가? 어떤 여성이 태몽을 꾸었다고 할 때 우리는 그것이 진실인지 아니면 허구인지 알 수 있는 방법이 없다. 태몽은 그 꿈을 꾼 여성만이 아는 것이기 때문에 그가 어떤 조작을 해도 옆의 사람은 알 수 없다. 게다가 사람의 기억은 그다지 믿을 만한 게 못 된다. 따라서 태몽도 시간이 지남에 따라 얼마든지 변할 수 있다. 상황이 이런 데도 스티븐슨의 예에는 태몽 이야기가 너무 많이 나와 당황스러운데 어떻든 태몽은 그들이 제시한 조건 가운데 중요한 것으로 간주되고 있다.

세 번째는 모반이나 선천적 장애(혹은 결함)에 관한 것이다. 이런 것들이 어떤 사람의 몸에서 발견된다고 해서 그 경우를 다 사례에 넣는 것은 아니다. 그렇지 않고 이것이 직 전생과 관계된 것으로 판명될 때에만 사례에 포함시킨다. 이것은 직 전생에서 사망할 때 겪은 사고로 인해 얻은 상흔이 이번 생의 몸에 흔적으로 남기는 경우를 말한다. 아울러 중요한 것은 어떤 아이가 갖고 있는 모반이나 선천적 장애가 그 아이가 탄생했을 때 즉시, 혹은 아무리 늦어도 몇 주 안에 알려져야 한다는 것이다.

이처럼 이 정보가 바로 알려져야 하는 이유는 이 흔적들이 시간이 지남에 따라 변하거나 희미해질 수 있기 때문이다. 몸에 있는 이런 흔적들은 당사자가 성장함에 따라 얼마든지 그 모습이 달라질 수 있다. 그리고 그것이 진정으로 직 전생과 연결된 흔적이라면 태어났을 때에 가장 뚜렷할 터이니 그때 그것을 본 사람의 확실한 증언을 확보해 놓아야 할 것이다. 아이들은 보통 2살 이후가 되어서야 자신의 전생에 대해 말을 하기 시작하니 그때까지는 이 흔적이 전생과 관계되는지 마는지 알 수 없다는 것에 유의해야 할 것이다.

네 번째는 전생을 진술하는 당사자가 아이여야 한다는 것이다. 그런데 그냥 이 아이의 진술에만 의존해서는 안 되고 적어도 한 사람 이상의 어른이 이 아이의 이야기를 들었다는 증언을 확보해야 한다. 당사자가 아이어야 하는 이유는 간단하다. 전생에 대한 기억은 대체로 6세 이후가 되면 점점 옅어지기 때문이다. 아이들이 전생에 대해 언급하기 시작하는 시기는 앞에서 말한 것처럼 그들이 말을 하기 시작할 때와 일치하는 경우가 많다. 이때에 이들은 아주 어린 나이이기 때문에 자신의 진술을 조작하거나 왜곡하기가 힘들다. 그러나 이것만으로는 안 된다. 이 아이의 증언이 사실이라는 것을 확인시켜줄 어른의 진술이 필요하다. 이처럼 쌍방으로부터 검증되어야 이 아이의 진술이 사실임을 밝힐 수 있다.

다섯 번째는 당사자가 전생의 인물이 지닌 성격에 대해 정확하게 말해야 하고 자신이 썼던 물건을 알아보아야 한다는 것이다. 뿐만 아니라 전생 때의 가족이나 지인들도 알아보아야 한다. 보통 당사자들은 전생에 그가 살았다고 하는 집이나 마을로 가게 되는데 이때 그들은 전생의 인물의 가족이나 지인들, 그리고 물건들을 알아보아야 한다. 그런데 굳이 그 당사자에게 전생의 가족이나 물건을 제시하지 않더라도 그가 먼저 알아보는 경우가 많았다. 당사자에게 여러 사람들을 만나게 하면 그는 전생 가족의 일원을 먼저 찾아내 아는 척을 하는데 이런 일은 스티븐슨이 제시한 사례에 흔하게 발견된다.

여섯 번째는 당사자가 전생의 자신이 지니고 살았다고 믿어지는 특이한 행동거지를 보여야 한다는 것이다. 이것은 증명할 수는 없고 추측할 수밖에 없는 사안이기 때문에 일정한 한계가 있기는 하다. 스티븐슨이 든 가장 비근한 예는 미얀마의 어린이가 보인 것이다. 이 아이는 전생의 일본군이 죽었다 환생한 경우인데 이런 아이들은 주위의 미얀마 사람들과 아주 다른 태도를 보였다. 일본인이 아니면 지닐 수 없는 태도를 보여주었기 때문이다. 예를 들어 미얀마 사람들은 거의 먹지 않는 생선회를 즐겨 먹는다든가 미얀마 사람답지 않게 굉장히 부지런하게 사는 것 같은 것이 그것이다. 생선회는 일본인들이 아주 좋아하는 음식이라는 것은 잘 알려진 사실이다. 그런데 미얀마 사람이면서 생선회를 전혀 먹어보지 않았을 이 아이가 생선회를 좋아하는 것은 직 전생에서 생선회를 먹던 습관이 남아 있기 때문이라는 것이다. 또 이 아이는 주위의 지인들이 너무 게으르다고 하면서 자주 그들을 비난했다고 하는데 일본인들이 매사에 부지런하다는 것은 잘 알려진 사실이다. 그런 전생의 관습이 배인 당사자에게는 더운 지방에 사는 미얀마 사람들이 매사가 느리고 게으르게 보였을 것이다. 이런 태도들은 주위의 사람들과 명확하게 구분되기 때문에 전생의 인물과 연결할 수 있는 가능성이 높다고 한다. 이처럼 당사자가 주위 사람들과 아주 다른 행동거지를 보이면 그의 전생에 대한 정보에 대한 신빙성이 훨씬 높아질 수 있다.

2

이안 스티븐슨의 연구를 어떻게 검토할 것인가?

– 그의 두 저서를 중심으로

이제부터 우리는 앞에서 언급한 스티븐슨의 두 책을 중심으로 그의 연구가 어떻게 진행되었는가를 볼 것이다. 이 책들의 구성을 보면 이 책의 전체를 소개하는 것은 무의미할 것으로 생각된다. 왜냐하면 이 책들이 아무리 방대하다 해도 대부분은 그가 조사한 사례들로 가득 채워져 있기 때문이다. 물론 사례 마다 그것을 조사한 강도나 수집한 자료의 양의 면에서 조금씩 차이를 보인다. 그러나 큰 틀은 같기 때문에 나는 그 사례들을 일일이 소개할 필요를 느끼지 못한다. 사례들의 자세한 내용을 보고 싶은 독자는 원본을 보면 되겠다.

나는 이 책들의 전체 구성에 대해서 소개하고 그 가운데 필요한 부분은 요약해서 정리할 것인데 그것에 대해 본격적으로 보기에 앞서 이 책들이 현재 한국에 어떻게 소개되어 있는지를 보았으면 좋겠다. 이 책들은 앞에서 말한 대로 번역되지 않았다. 그런데 첫 번째 책인 "The Twenty Cases.."은 비교적 이른 시기인 1985년에 번역본을 자칭한 책이 나오기는 했다. 제목은 "전생을 기억하는 아이들"(송준식[58] 역, 송산출판사)이고

58) 이 역자는 생년이 1927년 생으로 표기되어 있는데 이 나이라면 영어로 된 스티븐슨

상하권으로 나왔다. 그런데 이 책은 원본을 있는 그대로 번역한 것이 아니라 흡사 소설처럼 구성해 놓아서 황당하기 그지없다. 다시 말해 원본의 형식은 전혀 따르지 않고 창작 소설처럼 주인공을 위시해서 그 사례에 나오는 사람들이 서로 대화하는 식으로 각 사례를 풀어내고 있다. 그런데 이것은 원본에는 전혀 없는 형식이다. 원본은 학술적으로 분류한 항목에 따라 정교하게 설명이 진행되어 있는 반면 한국어 번역본은 흥미 위주로 가십 거리처럼 서술되어 있다. 그래서 번역본은 학술적인 가치가 전혀 없는 책이 되어 버렸다.

추측해보건대 이 책은 일본 번역본을 중역한 것으로 보인다. 등장인물들의 이름을 보면 일본어 표기식으로 되어 있기 때문에 그렇게 추정해볼 수 있다. 그래서 일본의 어느 작가가 스티븐슨의 책을 가지고 완전히 소설식으로 재구성해서 낸 것을 한국의 작자가 중역한 것 아닌가 하는 생각을 해본다. 이렇게 영어 원서를 직접 번역하지 않고 일본어로 이미 번역된 책을 다시 번역하는 일은 당시 한국에는 흔하게 있던 일이라 그다지 놀랄 일은 아니다.

나는 이제 스티븐슨의 연구를 볼 터인데 우선 어떤 구조로 진행되었는가를 밝히고 그 다음에는 그가 예시한 사례 중에 비교적 괄목할 만한 것을 골라 그것을 직역하는 대신 축약하면서 정리할 것이다. 그렇게 하면서 내 자신의 의견을 밝힐 필요가 있으면 밝히고 비판할 거리가 있으면 비판할 것이다.

의 방대한 책을 번역하기가 힘들 것이다. 대신 이 나잇대의 지식인들은 일제기에 태어나 일본어에는 아주 능숙해 일어 번역본을 저본으로 활용했을 확률이 매우 크다. 만일 이렇게 일본어 번역본을 가지고 중역을 했다면 이것은 학문적으로 사기에 가깝다는 사실을 잊어서는 안 된다. 왜냐하면 이 책의 표지를 보면 스티븐슨 책의 원본을 번역한 것으로 표기해놓았기 때문이다.

1) Twenty Cases Suggestive of Reincarnation (환생을 암시하는 20가지 사례)

이 책은 제목부터 스티븐슨답다는 생각을 갖게 한다. 그는 자신이 객관적인 연구를 하는 과학자라는 것을 보여주기 위해서인지 제목을 강하게 달지 않았다. 제목을 '환생을 확신하게 하는 사례' 혹은 단순하게 '환생을 긍정하게 하는 사례'라 하지 않고 '환생을 암시하는 사례'라고 했으니 말이다. 그의 입장에서는 인간이 환생하는 듯한 사례가 아무리 많더라도 그것은 인간이 환생한다는 객관적인 증거가 될 수 없기 때문에 인간은 환생할 수 있다는 증거의 제시 정도로만 보겠다는 것 같다. 제3자가 보기에는 그 정도면 인간이 환생한다고 볼 수 있을 충분한 증거가 될 수 있을 것 같은데 그는 끝까지 그런 태도를 보이지 않았다. 그에 따르면 이 사례들에 대해서는 환생 말고도 다르게 해석할 여지가 있으니 환생 쪽으로만 몰고 갈 필요는 없다는 것이다.

이 책은 앞에서도 인용한 것처럼 원래 미국심령연구협회에서 발간한 『Proceedings』이라는 자료집의 제26권으로 1966년에 발간된 것이다. 그런데 이 책은 전문가들을 대상으로 만든 것이라 일반 독자들은 접근하기가 어려웠다. 그 때문에 스티븐슨은 일반 독자들을 위해 새롭게 편집하고 그동안 수집한 자료들을 가지고 증보하여 단행본으로 1980년에 버지니아 대학 출판부에서 이 책을 출간하게 된다. 그는 이 책의 서문에서[59] 그가 이 책을 쓸 당시 전 세계로부터 약 600개의 사례들을 수집했는데 그 중에 약 1/3을 자신과 동료들이 직접 조사했다고 전하고 있다. 그는 그 가운데에서 이 사례들을 대표할 만한 20 가지 사례를 선정했는데 이것들은 자신이 직접 발로 뛰면서 조사한 것들이라고 밝혔다. 그러니까

59) 스티븐슨(1980), pp.1-2.

이 책에 수록되어 있는 20 개의 사례는 인간이 환생한다는 사실을 밝힐 수 있는 가장 좋은 예인 것이다.

그는 이어서 이 사례들이 대표적인 것이라고는 하지만 이 가운데에 어떤 것은 많은 목격자들이 있어 그 증거가 상당히 강하게 제시되어 있는 반면 어떤 것은 한두 목격자밖에 없어 신빙성이 약하게 보이는 것도 있다고 말했다. 그가 이런 식으로 예를 고른 것은 독자들로 하여금 자신이 조사한 사례의 범위가 상당히 넓다는 것을 보여주기 위함이라고 밝히고 있다. 그가 이렇게 한 이유를 내가 개인적으로 추측해보면, 그는 환생을 암시하는 증거가 많이 있는 예만 골라 독자들에게 소개해서 환생이 실재한다는 사실을 주입하는 것은 바람직하지 않다고 생각한 것 같다. 대신 증거가 상대적으로 많지 않은 예도 보여주어 독자들로 하여금 환생이라는 개념에 천착하지 않게 하려는 것 아닐까 하는 생각이다. 그런 면에서 다시금 그의 용의주도하고 과학적인 태도가 돋보여 그의 연구에 더 신뢰가 간다.

이 책의 구성과 내용

이 책에서 스티븐슨은 5개 지역에서 모은 사례를 소개하고 분석하고 있는데 그 5개 지역이란 인도, 스리랑카(실론), 브라질, 알라스카 동남부, 레바논을 말한다. 각 지역 마다 선정한 사례의 수를 보면, 인도에서 7개를, 스리랑카에서 3개를, 브라질에서 2개를, 알라스카에서 7개를, 레바논에서 1개의 예 등 도합 20개의 예를 선정해 소개 및 분석하고 있다.

이 가운데 인도나 스리랑카를 선정한 것은 이해가 되는데 뒤에 있는 세 지역은 환생 개념과는 다소 생소한 지역이라는 느낌이 든다. 인도나 스리랑카는 각각 힌두교와 불교를 믿는 국가라 환생에 대한 사례를 찾기 쉬웠을 텐데 뒤의 세 지역은 환생 개념과는 별로 관계없는 지역처럼 보이기 때문이다. 그런데 그가 조사한 것을 보면 이 환생 개념은 반드시 불교나 힌두교 같은 인도 종교에만 존재하는 것이 아니라는 것을 알 수 있다. 우리가 생각하는 것보다 더 광범위한 지역에서 환생에 대한 믿음이 성행되고 있었기 때문이다.

그런 지역 가운데 여기에 나온 지역들을 보면, 브라질은 아프리카 종교와 프랑스의 심령주의(spiritualism)의 영향을 받아 생각보다 환생을 믿는 사람들이 많다고 한다.[60] 그리고 알라스카 지역에서는 동남 지역에 사는 틀링기트(Tlingit) 인디언이라는 원주민들에게서 사례를 뽑은 것인데 그렇게 한 이유는 이 인디언들이 환생 개념을 믿고 있기 때문이다.[61] 같은 맥락에서 레바논의 드루즈(Druse 혹은 Druze)족은 환생 개념을 교리 안에 포함하고 있는 이슬람의 한 종파를 믿고 있다고 한다. 그들이 따르는 이 종파는 기존의 이슬람과는 아주 다른 교리를 설하고 있어 외관상 이슬람교처럼 보이지 않을 정도라고 한다.[62]

그런데 잊지 말아야 할 것은 이들이 환생 개념은 인정하지만 인도 종교가 설하는 식의 환생 개념을 믿고 있는 것은 아니라는 것이다. 대신 이들이 믿는 것은 민속신앙적인 성향이 강하다. 예를 들어 알라스카의 틀링기트 인디언들은 인간은 환생하되 반드시 자신의 가족 안에 환생한다고 믿고 있다. 또 드루즈 족은 환생이 일어나는 시간을 임종 직후로 잡고 있는[63] 등 그 믿음이 인도 종교와 다름을 보인다. 이것은 한국의 민속에서 인간이 짐승으로도 태어난다고 믿는 것과 비슷한 맥락이라고 하겠다.

---

60) 앞의 책, pp.181-182.

61) 앞의 책, pp.219-223.

62) 앞의 책, p.272.

63) 그래서 드루즈 족은 인간이 임종할 때 그가 그 다음 몸으로 원활하게 이동하게 하기 위해 임종 침상을 조용하고 평화롭게 하기 위해 힘쓴다고 한다.

이 책에서는 스티븐슨이 이처럼 5개 지역만을 대상으로 조사했지만 후대로 오면 연구 영역을 훨씬 더 광범위하게 넓힌다. 앞에서도 잠깐 보았지만 1997년에 그가 출간한 『Reincarnation and Biology』와 2003년에 출간한 『European Cases of Reincarnation Type』과 같은 책을 보면 훨씬 더 많은 나라, 즉 터키나 일본, 미얀마, 태국, 캐나다, 나이지리아와 오스트리아, 영국, 프랑스 등 제반 유럽 국가에서 그 예를 고른 것을 알 수 있다. 그런데 조사 연구 지역은 이렇게 훨씬 더 다양해지지만 그 연구 방법이나 서술 양식은 거의가 다 동일하다.

이런 20가지의 예를 들어서 설명을 마친 후 스티븐슨은 마지막 장(제8장, "General Discussion")에서 이 현상을 어떻게 설명하면 좋을지에 대해 상당히 긴 논의를 하고 있다. 이 장을 보면 내용이 길어 다소 지루한 감이 있지만 대단히 주밀한 분석을 하고 있어 서구 학자들이 얼마나 철저하게 검증하는지를 알 수 있게 해준다. 그는 이 장에서 여러 가설들을 제시하면서 그 가설의 장단점에 대해 면밀하게 분석한다. 예를 들어 이 20가지의 실례들을 사기(fraud)로 보는 경우부터 시작해서 잠복기억(cryptomnesia)으로 설명할 경우, 혹은 조상들로부터 오는 유전적 기억으로 설명할 경우, 초능력이나 빙의 현상으로 설명할 경우 등등에 대해 다양한 가설로 설명을 시도해보고 있다. 물론 환생론으로 설명하는 방법에 대해서도 그는 끊임없이 검증을 시도했다.

그의 기본적 태도는 이 가설 가운데 어느 것에도 천착하지 않는 것이다. 그럼에도 불구하고 다른 가설에 대해서는 그가 꽤 비판적이었던 데에 비해 환생설에 대해서는 상당히 긍정적이었던 것을 보면 그는 심정적으로는 환생설이라는 가설에 기울어져 있는 것을 알 수 있다. 그의 이러한 태도는 뒤로 갈수록 더 강화되는데 그것은 뒤에서 다시 검토하기로 한다.

우리는 이제 이 책에서 제시하고 있는 예 가운데 2가지만 골라 소개하려 한다. 상징적으로 이 책에서 가장 먼저 나온 인도의 프라캬슈(Prakash)의 사례를 보고 그 다음에는 스리랑카의 마칼란다(Makalanda)의 사례를 보려고 한다. 사실 이 책에 나온 예들은 어떤 것을 소개해도 똑같다. 그 설명하는 방식이나 서술하는 유형이 거의 비슷하기 때문이다. 그런 의미에서 상징적으로 첫 번째 경우를 소개하려는 것이다.

인도의 사례 중에 위의 예보다 더 많이 알려진 예는 스완라타라는 여자의 경우이다.[64] 이 사람은 5-6세 때 현생의 인격으로는 도저히 알 수 없는 벵골어로 노래를 하고 그 노래에 맞는 춤을 춘 것으로 보고되어 있다. 이 노래는 벵골 지방에서 가을에 추수할 때와 봄에 부르던 노래였고 춤은 이 노래에 맞추어 추는 것이었는데 스완라타는 물론이고 그의 가족들도 전혀 모르는 노래와 춤이었다. 스완라타나 그녀의 가족들은 지역적으로 멀리 떨어져 있는 벵골 지방의 언어나 관습을 알 방법이 없었는데 그녀가 그 지방의 언어나 풍습을 재현하고 있으니 놀랄 만한 것이라는 것이다. 이 경우는 자기가 모르는 언어를 말하는 것이니 앞에서도 소개한 '제노글로시'의 경우에 해당될 수도 있는데 그녀가 이 노래 외에는 다른 벵갈어를 기억하지 못했으니 제노글로시의 예로 적합한 것 같지는 않다. 게다가 그는 이 노래의 뜻을 몰라 자신들의 언어인 힌디어로 번역할 수 없었다고 한다.

이에 비해 스리랑카의 마칼란다는 그 추정되는 전생이 재미있어 포함시켜 보았다. 그는 자신이 직 전생에 영국 조종사이었던 것 같다고 술회했다. 그가 이번 생에 태어난 도시 옆에는 영국의 공군기지가 있었는데 자신은 그 근방에서 비행기 추락으로 죽은 것 같다고 증언했다. 이 경우는 해당자의 국적이 전생 때의 그것과 달라지고 살던 환경도 완전히 달라져 주목을 끈다. 이 책에 나온 사례들을 보면 대부분 당사자들이 새로 태

64) 앞의 책, pp.67-91.

어난 곳이 직 전생의 집과 그리 멀리 떨어져 있지 않았고 그 결과 국적이 달라지는 경우가 별로 없었는데 이 경우는 그런 사례와 많이 달라 특이하게 생각되어 포함시켜 보았다.

그리고 이 사례는 당사자가 말하는 것을 검증할 수 없는 경우인데 이 점도 감안해 여기에 포함시킨 것이다. 사실 환생을 암시하는 예 중에는 이 마칼란다의 경우처럼 확실하게 검증할 수 없는 예도 많다. 그런 예의 하나로서 여기에 이 사례를 포함시키는 것은 의미가 있다고 생각된다. 앞에서 언급했지만 스티븐슨은 서론에서 마칼란다의 예처럼 검증할 수 없는 예도 포함시켜서 자신이 연구한 사례들이 얼마나 다양한지를 보여주고 싶다고 했다.

이제부터 두 가지 예를 상세하게 보는데 우리의 설명은 이 책의 구성에 따라 진행시킬 것이다. 이렇게 진행하는 것은 좋은데 문제가 하나 있다. 그 문제는 다른 것이 아니라 스티븐슨이 조사한 사람의 인원이 많다는 것과 더 나아가서 그 사람들의 이름이 너무 복잡하다는 것이다. 그래서 나는 이 책을 읽으면서 꽤 많은 어려움을 겪었는데 이것은 독자들도 마찬가지일 것이라고 생각한다.

이런 연유 때문에 나는 독자들의 가독률을 높이기 위해 이 사례에 등장하는 사람들의 이름들을 다 쓰지 않고 가능한 한 줄여서 쓸 것이다. 예를 들어 첫 번째 예인 프라카슈의 아버지의 전체 이름은 '스리 볼라나트 자인'인데 이런 경우 앞뒤를 빼고 '볼라나트'만을 쓰겠다는 것이다. 여기서 '스리'란 'Mr' 같은 것이고 '자인'은 그가 자이나교도라는 것을 말하는 것일 것이니 이 둘은 빼도 무방하겠다는 생각이다.

(1) 첫 번째 예 – 프라카슈

스티븐슨은 사례를 다룰 때 맨 처음을 항상 '요약과 조사'라는 항목으로 시작한다. 따라서 나도 이 부분부터 시작할 터인데 앞서 말한 대로 전체 내용을 독자들이 쉽게 읽게 하기 위해 더 축약해서 정리할 것이다.

요약과 조사 1950년 4월 '니르말'이라는 10세 소년이 인도의 '코시 칼란'이라는 도시에서 병으로 죽었다. 그의 아버지는 '볼라나트'이다. 그런데 니르말은 죽는 날 자신의 모친에게 화를 내면서 '당신은 내 엄마가 아니다'라고 두 번 말했다고 한다. 그리곤 손가락으로 6마일 떨어진 '차타'라는 도시 쪽을 가리켰다.

시간이 조금 흘러서 1951년 8월 차타에 사는 '바르쉬나이'라는 사람의 처가 사내아이를 낳았는데 그 아이의 이름을 프라카슈라 지었다. 이 프라카슈는 4살 반쯤 됐을 때 한 밤 중에 길로 뛰어나가 '나는 코시 칼란 시에 살았고 이름은 니르말이다. 나는 집에 가고 싶다. 내 아버지의 이름은 볼라나트이다.'라고 외쳤다고 한다. 그 뒤로 그는 자신을 그곳(코시 칼란)으로 데려다 달라고 계속해서 보챘다. 그가 하도 보채 1956년 어느 날 그의 삼촌이 드디어 그를 코시 칼란에 있는 볼라나트의 가게로 데려갔다(볼라나트의 가게의 위치는 미리 수소문해서 알아냈던 모양이다–저자 주). 그런데 그 가게의 문이 닫혀 있어 그랬던지 프라카슈는 그 가게를 알아보지 못했고 그의 아버지였던 볼라나트는 마침 외출 중이라 만나지 못하고 그들은 그냥 돌아왔다. 그러나 이 방문으로 볼라나트 가족은 프라카슈의 존재를 알게 되었다.

1956년 약 5살이었던 프라카슈가 니르말에 대해 갖고 있었던 기억은 아주 생생했다. 니르말의 친척이나 친구들을 다 기억해냈을 정도였다고 하니 말이다. 그가 계속해서 코시 칼란으로 돌아가겠다고 해 가족들은 그의 기억을 없애는 여러 가지 일을 한다. 그 결과 그는 더 이상 코시 칼란으로 돌아가겠다는 희망을 표현하지 않게 된다. 그러다 1961년 여름 볼라나트는 딸 '메모'와 함께 프라카슈가 사는 차타로 올 일이 있어 그것을 기회로 드디어 프라카슈를 만나게 된다. 그때 프라카슈는 곧 볼라나트가 전생의 아버지임을 알아차렸는데 메모에 대해서는 그녀를 알아보기는 했지만 다른 자매(니르말의 누나)와 혼동했다(메모는 니르말이 죽은 다음에 태어났기 때문에 알아보지 못한 것 같다).

며칠 후 니르말의 엄마와 누나, 그리고 형제가 프라카슈를 만나러 왔는데 그는 그들을 보자 뛸 듯이 기뻐하면서 자기를 코시 칼란으로 데려가 달라고 다시 채근했다. 그 청탁이 받아들여져 프라카슈는 나르말의 집에 가게 되었는데 입구에 도착하자 그는 예상과는 달리 조금 망설이는 태도를 보였다. 입구가 너무 달라졌기 때문에 금방 알아보지 못한 것이다. 그곳에서 그는 다른 형제들과 두 고모와 이웃들, 그리고 집의 여러 구석들을 모두 정확하게 알아냈다. 그 결과 니르말의 가족들은 그가 직 전생에 니르말이었고 이번 생에 프라카슈로 다시 태어났다는 것을 확신했다고 한다.

스티븐슨이 이 사례를 조사하기 시작한 것은 프라카슈가 코시 칼란을 두 번째로 방문하고 3주 정도 후의 일이다. 그래서 이 사례는 아직 때가 많이 묻지 않았기 때문에 자신은 매우 다행으로 생각했다고 스티븐슨은 밝히고 있다. 그런데 그는 이때의 조사가 어떻게 이루었는지에 대해서는 거의 언급하지 않고 대신 프라카슈가 자신의 전생에 대해서 말을 하지 않으려고 했다는 것만 적고 있다. 그 이유에 대해서 스티븐슨은 그의 아버지가 프라카슈가 전생에 대해 말하는 것을 막았기 때문이었을 것이라고 추측하고 있다(그의 아버지는 프라카슈의 전생 기억을 지우기 위해, 혹은 그 기억에 대해 말을 못하게 하려고 그를 때리기까지 했다고 한다). 1964년에 스티븐슨은 바르쉬나이의 가족을 방문해 1961년에 면담을 못한 프라카슈의 모친이 전하는 증언을 들었는데 이때에도 프라카슈의 행동을 관찰할 수 있는 기회는 갖지 못했다고 밝혔다.

두 지역의 연관성과 두 가족이 소통 가능한 방법에 대해 스티븐슨은 이 장에서 이 두 지역에 사는 두 가족이 사전에 정보를 주고받았는지에 대해 조사한 것을 적고 있다. 만일 이 두 가족이 사전에 정보를 나누었다면 그것이 프라카슈에게 흘러들어갈 수 있었기 때문이다. 그렇게 될 경우에 프라카슈의 증언은 신빙성이 많이 떨어진다. 그래서 스티븐슨은 그 점을 밝히려고 이 부분을 설정한 것이다.

이 두 도시는 지리적으로 6마일 떨어져 있었는데 이 두 가족은 1956년 프라카슈가 코시 칼란에 오기 전까지 전혀 모르는 사이였다고 한다. 그리고 바르쉬나이에 따르면 프라카슈는 1956년 이전에는 한 번도 자신이 살던 도시 밖으로 나간 적이 없었단다. 전생의 인물인 니르말도 생존해 있을 때 차타를 한 번 지나쳤을 뿐 정식으로 차타를 방문한 적은 없었다. 게다가 이 두 가족은 약간 다른 아(亞) 카스트에 속해 있기 때문에 서로 안면을 트고 말고 할 것이 없다고 한다. 카스트가 다르면 아예 상종을 안 하기 때문이다.

이 조사가 맞는다면 프라카슈의 주장은 상당히 신빙성을 얻는 것이 된다. 그는 어떤 경로로든 자신의 직 전생에 대한 정보를 알아낼 수 없었기 때문이다. 이런 식으로 스티븐슨은 자신이 조사하는 사람들이 전생에 대한 정보를 알아낼 수 있는 수많은 가능성에 대해 매우 면밀하게 조사를 한다. 그 사람이 우리가 미리 감지하지 못한 방법으로 정보를 사전에 입수해 그것을 마치 초능력으로 알아낸 것처럼 할 수 있기 때문이다. 그렇게 해서 다른 어떤 방법으로도 이 대상자가 지닌 직 전생에 대한 지식을 설명할 수 없게 되면 스티븐슨은 환생으로 설명하는 것이 가장 적절한 방법이 될 수 있다고 주장했다. 그러니까 당사자가 환생하면서 전생에 대한 정보를 갖고 태어난 것이라는 것이다.

이 부분에 대한 설명이 끝나면 스티븐슨은 각각의 사례를 조사할 때 자신이 면담한 사람들의 명단을 열거한다. 다음은 이 사례를 조사할 때 면담한 사람들의 이름이다. 이 부분은 '면담자들'이라는 제목으로 전개된다.

면담자들

우선 코시 칼란 시에서 면담한 사람들은,
볼라나트, 니르말(프라카슈의 전생)의 아버지
파르메쉬와리, 니르말의 엄마
메모, 니르말의 여동생
자그디쉬, 니르말의 형
데벤드라, 니르말의 남동생
라메쉬, 이웃 사람
차우다리, 코시 칼란 시의 전(前) 시장
찬드라, 이웃 사람
자스완트
랄, 차우다리 전 시장의 형제
찬드, 코시 칼란 시의 상인

차타 시에서 면담한 사람들은,
바르쉬나이, 프라카슈의 아버지
브리잘, 프라카슈의 어머니
간 쉬암 다스, 바르쉬나이의 형
프라카슈, 바르쉬나이의 아들

델리 시에서 면담한 사람들은,
타라, 니르말의 누나이자 찬드의 처
데비, 프라카슈의 결혼한 누나

TABULATION

Summary of Statements and Recognitions Made by Prakash

Item (문항)	*Informants* [1] (정보제공자)	*Verification* [1] (검증자)	*Comments* (의견)
1. His name was Nirmal and he lived in Kosi Kalan.	Brijlal Varshnay, father of Prakash Omvati Devi, older sister of Prakash Shanti Devi Varshnay, mother of Prakash	Bholanath Jain, father of Nirmal Jagdish Jain, older brother of Nirmal	
2. His father was called Bholanath.	Omvati Devi Brijlal Varshnay	Bholanath Jain	
3. He had a sister called Tara.	Omvati Devi Brijlal Varshnay	Tara Chand Jain, older sister of Nirmal	
4. He had neighbors called Tek Chand, Ramesh, and Narain in Kosi Kalan.	Jagdish Jain (not mentioned by Varshnay family)	Jagdish Jain	Narain had died about the time Nirmal did, so this item was not likely to be current information readily picked up by normal means.
5. His house in Kosi Kalan was "pukka" in contrast to present "kachcha" house.	Shanti Devi Varshnay	The differences verified by myself on visits to Kosi Kalan and Chhatta.	The house of the Varshnay family in Chhatta was of mud walls (kachcha), whereas that of the Jain family in Kosi Kalan was of brick (pukka).
6. His father had four shops including a grain shop, a cloth shop, and a general merchandise shop.	Shanti Devi Varshnay	Jagdish Jain	The Jain family had four shops, namely, one cloth shop, one general merchandise store where they sold stationery, and two grocery shops. Sometime after the death of Nirmal, the Jain family disposed of two shops and retained two.
7. His father in Kosi Kalan sold shirts.	Bholanath Jain (not mentioned by Varshnay family)	Bholanath Jain	Sri Bholanath Jain had a store for general merchandise, including shirts.
8. He had an iron safe.	Brijlal Varshnay	Jagdish Jain	Each brother of the family had a drawer in the safe with his own key to his

24

프라카슈가 행한 발언과 알아 본 것들을 요약 정리한 도표(부분), 앞의 책, pp.14–15.

8. (continued)			drawer. Sri Jagdish Jain said that on one of his visits to Kosi Kalan Prakash brought with him a nail which he said was the key to his drawer in the safe.
9. Recognition of father of Nirmal as "his" father.	Bholanath Jain Memo Jain, younger sister of Nirmal		This occurred in Chhatta. There is some discrepancy in the testimony as to the occasion when Prakash recognized "his" father, but the accounts agree that he did do this.
10. Recognition of Memo, sister of Nirmal, as Vimla.	Bholanath Jain Memo Jain	Incorrect as to Memo's name, but Vimla correct name of another sister	Memo had not been born when Nirmal died. Confusion possibly due to fact that Memo was at that time about the same age as Vimla had been when Nirmal died. Discrepancies occur in the testimony with regard to how Prakash was introduced to Memo. Memo herself testified in 1964 that after Prakash had recognized her (and Nirmal's) father, Sri Bholanath Jain turned to her and said: "He is your brother." Thereupon Prakash took Memo by the hand and said, "Vimla sister."
11. Asked Memo about Jagdish and Tara, brother and sister of Nirmal.	Memo Jain	Memo Jain	
12. Recognition of Nirmal's mother.	Parmeshwari Jain, mother of Nirmal		When Srimati Parmeshwari, along with Tara and Devendra, visited Prakash in

[1] In this and succeeding tabulations, the *Informants* column lists the witnesses of what the subject did or said related to the previous life. The *Verification* column lists the informants for information verifying the accuracy of what the subject said or did with regard to the previous personality. In citing recognitions I have usually left the *Verification* column blank since the person who was the informant for the recognition (nearly always himself a witness of this recognition) either knew that the recognition was correct at the time it occurred or later verified its accuracy. Whenever possible, I have asked a person who was recognized by the subject about the details of the recognition, including circumstances, other persons present, and whether there were leading questions put or simply requests to name the person to be recognized. I have included information on these matters under *Comments* in the right-hand column. This column also contains some other information or explanatory material. Unless specifically noted to the contrary, the statements and recognitions made by the subject were verified as being correct or appropriate for the previous personality.

스티븐슨은 이처럼 이 사건과 관련해 가능한 한 많은 사람들과 면담을 해 정보를 모았다. 그리고 그 각각의 정보들을 교차 검증해서 진실여부를 확인했다. 한두 사람을 면담하고 프라카슈의 말이 사실이라고 주장한 게 아니라 이렇게 많은 사람을 오랜 기간에 걸쳐 면담하고 그것을 정리한 것이다. 여기서도 그의 꼼꼼함이 엿보인다.

프라카쉬가 한 말과 그가 알아 본 것들 그 다음에 스티븐슨이 한 일은 프라카슈가 했던 말과 그가 알아 본 것들을 도표로 정리하는 것이다. 그는 모든 예를 정리하면서 그림과 같은 양식으로 아주 자세한 도표를 만들었다. 여기에는 34가지 문항이 있는데 양도 7쪽이나 되니 꽤 많은 것이다.

이 도표의 구성을 보면, 먼저 문항이 있고 그 옆에는 그 정보를 제공한 사람을 적고 그 다음에는 검증자를 적고 마지막으로 자기 의견(comments)을 적고 있다.

이해를 돕기 위해 도표에 표시해 놓은 5번째 문항을 예로 들어보자. 이 도표에서 보이는 바와 같이 문항 칸에는 '(직 전생에) 코시 칼란 시에서 살던 집은 '푹카'라고 하는데 이번 생에 사는 집은 '카츠차'이다'고 적혀 있다. 그 옆 정보제공자에는 프라카슈의 엄마 이름이 적혀 있다. 즉 그의 엄마가 이 말을 듣고 전한 것이다. 그 다음에는 이 정보를 검증해준 사람으로 니르말의 형인 '자그디쉬'의 이름을 적고 있다. 마지막으로 코멘트에는 '차타 시에 사는 바르쉬나이 가족의 집은 진흙 벽으로 된 카츠차이고 코시 칼란 시에 사는 보르바르트 가족의 집은 벽돌로 된 푹카이다'고 적고 있다. 34가지의 문항이 모두 이렇게 세심하게 3~4부분으로 나뉘어 적혀 있어 그가 얼마나 꼼꼼하게 조사하고 면밀하게 기록했는지를 알 수 있다.

그의 면밀함은 여기서 그치지 않는다. 그는 이 문항들이 언제 있었던 일을 적었는가에 대해서도 꼼꼼하게 밝히고 있다. 그의 설명을 보면, 이 34 가지 문항 가운데 1번부터 8번까지의 문항은 검증을 아직 행하기 전에 있었던 일을 적은 것이고 9번부터 12번까지의 문항은 니르말의 가족이 차타 시를 첫 번째로 방문했을 때 일어났던 일을 적은 것이다. 마지막으로 13번부터 34번까지의 문항은 몇 주 뒤 프라카슈가 코시 칼란 시를 두 번째 방문했을 일어난 일을 적은 것이라고 밝히고 있다.

이런 일들이 시시콜콜하게 보일지 모르지만 이런 태도를 통해 우리는 다시 한 번 스티븐슨이 얼마나 주밀하게 조사하고 그것을 기록으로 남겼는지 알 수 있다. 이른바 과학적인 연구는 이처럼 아주 세부적인 것도 정확하게 해야지 그렇지 않으면 나중에 문제가 생길 수 있다. 그런 점에서 스티븐슨은 매우 과학적인 태도를 견지한 것으로 보인다.

관계된 사람들의 보고와 관찰 이 다음은 이 사건에 관계된 사람들이 보고한 내용들이다. 여기에는 프라카슈 본인에게서 캐낸 정보뿐만이 아니라 그의 주위에 있는 사람들에게서 얻었던 정보들이 정리되어 있다.

스티븐슨은 프라카슈의 가족들의 증언에 의거해서 볼 때 자신이 조사한 사람 가운데 프라카슈가 가장 강하게 직 전생의 인격과 자신을 동일시했다고 주장했다. 예를 들어 그는 자신을 현생의 이름인 프라카슈가 아니라 직 전생의 이름인 니르말로 자신을 불러달라고 강하게 요청했다고 하는데 가족들이 가끔 프라카슈라고 부르면 아예 대꾸도 안 했다고 한다. 그리고 지금 사는 집이 누추하다고 불평하는 경우가 많았다고 한다. 한번은 그가 전생의 아버지의 가게에 대해 말하면서 쇠로 만든 금고에 대해 언급한 적이 있었고 어떤 때는 그 금고의 열쇠라고 하면서 쇠로 만든 못을 들고 코시 칼란 쪽 방향으로 1/2 마일이나 달려간 적도 있었단다. 이렇게 그가 너무나 전생의 가족으로 돌아가고 싶다고 하니까 프라카슈의 가족들은 전생의 가족이 프라카슈를 양자로 입양할지도 모른다는 두려운 마음을 갖게 되었는데 이 때문에 두 가족 사이에 적대감마저 생겨났다고 한다.

스티븐슨 자신도 프라카슈가 전생의 형을 만났을 때 매우 기뻐하는 모습을 직접 보았다고 전하고 있다. 그는 프라카슈의 할머니로부터 의심의 눈초리 세례를 받았는데 그것은 스티븐슨이 프라카슈의 전생의 가족 편에 서서 그의 입양을 추진하고 있다는 오해를 받았기 때문이다. 심지어 그녀는 스티븐슨 일행을 때려서 쫓아내야 된다는 말까지 했다고 한다. 내가 이런 에피소드를 시시콜콜하게 소개하는 것은 스티븐슨의 연구가 쉽게 진행된 것이 아니라는 것을 알리기 위한 것이다.

스티븐슨이 행한 조사를 책으로만 대하는 사람들은 그가 별 어려움 없이 연구를 진행했다고 생각할 수 있다. 그러나 이렇게 현지에 직접 가서 현지인과 교류하다 보면 생각하지 않은 많은 난관에 봉착하게 된다. 자기 나라에서 현지 조사할 때에도 적지 않은 문제가 발생하는데 스티븐슨이 조사한 지역은 대부분 외국이었다. 따라서 그는 많은 문제를 직면했을 터인데 이것도 그 중의 하나인 것이다. 언뜻 생각하면 백인 교수가 제3세계에 가서 학술적인 조사를 하면 용이할 것이라고 생각하기 쉽지만 실상은 전혀 그렇지 않다. 그가 백인이고 교수라고 해서 현지인들이 그의 조사에 순순히 응하리라고 생각하는 것은 성급한 예측에 불과하다.

어떻든 이런 여러 가지 일로 이 두 가족은 어떤 때는 이 사건에 대해 무관심하기도 하고 또 어떤 때는 적대감을 갖기도 하고 그러다 다시 관계가 좋아지곤 했는데 이런 과정을 보면서 스티븐슨은 이 사건이 이 두 가족이 조작한 것이 아니라는 심증을 굳힌 듯하다. 그동안 스티븐슨의 연구를 비판한 사람들은 이런 일련의 사례들이 모종의 이득을 노리고 이 일에 관계된 가족들이 조작한 것이라는 비난을 많이 했다. 스티븐슨은 이것을 의식하고 이 사례가 결코 조작된 것이 아니라는 것을 밝힌 것이다. 만일 이 사례가 조작된 것이라면 이 두 가족이 서로 싫어하고 좋아하는 일을 반복하지 않았을 것이기 때문이다. 또 다른 증거로서, 그는 만일 이 사례가 조작되고 이 두 가족이 사전에 정보를 서로 나누었다면 자신이 현지에서 만난 수많은 사람들이 그 사실을 스티븐슨에게 '고자질'을 했을 텐데 그렇게 한 사람이 하나도 없었던 것을 보면 이 사례는 조작된 것이 아니라고 볼 수 있다고 밝히고 있다.

그 다음 항목은 '프라카슈가 지닌 초자연적인 지식의 증거'라는 것인데 이것은 분량도 얼마 안 되고 앞에서 이야기한 것과 중복되는 것도 있어 간단하게만 보았으면 한다. 여기서 스티븐슨이 밝히려 했던 것은 프라카슈가 발설한 수많은 정보들이 그가 이번 생에 얻은 것이 아니라 전생으로부터 갖고 온 것이라는 것이다. 스티븐슨이 든 예 가운데 가장 눈에 뜨이는 것은 다음과 같다. 프라카슈가 전생에 살았던 집에 갔을 때 그는 일명 '푸르다' 상태에 있는 여자 둘을 알아보았다. 푸르다 상태에 있다는 것은 여자들에게만 한하는 것인데 인도 전통에 따르면 이 상태에 있게 되면 여자들은 집안에만 기거해야 한다고 한다. 그런 상황에 놓이게 되니 이런 여자들은 가족이나 아주 가까운 여자 친척들에게만 노출된다. 그런데 이런 여자들을 프라카슈가 알아봤다는 것은 그가 정상적인 방법, 즉 누구에게서 들었거나 다른 매체를 통해 아는 방법으로 그 정보를 취한 것이 아니라는 것이다. 따라서 스티븐슨은 프라카슈가 태어날 때 이미 그 정보를 갖고 있었다는 것으로 해석했다.

이렇게 해서 프라카슈의 예를 대강 정리했는데 스티븐슨은 어떤 사례를 다루던지 대부분 여기서 끝내지 않고 그 뒤 몇 년이 지난 다음에 해당인들이 어떻게 변모했었는지를 확인한다. 전생의 기억을 여전히 갖고 있는지, 이제는 전생의 인격에 매달리지 않는지, 전생의 가족들과는 어찌 지내는지 등을 확인하는 것이다. 여기서도 우리는 스티븐슨 식의 탐구 방법이 얼마나 끈질긴가를 알 수 있다. 한 번 조사하고 끝내는 것이 아니라 수십 년 동안을 조사하니 말이다. 하나의 사례를 가지고 수십 년 동안 연구하는 것은 결코 쉬운 일이 아닐 것이다.

프라카슈에 관한 나중 이야기(Later Development) 스티븐슨은 1971년까지 프라카슈를 만나지 않다가 그해 알리가르라는 도시에 있는 그의 외삼촌 집에서 그를 다시 만난다. 그때 그의 나이는 약 20세 정도였다. 그는 10학년에서 낙제해 학교를 그만 두고 외삼촌 집으로 와서 외판원을 하고 있었다. 스티븐슨이 보기에 그는 학교를 마칠 수 있을 정도로 충분히 똑똑했는데 주변으로부터 격려를 받지 못해 중학교를 마칠 수 없었다고 한다. 건강도 괜찮아서 니르말로 살 때 그를 죽게 했던 천연두는 걸리지 않았다.

그는 자신은 이제 질문을 받거나 특별한 이유가 있을 때를 빼고 자동적으로 전생에 대해 기억하지는 않는다고 했다. 그러나 그때 스티븐슨이 보니 전생에 대한 그의 기억은 전혀 사그라지지 않았다. 그때에도 스티븐슨이 니르말과 관계된 여러 사람들의 이름에 대해서 물어보면 그는 정확하게 대답했다. 그런데 스티븐슨이 보기에 이에 대한 프라카슈의 기억이 정확하다는 것은 별 의미가 없었다. 왜냐하면 프라카슈는 그동안 계속해서 한 달에 한두 번은 코시 칼란에 가서 전생의 가족들을 만났기 때문이다. 그는 또 니르말의 부모가 죽은 뒤에는 니르말의 형을 만나기 위해 계속 그곳을 왕래했다. 그러니 이 가족에 대한 그의 기억이 사라질 수 없을 것이라는 것이 스티븐슨의 설명이었다.

스티븐슨이 그에게 내생에 다시 태어나고 싶으냐고 물어보니까 그는 환생하고 싶지 않다고 대답했다(인도인들은 서양인들과는 달리 환생하는 것을 좋아하지 않는다!—저자 주). 다시 묻기를, 만일 다시 태어나야만 한다면 차타와 코시 칼란 중에 어느 도시에 다시 태어나는 게 좋으냐고 하니 그는 차타라고 대답했다. 이것은 이번 생에 태어난 곳에서 다시 태어나고 싶다는 것이다. 그런데 스티븐슨은 그의 이러한 대답을 액면 그대로 믿기에는 문제가 있었다고 실토했다. 왜냐면 그 자리에 그의 외삼촌이 있었기 때문이다. 현생의 외삼촌이 있는데 전생의 가족으로 환생하겠다고 하면 곤란하지 않겠냐는 것이 스티븐슨의 생각이었다. 그러면서도 스티븐슨은 프라카슈의 말이 반드시 틀린 것만은 아닌 것이, 니르말이 전생에서 죽을 때 차타 쪽을 가리키면서 그의 엄마에게 '당신은 내 엄마가 아니다. 나는 내 엄마에게서 다시 태어날 것이다'라고 한 것을 보면 프라카슈는 지금 차타에서 사는 삶을 좋아하는 것 같다고 했다. 그러나 그러면서도 그는 전생 형인 자그디쉬와도 좋은 관계를 계속해서 유지하고 있었다고 밝혔다.

여기서 스티븐슨의 조사 보고는 끝이 난다. 이 장을 끝내기 전에 나는 그의 조사 보고를 어떻게 이해할 수 있을지에 대해 평가해보고 싶다. 그의 보고는 이 주제에 대한 다른 연구의 결과들과 대체로 일치해 대부분 이해가 되지만 그 가운데에는 이해가 잘 안 되거나 의문 나는 부분이 있어 그것을 피력해보려고 한다.

필자의 평 – 중간 세계에 머무는 기간에 대해

이 사례는 전형적인 '전생을 기억하는 아이'들의 예이다. 이 예를 다시 아주 간략하게 보면, 인도의 코시 칼란이라는 도시에서 니르말이라는 아이가 죽었는데 그 아이는 차타라는 시에서 프라카슈라는 인물로 다시 태어나 4살 반쯤 자신의 전생에 대해 이야기하기 시작한다(다른 아이의 경우에는 보통 2-3세 때 전생에 대해 발설하기 시작하는데 그에 비해 볼 때 이 아이의 경우는 조금 늦은 것이 된다). 그리고 그가 말한 것은 대부분 사실로 판명됐는데 그 정보들은 다른 가족들에게서 흘러 들어간 것이 아니라 프라카슈가 본래부터 갖고 있던 것으로 간주되었다. 대체로 이것이 이 사례의 전모인데 이렇게 진행되는 것은 가장 전형적인 사례로 이 책의 다른 예들도 거의 이 틀을 따르고 있다.

여기서 먼저 살펴보고 싶은 것은 이 아이가 몸을 바꾸어 가는 과정이다. 니르말은 1950년 4월에 10세의 나이로 죽었다. 그런데 다시 태어난 것은 1951년 8월이었다. 따라서 이 두 생 사이의 기간은 1년 4개월, 즉 16개월이 된다. 다시 말해 이 두 몸에 있던 영혼이 같은 영혼이라고 한다면 니르말의 영혼은 '영계(불교 용어로는 '중음계')'라는 곳에서 16개월 동안 있다가 환생한 것이 된다. 그런데 만일 임신 기간를 감안한다면 이 기간은 훨씬 짧아진다. 임신 기간을 9개월~10개월이라고 하면 영계에 있는 기간은 6개월~7개월로 훨씬 짧아지기 때문이다.[65] 여기서 생기는 의문은 우리 인간이 몸을 벗은 뒤 이 영계에서 얼마나 머무느냐는 것이다. 스티븐슨의 연구를 보면 전생을 기억하는 아이들은 대부분 이 니르말의 경우처럼 영계에 머무는 기간이 아주 짧다.

그러나 스티븐슨이 이 책에서 든 다른 사례를 보면 이것과는 조금 다른 경우도 있다. 같은 인도의 예로서 '술카'라는 아이는 1954년에 태어났는데 자신은 전생에 (미누의 엄마인) '마나'라는 이름의 여자였는데 1948년에 죽었다가 술카로서 다시 태어났다고 증언했다. 이 경우를 보면, 두 삶

65) 이 경우 또 생기는 문제는 태아가 자궁에 있을때 영계로부터 오는 혼이 언제 깃드는가에 대한 것이다. 임신되자마자 영혼이 정착되는지 아니면 그 뒤에 정착되는지 확실하지 않다. 또 그 뒤에 정착된다고 한다면 그 정착 시기가 정확히 언제인지 명확하게 밝혀지지 않았다. 그런데 최면으로 밝혀낸 바에 의하면 새로 깃드는 영혼은 임신 초기에는 자유롭게 태아의 몸을 들락날락 하다가 중반 이후로 가면 태아의 육신과 하나가 되어 그 몸을 벗어나지 못한다고 한다. 그러나 이것은 하나의 견해일 뿐이고 정확한 것은 알 수 없다. 게다가 개인차가 있는 것도 무시할 수 없으니 이 문제는 쉽게 답할 수 있는 문제가 아닌 것 같다.

의 중간 기간이 6년이 되는 것이니 그 기간이 앞의 프라카슈보다 꽤 긴 것을 알 수 있다. 그 다음 '말리카'라는 인도 아이는 1955년에 태어났는데 그는 자신이 1949년에 죽은 '데비'라는 처녀가 환생한 것이라고 주장했다. 데비가 죽은 나이는 28세였다. 이 경우에도 그 중간 기간은 6년 정도가 된다. 이 중간 기간이 이보다 더 긴 경우도 있었다. '위제라트네'라는 스리랑카의 아이는 1946년에 태어나는데 자신은 전생이었던 1927년에 결혼식 날 아내를 죽이고 그 다음해인 1928년에 교수형을 당한 '하미'라고 주장했다. 그런데 재미있는 것은 이 하미가 교수형 당하기 며칠 전에 그의 형에게 자신은 형의 자식으로 다시 태어날 것이라고 말했다는 것이다. 이 진술이 다 맞는다면 이 경우에는 중간 기간이 18년이나 된다.

이처럼 각 영혼들이 중간계에 있는 기간이 제각각인데 스티븐슨은 이런 것에 대해서는 관심이 없어서인지 그 기간이 왜 사람마다 다른지에 대해서 언급하고 있지 않다. 따라서 그의 연구와는 별도로 이 영계 체류 기간에 대해 보아야 하겠다. 이에 대해 알려고 하면 먼저 이 지상과 저 영계의 관계에 대해서 잠시 살펴보아야 한다. 이 점에 대해서는 졸저 『죽음의 미래』에서 기존 연구들을 종합해 서술했으니 여기서는 그것을 요약해서 보자.

인간의 환생과 진화에 대해 연구하는 사람들의 공통된 의견은, 이 지상계는 자신의 영적인 진화를 위해 열심히 노력해야 하는 학교 같은 곳이고 영계는 충분히 휴식하면서 지상에서 배운 것들을 복습하고 정리하는 곳이라는 것이다. 그래서 어떤 사람은 우리가 육신을 벗고 영계로 가는 것은 학기를 끝내고 방학을 맞는 것과 비슷하다고 했다. 방학을 맞이했으니 그곳에서 충분히 쉬어야 한다. 쉬면서 우리는 전생 때에 배운 것을 복습한다. 그러나 방학은 끝나기 마련이다. 방학이 끝나 가면 우리는 다음 생은 어디서 어떻게 태어나는 것이 좋을까를 정한다. 그런 다음 인연이 있는 가정을 찾아 다시 육신, 물론 다른 육신으로 환생하게 된다.

만일 이 생각에 동의한다면, 이 지상계에서 오래 산 사람은 그만큼 많은 정보에 노출되었기 때문에 영계에서 복습하고 정리할 게 많을 것이라고 예상할 수 있다. 따라서 이런 경우 영계에 머무는 시간이 길어질 수밖에 없다. 반대로 지상계에서 짧은 시간만 유했다면, 다시 말해 오래 살지 못하고 일찍 죽었다면 상대적으로 검토할 정보의 양이 적을 것이다. 오래 살지 못했으니 보고 배운 것이 적을 것이라는 것이다. 그런 경우에는 영계에 거하는 시간이 짧을 수밖에 없을 것이다. 그래서 이러한 생각을 바탕으로 어떤 연구자는 잠정적으로 영계에 거하는 시간은 지상에 거하는 시간과 비슷하다는 주장을 하기도 했는데 이는 일리 있는 견해라 생각된다. 이 의견에 동의한다면 어렸을 때 죽은 사람은 곧 다시 환생할 것이라는 추측이 가능해진다. 그러나 이것은 모든 사람에게 통용되는 것은 아니다. 어떻든 그래서 그런지 스티븐슨이 든 예들을 보면 아주 어렸을 때 죽은 아이들은 1년도 안 되어서 환생하는 경우가 많았다.

그런데 이와 관련해 이해하기가 힘든 예가 있다. 스티븐슨 책에서 두 번째 예로 나오는 인도의 '자스비르'라는 아이의 사례인데 이 아이는 3살 반일 때 천연두로 죽었다. 이것은 1954년 봄의 일이었다. 그런데 그날 밤 그가 다시 살아났는데 문제는 이 아이가 완전히 딴 사람으로 되어 되살아났다는 데에 있었다. 소생한 자스비르는 자신은 자스비르 가문과는 비교도 안 되게 높은 브라만 가문에 살았던 '소바 람'이라는 사람이라고 하면서 자신을 브라만 계급으로 대우해달라고 요구했다. 그는 자신이 소바 람으로 살 때 1954년 5월에 독을 마신 상태에서 마차를 타고 가다가 떨어져 죽었다고 주장했는데 이것은 사실로 판명되었다.

그 자세한 이야기는 약하지만 이 경우는 정말로 이해하기 힘들다. 어떻게 한 영혼이 죽자마자 곧 다른 죽은 아이의 몸에 들어가 소생과 환생을 동시에 했느냐는 것이다. 그런데 소바 람은 죽음을 맞이했을 때 성인이었을 것이다. 그런데 그는 영계에 전혀 거하지 않고 바로 태어났으니 이 경우는 어떤 설명이 가능할까? 성인일 때에 육신을 벗으면 영계에 그 나이 동안만큼은 있다 와야 한다는데 그렇게 하지 않았으니 말이다.

이것을 굳이 설명한다면, 확실한 사정은 알 수 없지만 성인일 때에도 사고로 죽은 경우에는 영계에서 시간을 그리 지체하지 않고 바로 환생한다는 주장이 있는 것으로 그 설명을 대신하고 싶다. 사고로 죽은 다음에 환생한 경우는 우리가 나중에 검토하게 될 스티븐슨의 두 번째 책에 많이 나오니 그때 자세히 보았으면 좋겠다.

어떻든 영계에서 머무는 기간이 이승에 있는 기간과 관계가 된다는 것은 스티븐슨의 예에서도 부분적으로 짐작할 수 있다. 우리가 든 예인 프라카슈는 전생에서 니르말일 때 10세 때 죽은 다음 영계에 약 1년 내지 1년 반 정도 있다가 환생했다. 이승에서 10년을 살고 죽었다면 영계에서도 그 정도 있어야 할 텐데 그는 곧 환생했다. 이 경우는 왜 그렇게 됐을까? 개인의 카르마는 다 다르기 때문에 무엇이라고 일률적으로 말하기 힘들지만 굳이 추측을 해본다면, 시골의 어린 아이가 10년을 살아봐야 대단한 것을 배울 것 같지는 않다. 그 활동 범위가 집이나 동네를 넘어설 수 없으니 그럴 수밖에 없을 것이다. 그러니 그 상태로 1년을 살든 10년을 살든 학습량은 그다지 다르지 않았을 것으로 생각된다. 그래서 영계에 가서도 복습할 거리가 별로 없을 터이니 빨리 환생한 것 아닌가 하는 추측을 해본다. 아니면 이승에서의 삶을 더 좋아해서 빨리 환생하기로 한 것인지도 모르겠다.

앞에서 든 예들도 상황이 대체로 비슷하다. 아이의 엄마였던 마나는 6년 뒤에 환생했고 28세의 처녀인 데비 역시 6년 뒤에 환생했다. 그런데 죽을 당시 성인이었던 하미는 무려 18년을 있다가 환생을 하게 된다. 이처럼 영계 거주 기간이 긴 것은 일단은 이들이 모두 성인이 된 다음에 죽었기 때문이라고 할 수 있을 것이다. 아주 어릴 때 죽은 아이들은 이렇게 오래 영계에 머물지 않았다. 그러나 지금 예로 든 3명도 그들이 죽은 나이는 크게 차이나지 않는데 영계에 있는 기간은 조금 차이가 있다. 이것은 아마도 개인차가 있기 때문이 아닐까 하는 생각이다. 그러나 영계 거주 기간은 이승에서의 거주 기간이나 어떤 사건으로 죽었는가와 관계가 있는 것은 확실한 것 같다.

그런데 이 프라카슈의 경우는 또 이해 안 되는 것이 있다. 그는 니스말로 살 때 죽기 직전에 자신의 모친에게 '당신은 나의 어미가 아니다.'라고 두 번을 말하면서 자신이 환생하게 될 차타 시 쪽을 가리켰다고 했다. 프라카슈의 이런 태도는 다른 일반적인 경우와 조금 달라 우리의 주목을 끈다. 스티븐슨이 조사한 다른 사례들의 경우에는 보통 당사자가 환생한 뒤 그 생의 부모에게 '당신들은 내 진짜 부모가 아니다. 내 진짜 부모는 다른 곳에 있다'고 하면서 전생의 부모를 자신의 진짜 부모로 여긴다. 그리고 현생의 가족보다 전생의 가족을 더 좋아하는 경우가 많다(물론 나이가 더 들면 전생에 대한 기억이 사라지고 전생의 가족에 대한 관심도 현저하게 줄어든다). 그런데 프라카슈의 경우는 반대가 되어서 이상한 것이다. 이 경우에 대해서는 유달리 설명할 수 있는 방법이 없다. 그러나 굳이 말한다면, 프라카슈의 카르마는 전생의 부모보다는 현생의 부모와 더 강하게 엮여 있다고 할 수 있을지 모르겠다. 이 이외에는 달리 설명할 방법이 없을 것 같다. 스티븐슨은 이 카르마 법칙에 대해서는 거의 언급하지 않기 때문에 그에게서도 답을 얻을 수 없었다.

스티븐슨이 쓰는 용어에 대한 간략한 검토

이상이 첫 번째 예에 대한 것인데 두 번째 예로 가기 전에 검토하고 싶은 것이 있다. 스티븐슨이 쓰는 용어와 관계된 것인데 그는 자신의 연구에서 전통적으로 쓰이던 용어를 가능한 한 피하고 자신이 만들어낸 용어를 쓰고 있다. 예를 들어 그는 영혼을 지칭하는 용어로 'spirit'이나 'soul' 같은 전통적인 용어를 전혀 사용하지 않는다. 이것은 충분히 이해할 수 있는 것이, 이런 용어들은 지난 역사 동안 사람들의 필요에 따라 너무나도 자의적으로 이용되었기 때문이다. 또 사람마다 이 용어에 대한 생각이 달라 이 용어를 쓸 경우 혼선이 올 것이 틀림없기 때문에 스티븐슨은 이 용어들을 쓰지 않은 것 같다. 그래서 스티븐슨이 이런 용어들 대신에 어떤 용어를 썼는지에 대해 잠시 보고 다음의 예로 넘어갔으면 좋겠다.

영혼이나 영계 등을 표현하는 스티븐슨의 고유 용어에 대해 먼저 영혼에 대해서 보자. 이 용어는 영어로 보통 soul이나 spirit 등으로 표현되는데 이 두 단어에는 많은 뜻이 포함되어 있다. 정신, 혼령, 영혼, 마음, 정수(精髓) 등등 실로 많은 의미가 있는 것이다. 따라서 이 용어를 가지고 인간의 육체와 별도로 존재하면서 영계에 머물다 육체로 들어올 수 있는 어떤 영적인 실재를 지칭하는 데에 쓰는 것은 문제가 있을 수 있다. 이런 문제 때문에 스티븐슨은 이런 용어 대신에 객관적인 용어를 쓰려고 노력하는데 그 대표적인 예가 'discarnate personality'란 단어이다. 이 단어를 직역하면 '육체가 없는 인격체' 정도가 되겠다. 그러니까 일정한 인격(혹은 의식)체가 있기는 한데 육체는 없다는 의미에서 이렇게 쓴 것이다. 이런 용어는 상당히 객관적이기 때문에 분명 스피릿이나 소울보다는 좋은 용어로 생각된다. 스티븐슨은 또 전생의 인격을 나타낼 때에도 굳이

'전생'이라는 용어를 쓰지 않고 '이전의 인격체'라는 의미에서 'previous personality'라는 용어를 사용한다. 전생이라는 단어 대신 이전이라는 단어를 쓰는 것은 이 인격체가 전생의 인격체인지 아닌지가 확인되지 않았기 때문일 것이다.

그러면 이 육체가 없는 인격체들이 머무는 장소는 어떻게 표현했을까? 다시 말해 영계에 대해서 어떻게 표현했는가에 대한 것인데 이에 대해서 스티븐슨은 아주 간단하게 'mental space', 즉 '정신공간'이라고 표현한다. 그런데 그에 따르면 이 공간은 우리 인간이 육체를 지니고 사는 물리적 공간과는 매우 다르다. 그는 더 나아가서 이 공간의 존재에 대해서 이미 이전의 많은 철학자들이 주장했다고 밝혔다.

그의 설명을 더 이어보면, 이 공간은 물리적 공간과는 달리 생각이나 정신적 이미지가 충만해 있는데 (육체가 없는) 인격체들이 서로 소통하는 방법도 물리적 공간과는 다르다.[66] 예를 들어 이 공간에서는 인격체들이 텔레파시와 비슷한 방법으로 소통한다는 것이 그것이다. 그런데 이 생각이나 이미지는 다음 생에 다른 몸을 입었을 때 다시 기억될 수 있다. 이처럼 이런 정보들이 다음 생으로 연결되는 것을 스티븐슨은 자신의 고유의 용어인 'diathanatic'이라는 용어를 만들어 그 특질을 설명했다.[67] 이 용어는 번역하기가 힘들어 그냥 원어로 '디아타나틱'이라고 쓰는데 그 뜻은 '죽음을 통과해 운반되는(carried through death)' 정도가 될 것이다. 그러니까 전생으로 추정되는 삶을 살 때 당시에 겪었던 사건에 관한 정보라든가 좋아하고 싫어하는 것, 혹은 몸의 상처에 대한 정보 등이 생을 뛰어넘어 운반되는 것을 말한다.

여기에서 스티븐슨은 또 아주 재미있는 용어를 만들어낸다. 앞에서 나

66) Stevenson(1997), 『Where Reincarnation and Biology Intersect』, p.181.
67) Stevenson(1997), 『Reincarnation and Biology』, vol. 2, p.2074.

는 스티븐슨이 영혼을 '육체가 없는 인격체(discarnate personality)'로 불렀다는 것을 소개했다. 그런데 이 용어는 이 인격체가 어떤 성질을 갖고 있는지에 대한 설명이 들어가 있지 않다. 그저 인격체라고 했을 뿐이지 어떤 기능을 갖고 있는지에 대한 설명이 없었다는 것이다. 그런데 스티븐슨이 '디아타나틱'이라는 용어에서 밝힌 것처럼 전생에서 겪었을 것으로 추정되는 많은 사건에 대한 정보들이 다음 생의 새로운 몸에 운반되려면 그것을 담는 무엇인가가 있어야 한다. 그래서 스티븐슨은 이것을 번역하기 매우 힘든 '사이코포어(psychphore)'라는 용어로 표현하고 이 용어에 대해 설명하기를 이 실체는 'mind-carrying' 혹은 'soul-bearing'과 같은 기능을 갖고 있다고 주장했다. 그러니까 '마음을 나른다'거나 '영혼을 보지(保持)하고 있다'는 것이 그것이다. 그는 이것을 더 쉽게 설명해서 '중간 운반체(intermediate vehicle)'라는 단어로 표현하기도 했다.[68)]

스티븐슨의 용어와 통하는 불교의 용어들 그가 만든 이 용어들은 모두 나름대로 의미있고 훌륭하다고 생각된다. 또 참신한 면도 있는데 사실상 이런 개념들은 새로운 것이 아니다. 그것과 꽤 비슷한 것들이 불교에서 발견되기 때문이다. 스티븐슨이 하는 주장과 가장 비슷한 주장을 하는 불교의 학파는 충분히 예상할 수 있는 것 같이 유식학(唯識學)이다. 이 학파의 가르침은 불교 교학 중에서도 가장 어려운 것 중의 하나로 여겨지기 때문에 여기서 그것을 다 볼 수는 없는 일이고 그 교리 전체를 다 볼 필요도 없다. 여기서는 유식학의 이론 가운데 스티븐슨의 주장과 연결되는 것만 보기로 한다.

이 학파는 인간의 의식을 많은 수준(차원 혹은 층)으로 나눈 것으로 유명한데 그 중에 가장 심층에 있는 것이 제8식인 알라야 의식이다(이 제8식

68) 앞의 책, pp.2083-2086.

보다 한 층 더 밑에 있는 제9식을 주장하는 학자도 있었지만 일반적인 설은 아니라 포함시키지 않는다). 이 의식의 이름인 '알라야'는 영어로는 저장한다는 의미에서 'store'로 번역되고 한자로도 저장한다는 의미에서 '장(藏)'으로 쓴다. 그러면 이 의식은 무엇을 저장한다는 것일까?

정통 불교 교리에 따르면 우리가 하는 모든 일은 어떤 형태로든 남아서 우리의 마음에 저장된다. 불교에서는 우리가 하는 일을 세 항목으로 나누어 설명하는데 '신구의(身口意)', 즉 몸과 입과 마음이 그것이다. 그러니까 우리 인간은 자신이 몸으로 행한 일을 비롯해 입으로 말한 것들이 모두 우리의 기억 속에 남는다. 그뿐만이 아니다. 눈에 보이게 행한 것만 남는 것이 아니라 마음속으로 생각한 것까지도 우리의 기억 속에 저장된다고 주장한다. 이것들이 인간의 카르마(업)를 형성해서 전생, 현생, 내생의 '삼생'을 관통하게 된다. 그러면 이처럼 우리가 '신구의'로 행한 모든 일들은 어떻게 우리의 기억 속에 남게 되는 것일까? 여기서 우리는 지금 인용하고 있는 유식학의 도움이 절실하다.

유식학의 정통 교리에 따르면 우리가 행하고 생각하는 모든 일은 씨앗[69]의 형태로 제8식에 저장된다. 그런데 이 제8식에는 도대체 얼마나 많은 씨앗이 저장되어 있는지 모른다. 불교에 따르면 우리의 생은 그 시원을 알지 못하는 데에서 시작되어 수없이 유전되어 왔는데 그 많은 세월 동안 행한 모든 일이 씨앗의 형태로 이 제8식에 저장되어 있다고 하니 말이다. 우리는 이 제8식의 용량이 얼마나 큰지 모른다. 다생겁래(多生劫來) 동안 겪었던 모든 사건과 생각이 이 안에 있을 터이니 이 제8식의 용량은 우리의 상상을 불허할 것이다. 그런 상태로 있다가 이 일들은 어떤 생이 될지 모르지만 인연되는 생을 만나면 그 씨앗과 부합되는 일들을 만나게 된다. 이것이 바로 카르마의 발현이다.

---

69) 이것을 산스크리트어로는 '비자'라고 한다.

이것을 다시 정리해보면, 우리가 생각하고 행한, 혹은 겪은 모든 일은 제8식에 저장되어 다음 생으로 간다고 했다. 그런데 이것은 스티븐슨이 주장하는 것과 거의 일치하지 않는가? 앞에서 본 것처럼 스티븐슨은 우리의 영혼을 '사이코포어', 즉 한 생 동안 행한 모든 것을 담고 있는 실체로 파악했다. 그리고 그것은 죽음을 관통해 운반하는 특질, 즉 그가 표현한 '디아타나틱'한 특질을 갖고 있다고 했다. 이것은 불교에서 말하는 제8식과 그 특질이 정확히 일치하지 않는가? 불교에서는 이 제8식이야말로 바로 환생하는 실체라고 주장한다.

주지하다시피 불교의 가장 기본 교리는 무아 사상이다. '내가 생각하는 나'라는 존재가 없다는 것이다. 이 교리는 불교 교리 가운데 많은 논쟁을 불러 일으키고 있는데 여기서 나는 이 교리가 맞다, 그르다를 논할 생각은 없다. 다만 이 교리를 주장할 때 생기는 문제, 특히 환생론과 마찰이 생기면서 생기는 문제에 대해서만 말하고자 한다. 환생을 받아들이게 되면 그와 동시에 환생하는 실체가 존재한다는 것도 받아들여야 한다. 그런데 불교에서는 교리적으로 그런 실체는 없다는 무아론을 편다. 따라서 우리는 불교도들에게 '당신들은 내가 없다고 해놓고 동시에 내가 환생한다고 하는데 그것은 서로 모순되는 교리 아니냐?'고 물을 수 있다. 이것은 분명 적확한 지적으로 생각된다.

따라서 이 반론에 대해 불교도들은 '나'는 아니면서 이생의 카르마를 운반할 '중간 운반체(intermediate vehicle)'라는 것을 고안해냈는데 이것이 바로 제8식인 것이다. 이 제8식은 불교에서 말하는 나(혹은 진아)는 아니지만 모든 카르마를 짊어 나르는 운송체의 역할을 한다. 이와 관련해서 더 복잡한 불교 교리에 대해서는 논하지 않겠지만[70] 이 정도만 보아도 불

---

70) 예를 들어 '이 제8식 안에 있는 씨앗들이 다 소진된다면 이 의식이 대원경지(大圓鏡智)와 같은 최고의 지혜로 바뀐다. 대원경지란 거울이 사물을 있는 그대로 비추는 것처럼 사람도 모든 사물을 편견 없이 지각할 수 있게 하는 지혜를 말한다'와 같은

교 교리와 스티븐슨의 주장이 상당히 비슷하다는 것을 알 수 있다. 그런데 스티븐슨은 이런 불교의 교리에 대해 전혀 언급하지 않았는데 그가 이런 유의 교리를 알지 못해서 그랬는지 아니면 이 교리들을 알지만 언급할 필요를 느끼지 않아 그랬는지 우리는 그의 의도를 알 수 없다.

스티븐슨이 고안한 이 개념을 알고 있으면 앞으로 그가 소개하는 실례들을 이해하는 데에 큰 도움이 될 것으로 생각되어 그 개념들을 소개하는 시간을 가져 보았다. 앞으로 우리가 보게 될 다양한 사례에 나오는 설명들은 모두 이 개념들을 바탕으로 이루어져 있기 때문이다. 그것을 염두에 두고 스티븐슨이 소개하는 다음의 예로 가도록 하자.

(2) 두 번째 예 – 란지트 마칼란다

내가 이 예를 고른 것은 두 가지 정도의 이유 때문이다. 첫 번째 이유는 스티븐슨이 말하는 것과 같은 선상에 있다고 하겠다. 스티븐슨은 이 장의 서두에서 왜 이 사례를 포함시켰는지 밝히고 있다. 여기에서 그는 이 사례의 특징은 전생을 기억하는 아이가 제공하는 정보나 행동이 사실인지 아닌지를 확인할 수 없는 경우라고 밝히고 있다. 그 아이가 제공하는 정보들은 이 아이가 환생을 했다는 것을 암시하는 것처럼 보이기는 하지만 그것이 환생에 대한 직접적인 증거는 되지 못했다는 것이다.

그럼에도 불구하고 이 예를 포함시킨 것은 자신이 수집한 사례 가운데 검증할 수 있는 정보를 많이 제공하는 예보다 이 경우처럼 검증할 수 없는 경우의 예가 훨씬 더 많기 때문이라고 한다. 특히 유럽이나 미국에서는 우리가 지금 볼 예처럼 검증할 수 있는 세부적인 정보는 적지만 그 전생을 기억하는 아이의 태도가 이 아이가 어떤 전생을 살았을 것이라고 추

설명이 있다. 이런 유의 설명은 너무 전문적이고 불교에 치우친 내용이라 여기서는 언급하지 않았다.

정할 수 있게 해주는 사례가 적지 않았다고 한다. 스티븐슨의 생각에 이 같은 사례를 소개하는 것이 자신의 연구를 폭넓게 보여줄 수 있는 좋은 기회라 여긴 것이다.

환생과 연관해서 우리가 주위에서 쉽게 접할 수 있는 예는 이런 것들이 많다. 즉 어떤 사람이 환생했다고 주장할 때 그의 주장을 객관적인 방법으로 증명할 수는 없지만 그 사람의 언행이나 행동거지를 보면 현생의 상황이나 조건으로는 설명이 잘 안 되는 예가 그것이다. 필자의 주위에도 그런 예를 적지 않게 발견할 수 있는데 나의 제자 중 한 학생의 경우를 소개해보자.

그는 20대 후반의 용모가 준수하고 똑똑한 여성인데 그가 평소에 갖는 견해나 태도는 그의 나이와 전혀 어울리지 않았다. 그가 보이는 견해나 태도는 어찌나 보수적인지 70대 수준의 남성이나 가지고 있을 법한 지극히 보수적인 것이었다(예를 들어 신문은 반드시 조선일보만을 보았고 게다가 그것을 휴대하고 다니기를 좋아했다). 더 이해가 안 되는 것은 그가 조선을 싫어했을 뿐만 아니라 중국 입장에서 폄하했다는 것이다.[71] 반면에 중국을 아주 좋아해 중국에 같이 여행 갔을 때에는 상당한 양의 돈을 지불하고 관우 상을 산 적도 있었다(젊은 여자 대학원생이 큰 관우상을 사는 것 자체가 극히 드문 일 아닐까). 또 사학과 출신인 그는 자신은 한국사에는 관심이 거의 없었던 반면 중국 근대사를 공부할 때에는 가슴이 울렁거릴 정도로 좋았다고 회상하기도 했다. 20대 후반의 여성이 이런 태도를 보이는 것은 정말로 흔한 일이 아니다.

그래서 나는 농담 삼아 그 학생에게 '너는 전생이 중국 근대에 살았던 중국인(아마도 군인)으로 조선과 많은 교류를 했던 사람일 것이다'라고 말

71) 예를 들어 그는 명성황후를 꼭 '민비'라고 불렀고 심지어 김구나 안중근은 테러리스트라는, 보통의 한국인으로는 용납하기 힘든 언사를 하는 것이 그것이다.

했는데 이것은 물론 어떤 근거도 제시하지 못하는 사견에 불과하다. 내 개인적인 생각에 이 제자의 경우도 전생이 없다면 설명하기 힘든 경우가 아닐까 한다. 스티븐슨이 수집한 사례들은 이보다 훨씬 더 구체적인 정황 근거를 갖고 있지만 그것 역시 환생에 대한 객관적인 증거가 되지는 못한다. 어떻든 우리 주위에는 이런 예가 적지 않게 있으니 그것과 닮은 다음의 예를 소개해보는 것은 나름대로 큰 의미가 있다고 생각한다.

나도 스티븐슨의 이러한 생각에 동의해 이 예를 포함시켰는데 이번 예에 대한 설명은 다른 예들과 달리 매우 간단하게 진행되었다. 그는 앞에서 프라카슈의 예를 다룰 때 한 것처럼 그가 면담한 사람들의 명단을 작성하거나 그들과 나눈 이야기들을 도표로 만들지는 않았다. 그렇게 된 이유는 이 사례에서는 그가 면담을 나눈 사람의 수가 적었고 그의 동료인 프란시스 스토리[72](이하 스토리)가 행한 조사를 많이 이용했기 때문인 것 같았다. 그래서 그런 번거로운 작업을 하지 않은 것으로 생각된다.

스티븐슨은 이 예를 1961년에 처음 접하게 되는데 이것은 스토리가 이 해당 소년의 아버지를 면담한 다음의 일이었다. 그는 스토리의 조사를 접하고 자신이 그해 직접 그 아버지를 면담하게 된다. 그 뒤에 스토리는 소년을 세 번에 걸쳐 면담했는데 스티븐슨은 바로 이 스토리의 조사 결과를 정리해서 여기에 실은 것이다. 이처럼 스티븐슨이나 스토리가 면담한 사람은 그 소년과 아버지뿐이니 도표를 만들 이유가 없었을 것이다.

내가 이 예를 포함시킨 또 다른 이유는 이 예가 이 책에 나온 다른 사례들과 조금 다르기 때문이다. 스티븐슨이 조사한 사례를 보면 해당자들은 환생할 때 같은 국적을 갖고 태어나는 경우가 대부분이다. 그럴 수밖에 없는 것이 해당자들이 다시 태어난다고 해봐야 기껏 인근 마을이나 가까

72) 이 사람의 저서 가운데 이 주제와 관계된 책은 "Rebirth as Doctrine and Experience" 인데 이 책은 국내에 "환생"(1992, 장경각)이라는 제목으로 번역 출간 되었다.

운 도시에서 태어났기 때문이다(심지어 바로 이웃집으로 환생하는 경우도 있었다). 그러니 국적이 같아지는 것은 당연한 일이다.

그런데 이 예에서는 이 아이의 주장에 따르면 그의 국적이 전생의 국적인 아닌 다른 국적으로 태어났기 때문에 매우 특이했다. 곧 보겠지만 그는 자신이 전생에 영국의 전투기 조종사이었다고 밝혔는데 그가 주둔했다고 하는 곳은 이번 생에 태어난 집에서 그리 멀지 않은 곳이었다. 그러니까 그는 그곳에서 죽은 다음 멀리 가지 않고 그 주변에서 다시 태어나기로 결정한 것이다. 스티븐슨이 저서에서 인용한 예에는 이러한 예가 흔하지 않지만 전혀 없는 것은 아니다. 그의 책 “Reincarnation and Biology”를 보면 미얀마에서 죽은 일본 병사가 미얀마 가정에 환생하는 예가 나오는데 이것 역시 국적을 달리 해서 환생하는 경우이다.

내가 이 경우를 포함시킨 것은 환생의 법칙, 다시 말해 카르마에 대해 다시 한 번 생각할 수 있는 기회를 갖게 해주었기 때문이다. 뒤에서 상세하게 다루겠지만 영국에서 태어나고 자란 조종사가 그와는 아무 관계도 없을 것 같은 스리랑카의 시골 가정과 무슨 카르마적 관계가 있어 이 가정에서 환생한 것인지 상식으로는 이해가 잘 안 된다. 카르마 이론에 따르면 우리가 환생할 때 어떤 가정과 부모를 택하는 것은 어떤 식으로든 당사자가 이 가정과 카르마, 혹은 인연이 엮여야 가능한 것인데 이 경우에는 그런 카르마의 끈을 발견하기가 어렵기 때문에 그렇다는 것이다. 이것을 어떻게 설명해야 좋을지 모르겠는데 우선 란지트 마칼란다의 사례를 들여다보고 뒤에서 이 문제를 본격적으로 다루어보자. 스티븐슨은 이 사례를 다음과 같은 제목으로 시작한다.

환생을 암시하는 란지트 마칼란다의 말과 행동 란지트 마칼란다(이후 란지트)는 1942년 스리랑카의 ‘코테’라는 곳에서 순수혈통의 싱할라족[73]

가정의 7번째 아이로 태어났다. 아버지의 이름은 드 실바(생략형 이름)였고 6번째 아이는 란지트보다 3년 연상이었고 바로 밑 여동생은 그보다 5년 밑이었다. 란지트가 2살도 안 되었을 때 그의 아버지는 그가 평범하지 않은 기억을 갖고 있는 것을 알아차리기 시작했다. 동시에 그의 아버지는 그가 싱할라 아이들보다 훨씬 더 영국 아이에 가까운 행동을 한다는 것을 발견하게 된다. 이 때문에 란지트는 가족 내에서 아웃사이더가 되었는데 가족들을 냉정하게 대했을 뿐만 아니라 그의 부모에 대해서도 다른 동기들과 달리 애정을 덜 표현했다. 부모들도 그를 괴짜로 여겼는데 그렇다고 해서 그들이 란지트를 사랑하지 않은 것은 아니었다. 그러나 란지트는 이러한 부모들의 배려를 강한 독립심과 무반응으로 대해 부모들을 당혹하게 만들었다고 한다.

집에서는 싱할라 어와 영어를 같이 썼는데 란지트는 영어를 일찍 배웠을 뿐만 아니라 어느 동기간보다도 영어를 잘 했다. 물론 그는 7번째 아이이니 그의 형이나 누나들이 영어 하는 것을 듣고 빨리 배울 수 있었을지도 모르지만 말이다. 그러나 그의 여동생은 그보다 영어를 잘 하지 못했다고 하니 그런 기회가 있다고 해서 누구나 다 영어를 잘 하는 것은 아니라는 것이 스티븐슨의 견해였다.

란지트가 2살쯤 되었을 때 그의 아버지는 란지트가 토하고 싶을 때 손가락을 목구멍에 넣는 것을 보고 이상하게 생각했다. 이러한 행동은 영국인들이나 하는 것이지 같은 상황에서 싱할라 사람들이 하는 행동이 아니었기 때문이다(싱할라 사람들은 토하려 할 때 어떻게 행동하는지는 잘 모르겠다—저자 주). 그뿐만이 아니고 란지트는 쌀에 대해 전혀 관심이 없었다. 밥을 먹게 되더라도 그는 싱할라 식으로 먹지 않고 그저 곡물을 입에 던

---

73) 싱할라족은 스리랑카 인구의 대다수(74%)를 차지하는 대표적인 부족으로 불교를 신앙한다. 스리랑카에는 이 부족 외에도 타밀족이 살고 있는데 이들은 인구의 18%를 차지하고 있고 힌두교를 믿는데 이 두 부족 간에는 약 30년에 걸친 내전이 있었다.

져 넣는 식으로 먹었다(이것은 서양인들이 밥을 먹는 모습을 묘사한 것 같다 –저자 주). 또 빵을 먹을 때에도 스리랑카에서 먹는 식대로 하지 않고 빵과 버터를 자유롭게 펼쳐 놓고 손을 사용하여 영국식에 따라 먹었다. 한 번은 호텔에서 식사한 적이 있는데 다른 동기간들은 나이프와 포크를 엉성하게 다루었던 것에 비해 그는 그것들을 자유롭게 구사했다.

그는 부모를 부를 때 다른 아이들이 하는 것처럼 '머미' 혹은 '대디'라고 하지 않고 '타타' 혹은 '암마'라고 불렀는데 '타타'와 '암마'는 스리랑카에서 생물학적인 부모를 지칭하는 단어라고 한다. 그가 이런 단어를 사용했던 것은, 자신은 지금은 생물학적인 부모와 살고 있을 뿐이고 자신에게는 진짜 부모가 있다는 확신을 갖고 있다는 것을 뜻한다고 한다. 그리고 그는 나이가 든 사람들을 대할 때에도 반드시 붙여야 할 'Mr.' 혹은 'Sir' 같은 단어를 생략하는 경우도 있었다고 한다. 이것은 그가 전생에 어른으로서 살았던 때의 생각이 남아 있기 때문인지 모르겠는데 이에 대해서 스티븐슨은 어떠한 평가도 내리지 않았다.

그가 3살 반 내지 4살 사이였을 때 그의 아버지는 그가 자신의 모친이나 형제들에게 '당신들은 내 엄마나 형제가 아니다. 내 (진짜) 부모와 다른 가족들은 영국에 있다'라고 말하는 것을 들었다. 란지트의 아버지가 그를 따로 불러 '너는 어디서 왔느냐'고 물으니 그는 영국에서 왔다고 대답했다. 다시 당시 부모의 이름을 물으니 란지트는 기억이 안 난다고 대답했지만 '탐'과 '짐'이라는 두 형제 이름과 '마가렛'이라는 자매 이름은 기억해냈다. 그런데 정작 자신의 이름은 기억이 안 난다고 했다.

아버지의 직업을 물으니 자신의 아버지는 큰 증기선에서 일했는데 종종 집으로 파인애플을 가져왔다고 말했다(그의 아버지가 이 파인애플을 증기선에서 가져 온 것인지 아니면 외국에 갔을 때 가져 온 것인지는 확실하게 말하지 않았다). 란지트는 아버지가 일하는 증기선으로 아버지의 점심을 갖고 간 것을 기억하고 있었다. 그의 집은 언덕 꼭대기에 따로 떨어져 있었고 다른 집들은 언덕 기슭에 있었단다. 그는 덧붙이기를 가끔 그는 아침에 스웨터와 코트를 입고 난로 가로 갔는데 그 이유는 정원과 길에 얼음이 있었기 때문이란다(이것은 전생에 자신이 살던 곳은 스리랑카와는 달리 추운 곳이라는 것을 암시하는 것 같다–저자 주). 그는 말하길, 때때로 마차가 와서 그 얼음을 가져갔다고 해 그때 왔던 마차가 엔진으로 가느냐고 물으니 그는 엔진이 아니라 말이 끌고 있었다고 대답했다.

그는 또 자발적으로 덧붙여 말하길 자신은 전생에 불교도가 아니고 기독교도였는데 매주 일요일 마다 동기들을 오토바이 뒷좌석에 태워서 교회에 갔다고 한다. 당시 자신과 엄마는 피부가 창백할 정도로 하얗다고 주장했는데 엄마가 무엇을 입고 있었냐고 묻자 그는 그녀가 스리랑카 여인들이 많이 입는 사리가 아니라 스커트와 재킷을 입었다고 대답했다. 그때 무슨 과일을 먹었냐고 묻자 그는 포도와 사과라고 답했다.

란지트의 아버지는 지금까지 란지트가 말한 것들은 그의 가족 내에서 결코 이야기된 적이 없는 것이라고 확실하게 말했다. 예를 들어, 란지트는 집 바깥에 얼음이 있었다고 했는데 자연에 얼음이 있다는 것은 스리랑카 같은 더운 나라에서 태어난 어린 아이는 전혀 알 수 없는 것이다. 또 스리랑카에는 말이 끄는 마차가 아주 드물어 란지트가 그것을 보았을 리가 없다. 이런 마차에 대해 그가 학교에서 배웠을 리도 없다. 왜냐하면 이런 대화는 란지트가 학교에 가기 전에 이루어졌기 때문이다. 란지트가 이에 대한 정보를 동기간을 통해 들을 수도 있었겠지만 스리랑카에 사는 아이들은 보통 이런 주제를 가지고 말하지 않는다는 것이 스티븐슨의 의견이었다.

란지트의 4번째 생일날 그의 아버지는 그를 위해 특별 이벤트를 준비했다. 지역 라디오 방송국에 돈을 내고 그의 생일을 축하하는 방송을 짤

막하게 해달라고 부탁한 것이다. 사실 이것은 가족들이 짠 것인데 그의 누나가 그에게 '이번 너의 생일에 영국에 있는 너의 (전생의) 엄마가 방송으로 너에게 생일 축하를 해줄 것이다'라고 전했다. 그날이 되자 오후 5시에 방송에서 란지트의 전생 엄마 역을 한 사람이 정확한 영국 악센트로 오늘이 란지트의 생일임을 밝혔다. 그러자 란지트는 손으로 입을 오므리면서 라디오를 향해 '엄마, 나 싱할라족의 가족 집에 있어요. 나 좀 그곳에 데려 가 주세요'라고 외쳤다. 곧 생일 축하 노래인 'Happy Birthday'가 흘러나왔는데 이 노래 중에 '달링(darling)'이라는 단어가 있었다. 노래가 끝난 뒤에 란지트는 노래한 사람이 자신의 엄마라고 하면서 엄마가 자기를 달링이라고 불렀고 가끔은 '스위트하트(sweetheart)'라고 불렀다고 말했다.

그때 그 자리에 있었던 란지트의 삼촌이 저 목소리가 네 엄마인 줄 어떻게 아느냐고 묻자 그는 자신의 엄마는 저렇게 부드럽게(softly) 말했다고 답했다. 그런데 스티븐슨의 분석에 따르면 이 단어는 미국이나 영국에서는 이런 의미로 쓰이지만 스리랑카 영어에서는 같은 상황에서 이 단어 대신 'slowly'라는 단어가 쓰였다고 한다(스리랑카 식의 영어가 조금 이상한 것 같다—저자 주). 그의 아버지는 이 'softly'라는 단어가 이렇게 쓰인다는 것을 란지트를 통해서 처음 알았다고 한다. 스티븐슨이 이런 예화를 포함시킨 것은 아마 란지트가 말하는 것이 진실에 가깝다는 것을 보이기 위함일 것이다. 란지트는 배우지도 않았는데 영미 식의 영어를 하고 있으니 이것은 그가 전생에 정말로 영국인이었을 것이라는 개연성을 더 높여주는 것이라고 생각한 것 아닐까?

몇 년이 지난 다음 란지트의 아버지는 그가 전생에 대해 잊어버렸을 것이라고 생각했다. 그런데 10대 초반에 란지트가 학교를 그만 두고 일을 하고 싶다고 했을 때 그의 아버지는 놀랐다. 그가 정비소에서 세차를 하고 싶다고 했으니 말이다. 란지트의 이 바람은 그의 아버지를 아주 힘들게 만들었다. 왜냐하면 미국이나 영국에서는 아이들이 어릴 때 학교에 다니면서도 일을 하지만 스리랑카에서는 학교를 다닐 수 있는데도 그것을 포기하고 차 닦는 것 같은 일을 하지는 않기 때문이다. 스리랑카에서는 이런 일이 그리 명예로운 일이 아니었지만 드 실바는 마지못해 란지트의 소원을 들어줬다. 그런데 정비소에 간 란지트는 놀랄 만큼 빠른 속도로 자동차 정비에 대해 배웠고 뿐만 아니라 자동차와 오토바이를 모는 법도 빨리 배웠다.

란지트가 18세가 되었을 때 그의 아버지는 그의 적성을 살리기 위해 그를 영국으로 보내 자동차 공학을 배우게 하면 어떨까 하는 마음을 갖게 되었다(그러고 보면 그의 아버지는 좋은 아버지였다–저자 주). 그의 아버지는 언제 란지트가 영국에 가면 좋을 지와 같은 구체적인 사안에 대해서는 확실한 생각 없이 그에게 이 생각을 전했다. 그러자 그동안 영국에 가고 싶은 마음을 전혀 누그러뜨리지 않고 있었던 란지트는 그의 아버지와 상의도 없이 영국 가는 배편을 예약해버렸다. 이에 그의 아버지도 할 수 없이 그가 떠나는 것에 동의했는데 송별 파티에서 란지트는 자신은 전생에 영국에서 살았다는 사실을 의심하지 않는다고 말했다고 한다. 전생의 기억을 전혀 잊지 않은 것이다.

영국으로 가는 배 안에서 란지트는 거기에 있는 영국인들과 아주 편안하게 지냈다고 한다. 또 런던에 가서도 시내를 즐겁게 별 어려움 없이 나다녔다고 보고하고 있다. 스티븐슨이 생각하기에 란지트의 경우가 인상적인 것은 란지트가 런던에 대해 잘 안다고 말한 것이 아니라 그가 런던이나 영국인들을 익숙하고 편안하게 느꼈다는 것이었다(런던에 대해 아는 것은 미리 공부하면 충분히 가능할 수 있다–저자 주). 란지트가 영국에서 편안함을 느꼈다는 것은 그의 아버지만 그렇게 말한 것이 아니라 그의 자매

(누나인지 여동생인지는 적혀 있지 않음)도 마찬가지였다. 그때 런던에 살고 있던 그의 자매 역시 그의 아버지에게 란지트가 런던 시내를 아주 용이하게 다니고 있다고 편지에서 밝히고 있다.

란지트는 이때 자신이 전생에 살았던 집이나 도시에 대해 기억이 되살아나기기를 바랐는데 그런 일은 일어나지 않았다. 그는 이곳에 살 때 자신이 일찍부터 자동차에 대해 훤히 알고 있었다는 증거를 더 보여주었다. 그는 스코틀랜드에서 열린 자동차 경주대회에 참가한 적이 있는데 이때 22명의 선수 가운데 우승을 했다고 한다. 더 놀라운 것은 당시 그만이 아시아 사람이었다는 것이었다.

란지트의 아버지가 영국인들에 대해 갖는 태도 여기서 스티븐슨은 갑자기 드 실바(란지트의 아버지)가 영국인에게 대해 어떻게 생각하는지에 대해 다루고 있다. 추측컨대 이것은 란지트라는 스리랑카 소년이 왜 영국인 행세를 하게 되었는가를 설명해보려고 이 부분을 넣은 것 같다.

스티븐슨이 보기에 드 실바는 영국인을 극도로 싫어하는 모습을 보였는데 이것은 대부분의 스리랑카 사람들이 갖는 태도라고 한다. 이렇게 된 이유는 스리랑카가 1796년부터 1948년까지 영국 식민지였다는 데에서 찾을 수 있을 것이다. 그런데 드 실바의 경우는 다른 스리랑카 사람들보다 영국인들에 대한 혐오도가 더 심했다고 한다. 왜냐하면 그의 가족 안에는 자기 아들(란지트)이 그가 싫어하는 영국인 행세를 하고 있었기 때문이다.

그런데 스티븐슨이 보기에 드 실바가 영국에 대해 갖는 태도는 혐오스러운 것만은 아니었다. 그는 스티븐슨에게 자신이 1932년부터 1950년까지 꾸었던 일련의 꿈에 대해 이야기했다. 그는 5개의 꿈을 아주 세세하게 설명했는데 그 꿈 안에서 자신은 영국을 지배하는 사람들, 즉 조지 5

세나 에드워드 8세, 조지 6세 같은 사람들과 친밀하게 대화를 나눴다고 말했다. 그런데 그 관계가 그저 친밀한 정도를 넘어서 아주 가까웠던 모양이었다. 그 꿈에서 드 실바는 어떤 왕을 소개받기도 하고 다른 왕과는 손을 잡고 또 다른 왕을 위해서는 음식을 준비했다고 하니 말이다. 드 실바는 이런 꿈을 꾸고 이 같은 태도가 자신이 의식적으로 영국인에 대해 갖고 있던 배타감정과 상치되어 매우 곤혹스럽다고 말했다고 한다. 그의 이런 태도들은 아마도 그가 영국인들에 대해 갖는 또 다른 면일 것이다. 즉 그는 영국의 왕실로 상징되는 영국의 부나 의례, 힘, 장엄 등을 부러워하고 자신을 그것과 동일시하고 싶었던 것이다. 스티븐슨이 이 사례를 설명하면서 드 실바가 이 같은 꿈을 자주 꾸었다는 사실을 넣은 이유는 그가 다음에 첨가한 자평(comments)에서 찾을 수 있다.

자평 여기서 스티븐슨은 먼저 드 실바가 어떤 다른 목적을 위해 란지트에 관한 이야기를 지어냈다고 생각하지는 않는다고 밝히고 있다. 그렇게 생각할 수 있는 근거는, 전혀 싱할라 족의 아이 같지 않은 태도를 취하고 자기는 다른 집단에 속해 있다고 주장하는 아웃사이더(란지트)가 자기 가족에 있다고 밝히는 것은 그에게 결코 자축할 만한 일이 아니기 때문이라는 것이다.

그런데 영국인에 대해 갖고 있던 드 실바의 양가적인 태도의 입장에서 보면 스티븐슨은 그가 란지트의 (영국적인) 태도를 왜곡해서 해석할 수 있을 것이라고 생각했다. 드 실바는 앞에서 본 것처럼 무의식적으로는 영국적인 것을 좋아하고 있었기 때문에 란지트가 영국적인 모습을 보였을 때 다른 사람들보다 더 란지트를 영국적으로 보았을 수도 있다는 것이다. 그러니까 드 실바는 영국적인 특징에 대해 매우 민감한 상태에 있었다고 말할 수 있다는 것이다. 그래서 그의 아들이 영어를 빨리 배우는 것처럼 보이면 이것을 다른 객관적인 관찰자보다 더 확대해서 해석할 수 있다는 것이 스티븐슨의 견해였다. 그런 관점에서 보면 드 실바가 자기 가족 안에 영국인이 있다는 생각으로부터 무의식적인 만족감을 얻고 있다고 상상할 수도 있을 것이다. 이것은 그의 꿈이 말해주고 있다. 그러나 그렇다고 해서 그것이 란지트가 말한 영국에서의 전생 기억을 다 설명해주는 것은 아니다. 다시 말해 란지트가 실토한 영국에서의 수많은 전생 기억은 드 실바가 모두 지어낸 이야기라고 볼 수는 없다는 것이다.

스티븐슨은 여기서 이 예는 '강요된 정체성(imposed identification)'이라는 가설로 설명할 수도 있다는 가능성을 조심스럽게 제시하고 있다. 이 이론에 따르면, 부모들은 자기가 바라는 특질을 자식들에게 무의식적으로 강요해 특정한 인격을 갖도록 만드는 경우가 있다. 이 과정은 매우 미세하고 점진적으로 진행된다. 이를테면 부모가 원하는 인격대로 행동하면 일정한 보상을 주고 그것과 다르게 행동하면 벌을 주는 것 등이 그것이다.

스티븐슨은 이를 설명하기 위해 한 예를 든다. 자기 아들이 여자아이처럼 되기를 바라는 부모가 있다고 치자. 그러면 이 부모는 여자 아이가 되는 것을 바라지 않는 아들이 동성애자로 발전할 때까지 여성적인 면을 발전시키게 만들 것이다. 이렇게 하는 과정에서 부모는 아이로 하여금 자신들이 바라는 언행이나 태도를 하게끔 (무의식적으로) 촉진시키고 있다는 사실을 모를 수 있다. 그러면서 스티븐슨은 이런 가정이 란지트의 경우처럼 인격이 완전하게 바뀌는 사례를 설명할 수 있을지는 잘 모르겠다고 의문을 표했다. 동시에 스티븐슨은 란지트의 경우는 이 이론으로 설명하기보다는 환생론으로 설명하는 게 더 나을 것이라는 견해를 조심스럽게 피력했다.

스티븐슨의 이 같은 연구 태도는 우리로 하여금 그의 연구 결과를 더 믿을 수 있게 해준다. 한 예를 가지고 단순하게 '이것은 환생의 명백한 예이다'라고 하기보다는 다른 심리학적인 요인을 가지고 설명을 시도하는 것은 대단히 바람직한 학문적 태도라 하겠다. 란지트의 사례 같은 것을 접하면 누구든지 '이것은 명백한 환생의 사례이다' 라고 하고 싶을 터인데 스티븐슨은 냉정하게 판단해서 환생 같은 초자연적인 설명이 아니라 '강요된 정체성' 같은 심리학적인 개념으로도 설명될 수 있다는 가능성을 제시했다. 초자연적인 설명 대신에 과학적이고 객관적인 설명이 가능하다면 그것을 마다해서는 안 된다. 따라서 우리는 계속해서 스티븐슨처럼 이런 비판적인 태도를 견지하면서 환생의 문제에 접근해야 할 것이다.

여기까지 설명하고 스티븐슨은 마지막으로 앞의 예에서처럼 란지트가 이후에 어떻게 됐는지에 대해 서술하고 있다.

란지트 마칼란다의 뒷이야기 1966년 7월 스티븐슨은 란지트의 아버지와 면담한다. 그때 란지트는 23살이었는데 그가 마침 다른 도시에 있어서 그와 만나지는 못했다고 전했다. 당시 드 실바에 따르면 란지트는 여전히 가족들에게서 유리되어 있었고 싱할라 소년(청년)처럼 행동하지 않았다고 한다. 란지트는 영국인들과 같이 있는 것을 좋아해 영국 손님이 오면 돈도 받지 않고 그들을 자동차로 안내했다고 한다. 그런가 하면 드 실바는 스티븐슨에게 란지트가 영국에 있는 2년의 거주 기간 동안 그곳 생활에 대해 완전히 만족한 것은 아니라고 전하기도 했다.

1968년 3월 스티븐슨은 드디어 란지트(26세)를 만나 오랫동안 이야기를 나누었고 드 실바와도 면담을 가졌다. 그때 란지트는 콜롬보에 있는 렌터카 회사에서 일하고 있었는데 자동차에 대한 흥미를 되찾았다고 전했다. 그는 여전히 영국에 대해 사모의 마음을 갖고 있었지만 노쇠한 부모를 돌봐야 한다는 생각 때문에 영국으로 가지는 않겠다고 말했다. 또 그는 영국에서 있었던 2년은 자신의 일생 중 가장 행복했던 기간이었다고 말했다(그런데 이것은 앞에서 그의 아버지가 말한 것과는 상치된다). 그는 여전히 서양 음식을 좋아했는데 예를 들면 밥보다는 빵이나 버터를 더 좋아하는 것이 그것이다. 그래서 여유가 생기면 그는 콜롬보에 있는, 서양 방문객들이 많이 찾는 호텔에 가서 서양 음식을 즐겼다고 한다.

란지트는 말하길 자신에게는 싱할라어보다 영어가 더 편하다고 했는데 그가 사용하는 영어의 문법은 싱할라어 문법보다 나았다. 스티븐슨이 보기에도 란지트가 쓰는 영어는 대부분의 스리랑카 사람들이 영어를 구사할 때 나타나는 억양이나 리듬이 적게 나타났다고 한다. 그렇지만 스티븐슨은 란지트의 부모가 서로 영어를 사용했고 콜롬보에서는 영어가 광범위하게 사용되고 있었을 뿐만 아니라 란지트가 영국서 2년을 살았다는 것을 반드시 기억해야 할 것이라고 말했다. 이 경우에 스티븐슨이 주장하고 싶었던 것은 란지트가 단지 영어 쓰기를 좋아했다는 것이지 그가 전생에 영국인이었기 때문에 다른 스리랑카 사람들보다 영어를 더 원어민처럼 사용했다고 주장하려는 것은 아니라는 것이다. 스티븐슨은 여기서 또 확대해석하는 것을 경계한 것이다. 하기야 란지트가 영어를 원어민처럼 구사하는 것은 굳이 전생으로 가지 않고 얼마든지 이생의 영향으로 해석할 수 있으니 스티븐슨의 지적은 정당하다고 하겠다.

다음의 이야기도 재미있다. 란지트는 자신이 어려서부터 동물을 죽이고 싶은 욕구를 강하게 갖고 있었던 것을 기억한다고 말했다. 그는 지금도 스리랑카의 밀림에서 동물을 죽이는 것을 좋아하는데 이것은 명백히 스리랑카 사람들이 믿는 불교의 계율(불살생 계율)에 어긋나는 것이다. 그래서 그는 그 욕구를 자제하려고 했지만 제대로 되지 않았다고 한다. 그의 이러한 태도는 어떻게 설명할 수 있을까? 이에 대한 한 가지 해석은, 이 태도는 그가 동물 살육을 금하지 않는 기독교를 믿었던 전생의 영향이고 더 나아가서 동물 사냥을 열정적으로 즐기던 영국인으로 살 때 생긴 전생의 습력이라는 것이다. 스티븐슨은 이 정도의 해석만 남기고 자신의 의견은 더 이상 밝히지 않고 있다.

1970년 11월 스티븐슨은 드 실바와 란지트를 또 만난다. 그때 드 실바는 란지트가 여전히 싱할라 사회에 적응하지 못하고 영국적인 것을 고집하고 있다고 전했다. 란지트가 고집하고 있는 영국적인 것은, 예를 들면, 란지트는 외출할 때 스리랑카인들이 잘 입는 '사롱'이라는 옷을 결코 입지 않았다고 한다. 여기서 강조해야 할 것은 '결코'인데, 왜냐하면 스리랑카의 고위학력자들이 보통 때는 양복을 입지만 외출할 때에는, 가끔씩 이 사롱을 입기도 하는데 란지트는 결코 입지 않았기 때문이라고 스티븐슨은 전하고 있다. 란지트는 1970년에 기독교 교회가 지원하는 자동차 연구 기관 같은 데에 강사로 취직되어 자동차와 관계된 일을 계속 했다고 한다.

그는 또 자신이 9살 경에 불교도 되기를 포기하고 기독교도가 되려고 노력했던 것을 기억하고 있었다. 그래야 음식을 가리지 않고 자유롭게 먹을 수 있고 기독교식의 의례를 지내는 게 불교 것보다 더 용이하다고 생각했기 때문이란다(기독교의 예배를 볼 때에는 불교 법회 때처럼 신발을 벗지 않아도 되니 이런 것이 편하다고 했다). 그러나 그렇다고 해서 이것이 전부 전생에서 오는 습력때문이라고 할 수는 없다고 스티븐슨은 밝히고 있다. 왜냐하면 란지트는 기독교 계통의 학교를 다녔기 때문에 그 시절 그의 기독교 친구들로부터 영향을 받았을 수 있기 때문이다.

스티븐슨이 조사한 사례 가운데 자신이 전생에 유럽인이나 미국인이었다고 주장하는 아시아 어린이들은 스리랑카 같은 더운 아시아 나라의 기후에 대해 불평을 많이 했다고 한다. 그래서 스티븐슨이 란지트에게 스리랑카의 기후가 어떠냐고 물었더니 그는 자신이 살고 있는 칸디 지역은 자신에게 적합하다고 대답했다(칸디는 고지대라 보통 기온이 서늘하단다). 이것은 그의 아버지가 전한 것과 일치했다. 그의 아버지도 란지트가 스리랑카의 기후에 대해서는 한 번도 불평한 적이 없다고 전했기 때문이다. 그러나 란지트는 자신이 태어난 코테의 기후는 너무 덥다고 했다고 한다. 이 정도만 이야기하고 스티븐슨은 이런 란지트의 행동이 어떤 의미를 갖는지에 대해 더 이상 언급하지 않았다. 전생을 기억하는 다른 아이들은 기후에 대해 불평을 많이 하는데 란지트는 그런 불평을 하지 않으니 그의 전생 기억에 대해 의심해볼 수 있다는 이야기도 없었다. 그저 란지트가 서늘한 지역에 살고 있어 기후에 대해 불평을 하지 않았다는 말과 그에 비해 코테의 기후는 너무 덥다고 했다고만 전하고 있다. 따라서 란지트의 이 발언은 그의 전생을 탐색하는 데에 그다지 도움이 안 되는 것 같다.

마지막으로 스티븐슨이 란지트에게 던진 질문이 재미있다. 그는 란지트에게 전생에 기독교도로 자신을 기억하고 있는데 이번 생에는 왜 불교 집안에 태어났느냐고 물었다. 그런데 란지트는 그에 대한 답변보다는 자신의 전생에 대해 추측하면서 이렇게 말했다고 한다. 즉 자신은 영국의 조종사였는데 코테 근처에서 떨어져 죽은 것 같다는 것이다. 영국공군기지는 코테에서 1마일 반 정도 떨어져 있었는데 실제로 2차 세계대전 때 영국 전투기들이 추락해서 몇몇의 영국조종사들이 그곳에서 죽었다고 한다. 이 같은 란지트의 추측은 그가 자동차를 좋아하고 나는(flying) 것을 매우 좋아하는 것과 통하는 바가 있다고 스티븐슨은 자신의 견해를 밝혔다. 그는 언제나 조종사가 되는 것을 꿈꿨는데 그렇게 할 수 없었던 것은 훈련할 때 드는 비용을 댈 수 없었기 때문이었단다(그래서 돈이 안 드는 자동차 기계공이 된 것인가?—저자 주).

이렇게 해서 란지트의 사례가 끝이 나는데 우리는 이 사례에서 지금까지 환생 문제와 관련해 접해 왔던 기본적인 정보와 맞지 않는 부분이 눈에 띠는 것을 알 수 있다. 이 사례뿐만 아니라 스티븐슨이 조사한 사례에는 우리가 환생에 대해 갖고 있는 기존의 지식과 상충하는 경우가 종종 있다. 이제 그것에 대해 잠시 살펴보고 이 사례에 대한 소개를 마칠까 한다.

필자의 평 – 알기 힘든 카르마 법칙의 운용

란지트는 왜 전생의 나라인 영국이 아닌 스리랑카에서 환생했을까?

앞선 사례인 프라카슈의 예에서는 '영혼'들이 영계에서 얼마나 체류하는가에 대해 보았는데 이번에는 주제의 방향을 바꾸어 어떤 인연을 만들어 환생하는가에 대해 보자. 여기서 가장 먼저 던질 수 있는 질문은 란지트가 만일 전생에 정말로 영국의 비행기 조종사였다면 왜 영국에서 환생을 하지 않고 스리랑카에서 환생을 했느냐는 것이다. 자신이 살던 나라에 환생하는 것이 문화적으로 적응하기 쉬울 텐데 왜 국적을 바꾸어서 태어났느냐는 것이다.

한 가지 질문이 더 있다. 설혹 그가 스리랑카에서 환생하기로 결정했다고 해도 이왕이면 기독교 집안에 태어나서 종교의 다름에서 오는 갈등을 줄이지 그렇게 하지 않은 이유가 무엇이냐는 것이다. 앞에서 본 것처럼 란지트는 불교보다 기독교를 더 좋아했던 모양이다. 따라서 환생을 할 때 이왕이면 기독교 집안에 태어났으면 자신이 훨씬 더 편했을 텐데 왜 스리랑카의 전통적인 불교 집안에 태어나서 갈등을 겪느냐는 것이다. 스리랑카에도 기독교를 믿는 가정이 꽤 있어 기독교 가정을 만나는 일은 어려운 일이 아니라고 한다.

그런데 스티븐슨이 조사한 다른 사례를 보면 란지트와 비슷한 사례들이 또 나온다. 앞에서도 잠깐 언급했지만 전생이라고 생각되는 때에 자신이 일본 병사였다고 주장하는 미얀마 아이 등이 이러한 예에 속한다고 하겠다. 이 사례에 대해서는 뒤에서 자세하게 다룰 예정인데 이 사례에 대해서도 우리는 똑같은 질문을 던질 수 있다. 왜 자신이 살던 나라에서 환생하지 문화적으로 너무나 다른 나라에서 환생했느냐는 것이다. 이런 질문을 던지는 이유는 이 사례가 보여주는 상황이 우리가 기존에 알고 있는 것과 다름을 보이기 때문이다.

기존의 지식에 따르면 이렇게 타지에서 사고 같은 것으로 죽는 영혼은 몸을 벗자마자 영혼 상태에서 곧 자신의 고향으로 향하게 된다. 이것을 란지트의 예에 적용시켜서 설명해보자. 이렇게 하려면 물론 란지트가 말한 것, 즉 그가 전생에 영국 조종사로 참전했다가 비행기 추락으로 죽었다는 것을 사실로 받아들여야 한다.

이런 경우에 대해 기존의 연구에서는 다음과 같이 설명을 했다. 조종사가 죽고 나서 영혼의 형태로 되면 그는 자동적으로 자기 나라에 있는 모친(혹은 아내)을 생각하게 된다. 그러면 그의 영혼은 지체 없이 자기 나라에 있는 고향집으로 날아가 모친을 보게 된다. 그때 만일 이 모친이 영적으로 예민한 사람이라면 아들의 영혼이 임재해 있는 것을 직감적으로 느끼고 아들에게 안 좋은 일이 생겼다는 것을 감지한다. 그런데 만일 그 자리에 개가 있으면 그 개는 영혼이 온 것을 느끼고 짖어대는 경우도 있다고 한다. 그 뒤에 그 영혼은 잠시 동안 자기와 가장 가까웠던 사람들의 주위에 있게 된다.

지금 여기서 살펴본 것은 필자가 임의로 만들어낸 이야기가 아니라 실제로 있었던 이야기이다. 이것은 근사체험 연구의 세계적인 권위인 칼 베커 교수가 전한 이야기이다. 그는 월남전에서 크게 다쳐 임상적으로 죽었다 살아나온 병사들의 이야기를 전했다.[74] 이 병사들은 전투 중 총알이나

74) Carl Becker(1993), 『Breaking the Circle: Death and the Afterlife in Buddhism』,

파편을 맞고 육체가 아주 많이 상했다. 육체가 많이 상하면 영혼은 자동적으로 육체를 빠져나간다. 이렇게 해서 육체를 빠져나간 이 병사의 혼은 미국에 있는 모친이나 아내를 생각하게 되고 그런 생각을 하자마자 그의 혼은 고향집으로 간다.

잘 알려진 것처럼 영계는 지상과 달리 시간과 공간의 제약을 받지 않는다. 이 세계를 지배하는 것은 생각이다. 생각에 따라 만나고 싶은 사람도 만나고 자기가 원하는 곳도 한 번에 갈 수 있다. 그러니까 부상당한 병사가 월남에서 미국 고향집을 생각하자마자 바로 그 집 앞에 당도한 것이다. 시간과 거리에 구애받지 않고 단번에 간 것이다.

이것을 란지트의 경우에 대입해보자. 위의 예를 따른다면 전생의 란지트는 조종사로 죽은 뒤에 영국에 있는 엄마를 생각하고 그리로 가야 한다. 그리고 그곳에서 자기가 잘 아는 사람들 사이에 있어야 한다. 그런 다음 만일 다시 태어나려 했다면 그곳에서, 혹은 그 주변에서 자신과 인연이 되는 사람의 자식으로 태어나면 된다. 그의 가족들은 그와 카르마로 많이 엮여 있을 것이기 때문에 그들 사이에 태어나는 것이 더 자연스럽다. 그런데 란지트의 경우에는 상황이 이렇게 전개되지 않았다. 그가 영혼 상태로 있을 때 영국에 있는 가족에게 갔는지 안 갔는지에 대해서는 언급하지 않았기 때문에 알 수 없다.

그러나 그는 영국에서 환생하는 것을 거부하고 이곳 스리랑카에 태어났다. 이 점이 이상한 것이다. 우리가 배운 바에 따르면 새로운 삶(몸)을 받을 때에 우리는 그 부모가 될 사람과 어떤 식으로든 카르마로 연결되어 있어야 한다. 그런데 영국 조종사였다고 하는 란지트는 이 스리랑카의 현세의 부모와 대체 어떤 카르마로 연결되어 있다는 말인가? 과거 다른 전생에서 란지트와 이번 생의 부모가 인연이 있었는지는 잘 모르겠지만 어

Southern Illinois 출판사, p.54.

떻든 란지트는 전생의 고국이었던 영국으로 가지 않고 자기가 죽은 곳과 가까운 곳에 있는 외국인의 집에 태어나기로 결정했다. 이것을 어떻게 해석하면 좋을까?

첫 번째 해석은 인연이란 반드시 과거에서만 찾을 것이 아니라 자신이 새롭게 만들어나갈 수 있다는 것이다. 란지트의 경우 그가 무슨 연유로 숙연(宿緣), 즉 과거의 인연인 영국에 환생하는 것을 거부하고 이번 생에 자기 몸이 위치하고 있던 스리랑카에서 다시 태어나려고 했는지는 모른다. 그러나 그 사정을 한 번 추정해본다면, 그는 과거는 과거라 생각하고 자신이 당시 소재하고 있던 스리랑카에서 새로운 삶을 개척하고 싶은 마음을 가졌는지도 모른다.

그런데 이런 견해를 받아들인다면 여러 의문이 생기는 것을 피할 수 없다. 란지트가 만일 자신이 선택해서 스리랑카 가정에 태어났다면 그의 행동거지에는 설명이 잘 안 되는 부분이 발견된다. 무슨 말인가 하면, 그가 현생을 선택해서 태어났다면 자신이 전생에 영국인이었음을 강하게 피력하고 영국에 돌아가고 싶다는 희망을 밝혀서는 안 된다. 그렇지 않겠는가? 자신이 스리랑카 사람이 되겠다고 결정하고 온 것인데 영국인으로 살았던 전생의 삶을 동경한다면 앞뒤가 안 맞는 것 아닌가? 그리고 앞에서 본 것처럼 그는 영국에 갔을 때 그곳의 생활을 즐기면서 영국인처럼 사는 것을 좋아했다. 이것도 이해되지 않기는 마찬가지이다. 그가 만일 자신의 자유의지로 스리랑카인으로서의 삶을 택했다면 스리랑카 문화와 분위기에 적응해야지 왜 이렇게 과도하게 전생에 집착하느냐는 것이다.

그런데 앞에서 본 것처럼 란지트는 이번 생의 삶보다 전생의 삶에 매달렸으니 이번 생은 그가 선택한 것이 아니라는 느낌을 강하게 받는다. 그래서 그런지 그의 이번 생 삶은 그다지 행복하게 보이지 않았다. 스리랑카 가정에 살면서 영국인 행세를 하느라 그는 가족에게서도 아웃사이더

취급을 받지 않았는가. 그래서 우리는 이런 사실들을 통해 그가 이번 생을 억지로 받았던지 아니면 자기도 모르게 떠밀려 왔던지 했을 가능성이 있을 것으로 추정해본다. 만일 이것이 사실이라면 이에 대해서는 어떤 추리가 가능할까?

란지트는 어스바운드(earthbound)였을까? 우리는 많은 영혼들이 죽음을 맞이했을 때 자신이 죽었다는 사실을 모르고 있는 경우가 있다는 것을 알고 있다. 이에 대해서는 필자의 책(2011)에서 상세하게 설명했으니 여기서는 생략한다. 상식적으로 생각하면 어떻게 사람이 자신이 죽었다는 것을 모를까 하겠지만 이 주제를 연구한 사람들에 따르면 의외로 그런 영혼들이 많다고 한다.[75] 이 공식을 란지트에게 주입해서 설명해보면 다음과 같은 시나리오가 가능할 것이다.

란지트는 전생에서 영국군 비행기 조종사로 살다가 스리랑카에서 비행기의 격추라는 경황이 없는 사고를 겪는 가운데 사망했다. 이런 경우는 차분하게 자신의 죽음을 맞이하는 경우와 많이 다를 것이다. 차분하게 침상에서 죽음을 맞이한다면 아마 자신이 죽었다는 사실을 알아차리기가 상대적으로 쉬울지 모르겠다. 이에 비해 비행기 추락 같은 대단히 큰 사고를 만나면 자신을 둘러싼 변화가 너무 심한 나머지 당사자가 정신이 황망해지고 혼미해질 것으로 추측할 수 있다.

이때의 상황을 한 번 추정해보면, 란지트는 비행기 추락으로 죽은 뒤 자신이 죽은 장소에서 자기가 죽은지도 모르고 있었을 것이다. 이른바 어스바운드(earthbound, 지박령, 地縛靈) 영혼이 된 것이다. 어스바운드란

75) 많은 영혼들이 그런 상태에 있다는 사실은 영화감독들을 자극하기에 충분했던 모양이다. 죽음에 관한 영화 가운데에는 이 주제에 관한 영화가 많기 때문이다. 그 대표적인 것만 보면, 미국 영화로는 "식스 센스", "디 아더즈(The Others)", "애프터 라이프(Afterlife)" 등이 있고 태국 영화로 "카르마"가 있다.

어떤 사람이 사고를 당해 죽었는데 자기가 죽은 줄도 모르고 그 장소에 매여 있으면서 그 주변을 방황하는 영혼을 말한다. 이렇게 되면 이 영혼은 다른 곳으로 가지 못하게 될 수 있다. 란지트의 경우 만일 그가 지박령이 되었다면 그는 자신의 고향인 영국으로 갈 생각을 하지 못할 가능성이 있다.

또 란지트는 그곳에 묶여 있으니 이곳을 떠나 영계로도 갈 생각을 하지 못한 것 같다. 우리가 육신으로 있을 때에는 이 물질계에 살아야 하지만 육신이 소멸되면 자연스럽게 영계로 가야 하는데 이런 지박령들은 그 사이의 중간지대에 어정쩡하게 머무르게 된다. 그러다 주변에 육신을 가진 사람이 나타나면 별 생각 없이 그를 따라가 그의 집에서 태어나는 모양이다. 따라서 란지트도 그런 상황에 있지 않았을까 하는 생각이다. 그런데 란지트의 경우에는 이번 생의 부모들과 어떻게 만났는지에 대한 설명이 없어 이 사정을 확실히 모르겠다.

내생의 부모를 어떻게 만나게 될까 – 지박령의 경우 그런데 란지트와 사정이 비슷하면서 그 수태의 상황이 소상히 밝혀진 사례가 있어 우리의 관심을 끈다. 스티븐슨의 또 다른 책인 『Reincarnation and Biology』의 제4장에서 스티븐슨은 자신의 전생이 일본군 병사였다고 주장하는 미얀마 아이 세 명을 사례로 다루고 있다. 그 중 첫 번째 사례에 이 수태되는 상황이 비교적 자세하게 설명되어 있어 그것을 간단하게 보기로 하자.[76)]

이 아이의 이름은 '우 틴 세인(이하 세인)'인데 그는 그가 태어난 도시 외곽에 있는 호수 근처에서 전생에 일본군 병사로 있다가 죽었다고 한다. 세인이 주장하기를 자신은 일본군 병사로 죽은 뒤 영혼의 형태로 호수 근처에 계속 있었다고 한다. 그러다 누가 호수로 오면 돌을 던져서 놀라게

76) pp.181-188.

한 적도 있었단다. 이를 두고 스티븐슨은 유령들이 시끄럽게 소리를 내는 폴터가이스트적인 행동이라고 했는데 그 진위 여부는 잘 모르겠다(영혼이 어떻게 물질인 돌을 던졌다고 하는 것인지 잘 모르겠다–저자 주). 이것은 우리가 자세히 보려고 하는 주제가 아니니 그냥 지나가기로 하자.

그 다음은 세인이 이번 생의 부모를 만나는 장면에 관한 것이다. 당시에 전쟁이 계속 되어 도시가 황폐해지자 땔감이 부족해졌다. 그래서 세인의 아버지가 될 사람이 마침 그가 어스바운드로 거하고 있는 호수 근처에 땔감을 수거하러 왔다. 그 사람을 본 이 일본군의 영혼은 그를 따라 그의 집으로 갔고 곧 그 남자의 부인의 자궁으로 들어갔다. 그렇게 해서 그가 출생했는데 환생한 그에게는 전생에 총알을 맞았던 상처 부위에 모반, 즉 birthmark가 있었다. 이렇게 태어난 세인은 자신이 전생에 일본군 병사였다고 하면서 일본 사람이 가짐직한 태도를 많이 보였다고 한다. 이에 대한 자세한 설명은 생략하기로 하는데 우리는 이 사례를 어떻게 이해하면 좋을까?

이 사례에 대해 우선 말할 수 있는 것은, 세인의 전생(일본군 병사) 영혼도 어스바운드일 가능성이 높다는 것이다. 그 이유를 들면, 총을 맞고 죽어 영혼이 된 다음에 그가 일본에 있는 가족들을 만나러 가지도 않았고 그렇다고 본격적으로 영계로 들어가지도 않았으니 말이다. 그 대신에 그는 자신이 죽은 호수 근처에 계속 머물렀다. 그러니 그의 영혼은 어스바운드가 될 조건을 다 갖춘 셈이 된다. 그런데 세인은 자신이 영혼의 상태로 있을 때를 기억한다는 점에서 특이하다고 하겠다. 그때 사람들이 이 호수에 오면 그들을 놀라게 하면서 장난을 쳤다는 것을 기억하니 말이다. 이렇게 자신이 영혼 상태로 있었을 때를 기억하는 사례는 스티븐슨이 든 예에서는 그리 많이 발견되지 않는다.

그런데 이 영혼이 미래의 부모를 만나는 장면이 재미있다. 어느 날 자신도 모르는 어떤 미얀마 사람이 땔감을 마련하기 위해 마차를 끌고 나타났는데 그냥 그의 뒤를 좇아 그의 부인에게 수태되었다고 하니 말이다. 이때 드는 의문은 다음과 같은 것이다. 세인이 영혼으로 있을 때, 다른 사람들이 왔을 때는 그들에게 돌이나 던지면서 놀려주는 데에 그쳤다. 그런데 미래의 아버지가 오니 아무 소리 하지 않고 그를 따라가서 자식으로 태어나게 되었다니 어떤 동기로 그렇게 했는지 심히 궁금하지 않을 수 없다.

다시 말해 왜 세인은 다른 사람이 아니라 이 미래의 아버지에게만 이끌렸느냐는 것이다. 과연 이 두 사람, 즉 세인과 그의 아버지는 어떤 인연 혹은 어떤 카르마의 관계가 있었기에 이번 생에 부자 관계를 맺게 되었는지 알 수 없다는 것이다. 그리고 스티븐슨이 조사한 아이들은 보통 국적을 달리 하지 않고 대부분 같은 나라에서 태어났는데 세인은, 그리고 란지트는 왜 국적을 달리 하면서 태어났는지 여간 궁금한 것이 아니다. 이것은 본인에게 물어보아야 알 수 있을 터인데 우리의 상황은 그렇게 할 수 없으니 그 답을 얻을 방법이 없다.

그런데 스티븐슨의 다른 책을 보면 이와 비슷한 예이면서 조금 내용을 달리 하는 것이 있어 소개해 보아야겠다.[77] 이 예도 2차 세계대전 때 미얀마에 주둔 중 죽었다가 미얀마 소녀 쌍둥이로 환생한 일본 병사 이야기이다. 이 일본 병사는 형제였는데 같은 부대에 있다가 1945년 4월에 영국군의 공격으로 죽음을 당한다. 그런 직후 그들은 일본에서 다시 태어나려 했는데 성공하지 못해 그들이 죽은 곳으로 다시 돌아왔다고 한다. 그리고 바로 그 지점서 100m 이내에 있던 가정에서 쌍둥이 소녀로 환생했다.

---

77) Stevenson(2001), 『Children Who Remember Previous Lives-A Question of Reincarnation』, McFarland & Company, Inc., 출판사, p.239.

이 사례도 앞의 사례처럼 검증된 것은 아니고 단지 이 소녀들의 주장에만 의존한 것이다(이런 사례들은 검증하고 싶어도 전생에 살았던 곳과 현생에 살고 있는 곳이 시대나 거리 면에서 너무 떨어져 있어 검증하기가 힘들다). 여기서 재미있는 것은 이들이 일단 일본에서 환생하려고 노력했다는 것이다. 그런데 이 책에는 이 이상의 설명이 없어 구체적인 상황이 어떻게 전개됐는지 알 수 없다. 영혼의 형태로 어떻게 일본에 갔다는 것인지, 일본의 누구에게 갔는지, 일본에서 환생하는 것이 왜 성공하지 못했는지 등등에 대한 상세한 설명이 없어 자세한 것을 알 수가 없다. 그러나 일본에 가려고 시도했다는 점과 그들의 환생 장소를 자신들이 죽었던 지점으로 잡았다는 점은 흥미롭다.

이처럼 사람들이 왜 특정 가족에 환생하는가와 같은 질문은 세인이나 지금 방금 본 소녀 쌍둥이에게만 던질 수 있는 것이 아니라 스티븐슨의 책에 나오는 대부분의 사례의 주인공들에게 던질 수 있는 질문이다. 왜냐하면 스티븐슨의 사례들을 보면 대부분의 주인공들은 죽으면 대체로 몇 킬로 내지 몇 십 킬로 떨어진 데서 환생하는데 일단 보기에는 별 인연이 없는 가정에서 태어나는 경우가 꽤 있기 때문이다. 이런 경우 도대체 어떤 인연으로 다음 가정에 가서 태어나는지 알 수가 없다. 다른 여러 전전생 등에서 무슨 인연이 있었는지는 알 수 없는 일이지만 일단은 직전생만을 놓고 볼 때 이 두 사람, 즉 아이와 그 모친 사이에는 별 인연이 없어 보이는 경우가 있다. 이렇게 되면 카르마 법칙이 무색하다. 보통은 반드시 일정한 인연이 있어야 어떤 사람을 만날 수 있고 더 나아가서 가족도 될 수 있는 것이라고 카르마 법칙은 말하는데 스티븐슨의 예에서는 이런 모습을 보이지 않는 예가 있으니 어떻게 이해해야 할지 모르겠다.

부모 자식 간의 관계가 만들어지려면? 이 문제에 대해 스티븐슨이 나름대로 설명을 시도하지 않는 것은 아니다. 그의 주장에 따르면 어떤 사람이 환생할 때에 그 사람은 내생의 부모들과 어떤 형태로든 연결되어 있다고 한다. 이것을 두고 그는 나름대로 공식을 만들었는데 전생의 주인공이 다음 생에서 어떤 일정한 사람과 인연을 맺고 더 나아가 그의 자식으로 태어나는 데에 적용되는 공식이 그것이다. 스티븐슨은 이를 두고 '두 사람이 아는 기간이 길수록, 그 아는 정도가 강할수록 이 두 사람이 연결될 확률이 높아진다'[78]는 공식을 만들었다.

그런데 그것으로 설명이 되는 경우가 있고 그렇지 않은 경우도 있어 무엇이라고 일률적으로 말하기는 힘들 것 같다. 특히 앞에서 본 일본군 병사들의 경우처럼 전혀 인연이 없어 보이는 사람을 부모로 택하는 것 같은 사례를 어떻게 설명할 수 있을지 모르겠다. 그래서 필자가 개인적으로 작은 결론을 내보면, 어떤 사람들이 부모 자식의 관계가 되는 것은 물론 많은 인연이 있어야 가능한 것이겠지만 별 인연이 없는 사람을 부모로 해서 태어나는 경우도 있다고 해야 하지 않을까 싶다.

이것을 조금 다르게 표현하면, 인연은 과거로만 연결되는 것이 아니라 새로운 인연을 만들 수도 있다는 것이다. 그러나 그렇다고 해도 어떤 영혼이 왜 그 특정한 가정에 태어나게 되는지는 여전히 미지수로 남아 있다. 자기가 태어나고 성장하게 될 가정을 선택할 때 과연 어떤 기준으로 하는 것인지 궁금하다는 것이다. 몇몇 사례를 보면 당사자가 미래의 엄마의 꿈에 나타나 앞으로 당신의 자식으로 태어날 것이라고 암시하는 경우가 있는데 이때에도 어떤 기준으로 그 엄마를 택하는 것인지 궁금하다.

이처럼 꿈에 예시하는 경우도 있지만 어떤 경우에는 본인이 살아 있을 때 자신이 죽으면 자기 집안이나 어떤 집안에 태어날 것이라고 예언하는 경우도 있다. 예를 들어 할아버지가 죽기 전 자신은 지금 아들의 자식으

78) 앞의 책, p.236.

로 다시 태어날 것이라고 말하는 것이 그것이다. 그런데 그냥 이렇게 이야기만하면 나중에 그 집에 태어나더라도 증거가 없으니 증거가 될 만한 것을 예시해준다. 예를 들어 지금 자신이 쓰고 있는 물건을 주면서 그것을 갖고 있으면 자신이 다시 태어났을 때 그것이 무엇인지 알아맞혀 보겠다고 하는 것이나 혹은 다시 태어날 때 어떤 선천적 모반(birthmark)을 갖고 태어날 터이니 그것으로 자신을 알아보라는 것이 그것이다. 이 경우 드는 의문도 앞에서 제기한 의문과 같다. 이렇게 사람들이 자신이 환생할 때 태어날 가정을 임의로 결정하는 일이 가능하느냐는 것이다. 불교 같은 인도 종교에 따르면 이처럼 자기가 갈 자리를 자기가 정해서 가는 것은 보살처럼 영적으로 대단히 높은 존재들만 가능한 것인데 이런 보통 사람들이 자기의 출몰을 자유로 하니 이상한 것이다.

이외에도 여러 의문이 있는데 여기서는 이 정도만 하고 뒤에서 두 번째 책을 다룰 때 이 의문과 관계해서 여러 의문들을 보아야 하겠다. 전생의 마지막 순간에 입은 상처가 후생의 몸에 나타난다는 것을 다룬 두 번째 책에서는 더 설명하기 힘든 예들이 많이 나오니 그때에 더 많은 질문을 했으면 좋겠다. 첫 번째 책에는 그래도 상호 교차 검증 등의 방법으로 전생을 기억하는 아이의 주장이 대단히 그럴 듯하다는 것을 증명할 수 있었지만 두 번째 책에 나오는 예들은 그보다 훨씬 더 복잡할 뿐만 아니라 증명하기 힘들어 다른 질문을 던질 수 있을 것으로 생각된다.

스티븐슨은 이 책의 마지막을 일반 토론(general discussion)이라는 장으로 끝내는데 이에 대해서는 앞에서 이미 다루었다. 이 부분은 전생을 기억하는 아이들의 체험을 어떻게 이해하면 좋을까에 대한 것으로 그는 여기에서 이 현상을 설명할 수 있는 여러 방법들을 다시 소개하고 있다. 앞에서 이미 본 것처럼 이 체험을 아예 사기로 볼 수 있고, 혹은 잠복기억이나 초능력, 빙의, 최면 등을 이용하여 설명해볼 수 있다고 했는데 그는 이런 것들보다는 환생이라는 개념으로 보는 게 가장 좋은 설명이 아닐까 하는 의견을 밝히고 있다. 이런 태도는 그의 연구에서 시종일관되는 것이라 더 논의할 필요 없겠다. 사정이 어떻든 인간의 삶과 죽음이 관계된 일, 그 중에서도 삶과 삶을 넘나드는 환생에 얽힌 문제는 참으로 복잡해 완전하게 아는 것이 대단히 힘든 일이라는 것으로 이 장의 설명을 마쳐야겠다.

2) Reincarnation and Biology(환생과 생물학)[79)]

이 책은 이 계통의 연구 가운데 아주 독보적인 것이라고 할 수 있다. 이 책의 내용에 대해서는 앞에서 간략하게 소개했다. 해당자가 전생이라고 생각되는 생에서 살인이나 사고사처럼 충격적인 방법으로 죽었을 때 그 때 입은 상처가 다음 생에서 모반이나 선천적 장애 등으로 나타났다고 여겨지는 사례를 조사한 것이다. 예를 들어 당사자가 총에 맞아 죽었으면 탄환의 흔적이 이번 생의 몸에서 보이고 칼에 찔려 죽었으면 그 찔린 흔적이 새로운 몸에 나타나는 것 등이 그것이다. 이런 주제를 가지고 스티븐슨처럼 광범위하게 연구한 학자가 없기 때문에 이 책이 독보적이라고 한 것이다.

스티븐슨도 연구하는 초기에는 이 주제를 생각하지 못했을 것이다. 그는 처음에는 단순히 전생을 기억하는 아이들만을 대상으로 연구했는데 그러는 가운데 그는 이 아이들에게서 이상한 점을 발견했을 것이다. 즉 전생을 기억한다고 하는 아이들의 몸에 나 있는 모반이나 장애의 모습들

79) 이 장에서는 이 책의 축약본인 『Where Reincarnation and Biology Intersect(환생과 생물학이 교차하는 곳에서)』도 같이 다룰 것이다.

이 그들이 직전생에 죽을 때 갖게 된 몸의 상처와 일치하는 것으로 보였기 때문이다. 스티븐슨은 다른 책에서[80] 전생에서 예기치 못한 끔찍한 사고를 겪은 아이일수록 전생을 기억할 확률이 높다고 말하고 있다. 이것은 충분히 이해될 수 있는 것이 자신이 예기치 못한 엄청난 사고, 예를 들어 갑자기 총을 맞든가 칼에 찔리면 그 충격이 커 당사자의 마음에 깊은 상흔을 남길 것이라고 예측할 수 있다. 그러면 그 기억은 스티븐슨이 말하는 '사이코포어', 즉 전생의 기억을 담지하고 있는 매체에 저장되어 다음 생으로 전해지고 그 생의 몸에서 발현될 수 있다.

이처럼 스티븐슨은 전생을 기억하는 아이들을 조사하는 과정에서 전생에 있었던 사고가 금생의 몸에 모반이나 선천적 장애를 가져온다는 것을 발견하고 이 주제에 대해 전문적으로 연구하기 시작했다. 그래서 그 결과가 바로 이 책인 것이다. 앞에서 소개한 것처럼 이 두 책 가운데 앞의 책은 원본이고 각주에 소개한 책은 그것을 축약한 것이다. 원본이 너무 방대하다 보니 원본을 내는 해에 일반 독자들을 위해 축약본을 같이 낸 것이리라. 원본이 방대하다함은 총 2268쪽으로 되어 있는 것으로 알 수 있고 하도 양이 많으니까 그것을 이처럼 방대한 책 2권으로 냈다. 양이 이렇게 방대할 수밖에 없는 것은 이 책에서 다룬 예가 225개에 달했기 때문이다. 이 예들을 그가 하는 방법으로 일일이 분석했으니 이렇게 양이 많아진 것이다. 그가 분석하는 방법은 앞의 책(Twenties Cases...)을 다룰 때 이미 보았다. 그런 식으로 주밀하게 분석하니 양이 많아질 수밖에 없었을 것이다. 이 책에 나오는 예가 엄청나게 많지만 결국은 전생을 기억하는 아이들의 몸에 생긴 모반과 선천적 장애에 대한 이야기들이다. 이 모반과 선천적 장애라는 두 주제만 다루었는데도 양이 이렇게 많아진 것은 각 사례들이 부분적인 데에서 조금씩 다르기 때문이다.

80) Stevenson(2001)의 제7장에서 이 점에 대해 상세하게 다루고 있다.

예를 들어 어떤 사례는 그 아이가 주장하는 전생의 인물이 살던 곳을 찾아 가서 그가 한 말이 사실인지 아닌지를 확인할 수 있었는가 하면 또 어떤 경우는 그렇지 않은 경우도 있어 그런 것들을 다 포함시키다 보니 양이 많아진 것이다. 그런가 하면 어떤 예는 전생에 입었던 상처와 똑같은 자리에 이번 생에 모반이 생겼지만 그렇지 않은 경우도 있었다. 우리의 기대와는 달리 모반은 전생에 입은 상처에 의해서만 생기는 것은 아닌 모양이다. 가령 전생의 인물이 죽었을 때 그 시신에 석탄 같은 것으로 표시를 해두면 다음 생에 받는 몸에 모반이 생기기도 한단다. 또 임신 중에 있는 여성이 만일 큰 장애가 있는 사람을 보고 큰 충격을 입었다면 그 사람의 장애가 태아에 옮겨와 장애아를 낳을 수도 있다고 밝히고 있다. 이렇게 수없이 다양한 예를 설명하다 보니 이 책의 양이 엄청나게 많아진 것인데 그렇다고 그 분석 틀이 달라질 것은 아니다.

그런 까닭에 우리는 이 책을 처음부터 끝까지 꼼꼼하게 훑지는 않을 것이다. 그 대신 주제 별로 나누어 볼 터인데 이 책의 주요 내용은 축약본을 통해 충분히 숙지할 수 있었다. 축약본은 전체가 203쪽으로 구성되어 있으니 원본을 거의 1/10 수준으로 줄인 것인데 이 책에서는 사례들을 줄여서 정리했을 뿐만 아니라 스티븐슨이 행한 복잡다단하고 용의주도하고 면밀한 분석 과정을 생략했기 때문에 양이 이렇게 줄어든 것이다. 그러나 스티븐슨이 행한 연구의 핵심은 다 들어 있기 때문에 필자도 이 책에 많이 의존했다.

원본은 자료집처럼 매우 자세하게 서술되어 있어 스티븐슨의 연구를 처음 접하는 사람들에게는 오히려 이 책이 그의 연구를 이해하는 데에 방해가 될 것 같다(과연 이 원본을 처음부터 끝까지 읽은 사람이 얼마나 될지 모르겠다). 그러나 대표적인 사례는 원본의 것을 그대로 소개하되 요약해서 보여줌으로써 필자는 스티븐슨이 행한 연구를 꼼꼼하게 보여주려고 노력했다. 이제 그의 방대한 책에 대해 순례를 떠나자.

이 책의 구성과 내용

이 책은 쪽수도 방대하지만 장의 수도 26개나 달한다. 장이 많기는 하지만 모두 다른 내용을 다루는 것이 아니라 크게 보아 두 부분, 즉 모반과 선천적 장애를 다루는 두 부분으로 되어 있음을 알 수 있다. 그러나 각각의 예가 내용 면에서 조금씩 다른 점이 있어 스티븐슨은 세분해서 장을 많이 나눈 것이다. 앞서 밝힌 대로 우리는 그 내용을 장 별로 보는 것은 번거로워 피하고 주제별로 크게 나누어서 볼 것이다. 그 내용을 보면서 스티븐슨이 든 예 가운데 환생에 대한 우리의 이해를 돕고 그 지평선을 넓혀 주는 게 있으면 지면이 허용하는 대로 그 사례들을 소개해보려고 한다.

(1) 산모의 마음 이미지(mental image)가 태아의 몸에 주는 영향

스티븐슨은 이 책의 앞부분(제2장)을 '마음 이미지'에 대한 소개로 시작한다. 이것은 우리의 생각에 대한 것이다. 우리가 마음에 생각하는 것이 있으면 어떤 것은 단지 마음에만 머무는 데에 그치지 않고 육체에 변화를 가져온다고 한다. 우리는 보통 마음으로 무엇을 생각하면 그것이 생각으로만 그치고 아무 흔적도 남기지 않는다고 여기기 쉽다. 그러나 그렇지 않은 경우가 왕왕 있는 것을 알 수 있는데 그것은 우리의 생각이 우리의 몸을 변화시키기 때문이다.

스티븐슨이 이 주제를 가장 먼저 논의한 것은 이 주제가 자기의 연구와 직결되어 있기 때문이다. 환생론에 따르면 우리의 영혼은 몸을 달리 하면서 지상에 태어난다. 그런데 새로운 몸은 영혼에 있는 전생 정보의 영향을 받아 형성된다. 이때 말하는 영혼은 스티븐슨의 용어로 하면 '사이코포어'인데 여기에는 전생에 대한 많은 정보가 실려 있다. 바로 이 정보 때문에 아이가 자신의 전생을 기억해낼 수 있는 것인데 그와 같은 원리로 전생의 상흔에 대한 기억이 현세의 몸에 그 흔적을 남기게 된다는 것이다. 그러니까 마음이 일종의 설계도 역할을 하는 것이라고 할 수 있다.

전생에 입었던 큰 상흔이 이생의 몸에 흔적을 남길 수 있다는 것을 증명하려면 이 마음 이미지가 몸에 영향을 줄 수 있다는 것을 보여주어야 한다. 전생에 불시에 습격을 받아 죽은 사람들은 몸에 큰 상처를 입게 되고 이것이 다음 생의 몸에 나타나는 경우가 있다고 했다. 문제는 이것을 어떻게 설명할 수 있느냐는 것이다. 이것을 설명하기 위해 스티븐슨은 마음 이미지가 몸(특히 피부)에 그 흔적을 남길 수 있다는 주장부터 소개하고 있는 것이다.

그런데 여기서 주의해야 할 것은 전생의 몸에 난 상처가 후생의 몸에 직접 영향을 주는 것은 아니라는 것이다. 그럼 어떤 과정을 거쳐 전생의 상처가 후생의 몸에 영향을 주는 것일까? 앞에서도 잠깐 보았지만 이 과정은, 전생에서 상처를 입었을 때 그 사람의 마음에 그 상처에 대한 이미지가 형성되고 그 이미지가 영혼(스티븐슨 용어로는 사이코포어)에 저장되어 다음 생으로 전달되는 것이라고 할 수 있다. 그러면 다음 생에서 영혼이 자신의 육체가 형성될 때 이 정보를 투사하여 그 몸에 흔적이 나타나게 한다는 것이다. 그러니까 여기서 중요한 것은 그 상처 자체가 아니라 그것에 대한 마음 이미지인 것이다. 다시 말해 당사자가 상처에 대해 어떤 이미지를 형성하느냐가 중요하다는 것이다. 이것을 이해하기 위해서는 좋은 예가 있어야 하는데 다음은 스티븐슨이 찾아본 예들이다.

이런 예들 가운데 스티븐슨은 예수의 몸에 있던 상처가 후대의 사람들에게 '성흔(stigma)'의 형태로 일어난 것에 비상한 관심을 표하고 여러 면을 할애해 그것에 대해 논의했다. 이 성흔은 13세기 초에 가톨릭의 성 프란시스코가 처음으로 보였다고 전해지는 것이다. 잘 알려진 것처럼 예수의 몸에는 다섯 군데에 상처가 있다. 그런데 1,300년이 지나서 느닷없이 프란시스코 성인에게 이 성흔이 나타나기 시작했다. 이것은 어떻게 된 일일까? 이것은 프란시스코 성인이 예수를 지극히 생각한 나머지 예수가 가장 고통스러웠던 순간을 자신과 동일시하는 과정에서 예수 몸의 성흔이 그에게도 나타난 것이라 해석할 수 있다.[81] 이 과정을 조금 풀어 설명하면, 프란시스코 성인이 5개의 상처가 있는 예수의 몸을 지극히 강렬하게 생각한 나머지 그 몸에 대한 마음 이미지가 형성됐고 그 이미지가 그의 몸을 변화시켰다는 것이다. 그 뒤로도 이런 사례가 수백 개 이상 나타나는데 이런 사례들은 모두 마음의 이미지가 몸에 변화를 일으킨 것으로 해석될 수 있을 것이다.

마음으로 만든 이미지가 몸에 변화를 일으키는 극적인 예를 보여주기 위해 스티븐슨은 최면을 예로 든다. 그는 최면으로 유방도 확대하고 무사마귀(wart)도 제거하는 사례 등을 소개하고 있는데 그 중에 가장 극적인 예는 단지 손가락만을 가지고 뜨거운 것에 덴 상처에 나는 물집을 만드는 일이다. 이 예는 잘 알려져 있고 필자도 다른 책에서[82] 비교적 상세하게 다룬 적이 있다. 그 실험을 아주 간단하게 소개하면, 피실험자를 최면건 다음 그의 몸에 손가락을 대고 이 손가락이 아주 뜨거운 물체라고 암시를 준다. 그러면 피실험자는 뜨겁다고 소리를 치는데 더 놀라운 것은 손가락이 닿은 부분이 덴 것처럼 벌게지고 어떤 때는 물집까지 생긴다는 것이

81) 공식적으로 프란시스코 성인은 1224년 산에서 단식기도를 하는 도중 9월 24일에 5개의 성흔을 가진 천사(세라핌, seraphim)의 방문을 받고 그 이후로 그 자신도 성흔을 보였다고 전한다. 그러나 성흔을 받고 그는 건강이 급속도로 안 좋아져 그로부터 2년 뒤에 죽고 만다.

82) 졸저(2015), 『무의식에서 나를 찾다』, 시공사, pp.58-62.

다. 뜨겁지 않은 물체가 닿았는데 어떻게 물집까지 생길 수 있는 것일까? 이것은 피최면자가 스스로 마음 이미지를 만들어 뜨거운 물체가 실제로 닿았을 때와 똑같은 일이 생기게 한 것이라고 해석할 수 있다. 마음 이미지만으로도 사람의 몸에 심대한 영향을 준 것이다.

스티븐슨은 바로 이런 데에 착안하여 다음과 같은 공식을 만들었다.

CA + DI+ PF = CS[83]

스티븐슨에 따르면 여기서 CA는 'Concentrated Attention 혹은 Absorption'을 말하는 것이니 '집중된 주의 혹은 몰입'의 정도를 의미하는 것이다. 그 다음 DI는 'Duration of Imagery'로 '(형상화된) 이미지의 지속' 정도를 말하고 PF는 'Physiological Factor(s)'로 '생리적인 요인'을 의미한다. 이 세 요소가 합쳐져야 CS, 즉 '피부의 변화(Change in the Skin)'가 생긴다는 것이다. 이것을 풀어보면, 마음의 집중 상태에 그 상태가 지속되는 정도가 더해지고 여기에 생리적인 요인이 합쳐지면 피부에 변화가 일어난다는 것이다. 그러니까 아무 때나 마음 이미지가 육체에 흔적을 남기는 것이 아니라 집중이 강하게 일어나고 또 그것이 오래 지속되어야 흔적을 남길 수 있다는 것으로 이해할 수 있다.

우리는 이 공식을 앞으로 계속해서 숙지하고 있어야 할 것이다. 이 책에는 이 공식이 적용될 수 있는 예가 부지기수로 나오기 때문이다. 그런데 스티븐슨은 그 다음 장인 제3장에서 이 입장에서 한 걸음 더 나아가서 임신 중에 있는 엄마가 생각한 것이 태아의 신체 상태에 영향을 끼칠 수 있다는 상식적으로는 믿을 수 없는 주장을 하고 있다. 예를 들어 임신 중인 여자가 다리가 끔찍하게 불구인 사람을 보고 놀라서 자신의 태아가 저

83) Stevenson(1997), vol. 1, p.85.

렇게 되면 어쩌나 하고 크게 걱정하면 정말로 그런 아이가 태어날 수 있다는 것이다.

물론 이 경우에도 그 임산부가 그저 한두 번 그렇게 생각했다고 그런 결과가 나오는 것은 아니다. 앞의 공식에 나온 것처럼 오랫동안 집중적으로 그런 걱정을 해야 그와 같은 결과가 나오는 것이다. 이런 견해와 관련해서 스티븐슨은 이 장에서 대단히 극적인 경우를 소개하고 있어 그것을 한 번 소개해보려 한다. 이 소개는 그저 요약식으로 소개하는 것이 아니라 앞 책에서 보았던 사례(프라카슈 등)처럼 상세하게 보려고 한다. 그것을 통해 우리는 다시금 스티븐슨이 얼마나 주밀하게 연구했는가를 알게 될 것이다.

예 1: 삼파트 프리야산타[84)]

요약과 조사 스티븐슨이 첫 번째로 한 것은 이 사례에 대한 개요 설명이다. 이것을 정리하면 다음과 같다.

삼파트는 1980년 8월 13일에 스리랑카의 네곰보라는 도시에서 태어났다. 네곰보는 콜롬보에서 북쪽으로 30킬로미터 떨어진 데에 있다. 그의 부모인 '소마팔라'와 '릴라와티이'는 네곰보에서 북쪽으로 4 킬로미터 떨어진 하리샨드라푸라라는 도시에 살고 있었다(삼파트는 3번째 아이).

삼파트가 태어났을 때 그의 선천적 장애는 심해서 곧 눈에 띄었다. 두 팔이 없었고 다리는 기형으로 안쪽으로 굽어 있었다. 이런 아이의 출생은 스리랑카에서도 아주 드문 경우라 신문에도 그의 사진이 실릴 정도였다. 이를 본 스티븐슨의 조수인 '티사'가 스티븐슨에게 이 사례를 보고했다. 1980년 조수인 티사는 그곳에 가서 나이가 4달밖에 안 된 삼파트와

84) 앞의 책, pp.160-170.

그 가족을 만났다. 그러고 나서 한참 뒤인 1982년 스티븐슨과 티사는 그들을 만나러 그들의 집으로 갔는데 마침 삼파트는 몇 달 전에 1년 8달의 나이로 죽었다. 사실 이런 경우는 스티븐슨이 연구하는 대상에 끼지 못한다. 왜냐하면 아이가 자신의 전생에 대해 말하기 전에 죽었기 때문이다. 사인은 '비뇨기 문제'였다.

스티븐슨은 이 아이가 전생을 기억하기 전에 죽어 좋은 사례가 되지 않았지만 이 아이의 기형과 이 가족 간에 모종의 관계가 있을 것이라고 추측하고 조사에 착수했다. 그는 삼파트의 아버지와 삼촌에게 혹시 주위에 큰 사고로 팔을 잃은 사람이 있느냐고 물었다. 그러자 즉각 그들의 답이 돌아왔다. 그들은 자신들이 '야수팔라'라는 사람의 팔과 다리를 잘라 죽였다고 실토한 것이다. 그런데 이미 당시에 그들이나 마을 사람들은 삼파트가 이 죽은 야수팔라의 환생이라는 이야기를 하고 있었다고 한다. 마을에는 이 사건에 대해 다른 견해도 있었다. 즉 삼파트의 선천적 기형은 야수팔라의 모친이 자신의 아들을 죽인 것에 대해 소마팔라(삼파트의 아버지)와 그 가족들을 향해 '당신들은 내 아들을 죽인 죄과로 기형의 아이를 낳을 것'이라고 공공연하게 퍼부은 저주 때문에 생긴 것이라는 것이다. 그러니까 야수팔라의 모친이 행한 저주 때문에 삼파트 같은 지독한 기형의 아이가 태어난 것이지 야수팔라가 환생한 것은 아니라는 것이다. 이런 사전 정보를 갖고 스티븐슨은 사건을 더 조사해서 다음과 같이 그 결과를 정리했다. 이를 위해 스티븐슨은 자신이 면담한 사람들의 이름을 정리했다.

면담한 사람들

소마팔라, 삼파트의 아버지
라트나팔라, 소마팔라의 남동생
란케스와라, 삼파트의 엄마
수드 노나, 야수팔라의 엄마

구나세나, 야수팔라의 형
이레네, 야수팔라의 누나
다야라트네, 야수팔라의 남동생
아리야와티, 야수팔라의 처
페레라, 야수팔라의 장인
(야수팔라의 아버지는 1980년 이전에 죽었다)

야수팔라의 삶과 죽음 사건의 전모를 알려면 우선 이 이야기의 핵심에 있는 야수팔라에 대해 먼저 알아야 한다. 야수팔라가 죽은 것은 그의 나이 22세의 일이었다. 그때 그는 결혼 2년 차였는데 당시 그의 아내는 임신 중이었다(이 아이는 야수팔라가 죽은 다음에 태어났는데 정상이었다). 그의 가족에게는 폭력의 전통이 있었다. 야수팔라의 형제 한 사람은 폭력을 쓰다 죽었고 그의 형(구나세나)은 사람을 3명이나 죽인 적이 있었단다. 1971년 스리랑카에 내란이 일어났을 때 야수팔라와 그의 형은 용의자로 구금된 적이 있는데 그들은 그때 교도관 2명을 죽였다. 그의 가족은 이렇게 살았기 때문에 그들에게는 적이 많았다. 이 상황을 참지 못한 야수팔라의 아버지가 이 적들을 죽이기 위해 폭탄을 던지려 했는데 긴장한 나머지 그만 폭탄을 떨어트려 외려 자신이 죽었다.

야수팔라의 모친은 자신의 아들을 애지중지했기 때문에 그를 잃은 데에 대한 슬픔을 극복하지 못했다. 그러나 그에 대한 평가는 매우 좋지 않았다. 예를 들어 그의 형은 그를 두고 다른 사람을 괴롭히기만 하는 거칠고 무모한 녀석이라고 했다. 심지어 그는 야수팔라를 독일의 명장이었던 롬멜에 비교하기도 했다. 그에 따르면 야수팔라는 모친이나 아내에게도 정을 보이지 않는 비정한 녀석이었는데 소마팔라가 그를 죽이지 않았더라도 다른 사람에게 죽임을 당했을 것이라고 예측했다.

시비의 발단은 야수팔라의 개가 소마팔라의 집에 들어와 카레를 먹은 데에서 비롯되었다. 사실 이 이전에도 한 그루의 나무에 대한 소유권을 놓고 두 가족 사이에 시비가 있었다. 그러다 소강 상태에 있었는데 이번에 이 사건이 또 터진 것이다. 소마팔라와 그의 동생은 이번 기회에 야수팔라를 살해하려는 계획을 짰다. 그들은 휴전하자는 척 하면서 야수팔라를 불러 그 자리에서 그의 손과 발을 잘라 죽이려고 했다. 그때 소마팔라와 그의 동생은 야수팔라의 손발을 다 자른 게 아니라서 그것들이 달랑거리며 매달려 있었다고 전했다. 그렇게 심한 상처를 입었는데도 야수팔라는 살아 있었다고 하는데 그때 만일 그를 병원에 데려갔으면 살릴 수 있었을 것이라고 한다. 그런데 그를 병원에 데려가기는커녕 다른 마을 사람들이 와서 칼로 야수팔라를 마구 찔렀다고 한다. 그만큼 그는 인망이 없는 사람이었던 것이다. 야수팔라가 죽은 것은 소마팔라와 그의 동생이 떠난 지 15분 뒤의 일이었고 그때는 1974년 2월 24일이었다.

살인사건이 생겼으니 당연히 경찰이 왔다. 그런데 경찰에 체포된 소마팔라를 비롯해 야수팔라를 찌른 사람들은 이상하게도 아주 늦게 1976년이 되서야 재판을 받고 3년 형 선고를 받는다. 그러나 그들은 모범수로 우대받아 1년 만에 풀려나온다. 수감 중에도 그들은 집을 왕래하는 등 매우 방만한 수감 생활을 했다고 한다. 그 다음 부분에서 스티븐슨은 야수팔라의 상처에 대해 말하고 있는데 앞에서 본 것처럼 팔다리는 매달려 있었고 칼을 맞은 상처는 40군데나 되었다고 한다.

야수팔라의 죽음과 삼파트의 출생 사이에 있었던 사건들 이때 일어난 사건 중에 가장 주의해야 할 것은 야수팔라의 모친이 행한 일이 아닐까 한다. 삼파트의 엄마에 따르면 수두 노나(야수팔라의 모친)는 공개적으로 삼파트 가족에게 '내 아들을 죽였으니 너희들은 결함이 있는 아이를 가질 것이다'라고 했다고 한다. 또 야수팔라의 누나는 말하길 '내 모친은 소마팔라의 집을 지나칠 때마다 그들을 저주하고 신에게 그들을 벌해달라고 계속해서 간청했다'고 했다.

수두 노나의 이 같은 저주는 삼파트의 모친을 불안하게 만들었다. 특히 삼파트의 모친은 장애가 있는 아이를 낳을까봐 공포에 떨었다고 한다. 그런데 그 뒤에 그녀가 딸을 낳았는데 전혀 불구가 아니어서 저주가 풀린 것 아닌가 하는 생각이 들어 마음을 조금 놓았단다. 그러다 삼파트가 출생하자 그녀는 경악을 금치 못했다.

삼파트의 모친에 따르면 그 마을에서 수두 노나는 삼파트가 야수팔라의 환생이라고 믿은 첫 번째 사람이었다고 한다. 이 소문은 마을에 다 퍼졌는데 수두 노나가 말하길 처음에는 자신이 그렇게 생각했지만 자세히 보니 삼파트와 야수팔라는 닮은 점이 없어 그 생각을 버렸다고 했다. 대신 삼파트가 불구로 태어난 것은 단지 소마팔라가 저지른 죄 때문이라고 주장했다. 그리고 야수팔라의 형 역시 삼파트가 야수팔라의 환생이라는 것을 믿지 않았다. 왜냐하면 그렇게 생각하게 되면 불교의 카르마론에 따른 정의 개념에 어긋나기 때문이다. 이 개념에 따르면 소마팔라가 자신이 저지른 일 때문에 고통을 받아야지 왜 죽임을 당한 야수팔라가 그런 상태로 태어나서 고통을 받느냐는 것이었다. 이것은 카르마적인 인과응보 개념으로 해석한 것이다.

그럼에도 불구하고 소마팔라와 그의 처는 삼파트가 야수팔라의 환생이라고 믿었다. 그 이유는 이 두 사람의 치아의 모양이 비슷했기 때문이다. 이에 대해 스티븐슨은 다른 정보원들은 그 의견에 동의하지 않았다고 전했다. 스티븐슨은 소마팔라에게 삼파트가 살아 있을 때 어떻게 행동했느냐고 물었는데 그것은 삼파트가 말을 거의 못했으니 그의 행동에서 환생의 실마리를 찾아보려고 한 것이다. 여기에서는 별 특이한 게 발견되지 않았다. 단지 삼파트가 소마팔라와 그의 동생(삼파트의 삼촌)에게 존경감을 보인 것 외에는 말이다.

삼파트의 선천적 장애에 대해 여기서 스티븐슨은 삼파트의 장애가 유전적일 수도 있다는 심증 아래 그 집안의 내력을 조사했다. 삼파트는 팔이 없는 증상인데(의학 용어로는 아멜리아, amelia) 왼쪽 어깨에는 작은 덩이가 붙어 있었지만 오른쪽 어깨는 어떤지 확인되지 않았다. 그런가 하면 두 발은 안쪽으로 굽어 있었고 그 기형을 고치고자 깁스붕대가 매여 있었다. 그런데 삼파트에게는 칼에 찔린 상처에 상응하는 모반이 보이지 않았다. 만일 정말로 삼파트가 야수팔라의 환생이라면 무수하게 칼에 찔린 야수팔라의 상처가 모반으로 나타나야 하는데 그것이 나타나지 않아 스티븐슨이 이상하게 생각한 것이다.

어떻든 이런 질병의 유전성 여부를 알아내고자 스티븐슨은 가족 구성원 중에 선천적 장애를 가진 사람이 있느냐고 두루 물어 보았는데 가족들은 모두 없다고 대답했다. 스티븐슨은 이 대답이 미덥지 못해 아예 족보를 가져오게 해 조부, 4촌, 3촌 등 30명이 넘는 친척들을 조사했는데 아무도 선천적 장애로 고생한 적이 없다는 증언이 나왔다. 그리고 삼파트의 모친은 자신 역시 임신 중에 건강했고 임신 기간도 10달을 채웠으며 분만도 정상으로 이루어졌다고 말했다.

스티븐슨의 자평 이번 사례에 대해 스티븐슨은 재미있는 의문을 던지고 있다. 만일 삼파트가 야수팔라의 환생이라면 왜 상처와 장애가 일치하지 않느냐는 것이다. 야수팔라는 손발이 다 잘렸고 칼을 수십 차례 맞았는데 왜 삼파트는 팔이 없는 채로만 출생했냐는 것이다. 다시 말해 상처의 흔적이 제대로 남으려면 다리에도 심각한 장애 증상이 있어야 하고 칼에 찔린 곳에도 모반 같은 것이 있어야 하는데 왜 이런 것은 하나도 없고 팔이 없는 상태로만 환생했냐는 것이다.

이에 대해 스티븐슨은 나름대로의 가정을 내리고 있다. 이 가정에 따르면 사람이 큰 상처를 입었을 때 의식이 있으면 그 상처를 기억하고 환생하는 몸에 흔적을 남기지만 피를 많이 흘려 의식을 잃은 다음에 입은 상처는 기억하지 못한다는 것이다. 그런 경우에는 그 상처가 환생하는 몸에 흔적을 잘 남기지 못한다는 것이 그의 가정이었다. 그래서 그는 추정하기를, 야수팔라는 먼저 팔이 잘리고 그 다음에 다리가 잘리고 칼에 찔렸는데 아마도 팔이 잘린 다음 피를 많이 흘려 곧 의식을 빠르게 잃었을 것이다. 그 때문에 다리 잘린 것이나 마을 사람들이 칼로 찌른 것은 의식할 수 없었고 당연한 결과로 그에 대해서는 어떤 마음 이미지도 형성하지 못했다. 그런 까닭에 다리는 발이 안으로 휘는 정도의 약한 장애가 나타났을 것이고 칼에 찔린 것은 아예 기억하지 못해 아무 모반도 남기지 않았을 것이라는 것이 그의 추측이었다.

그 다음으로 가능한 설명은 삼파트의 엄마가 야수팔라의 엄마가 행한 저주에 약하게라도 걸린 것으로 이해할 수 있다는 것이다. 그 결과 삼파트의 엄마는 계속해서 불안해하면서 야수팔라의 장애를 닮은 아이가 나오면 어떻게 하나 하고 걱정을 크게 했을 것이다. 그런 걱정 속에 오랫동안 노출된 삼파트의 엄마는 삼파트와 같은 중증 장애아를 낳았을 것이라는 것이다. 스티븐슨은 이 두 가지 설명 가운데 어떤 것이 더 나은 것인지는 결정할 수 없다고 하면서 자신의 코멘트를 끝내고 있다.

필자의 평 이 사례는 아쉬움이 남는 예라 할 수 있다. 왜냐하면 심증은 분명히 강하게 있는데 확실한 증거가 없기 때문이다. 이 삼파트라는 아이가 조금 더 살아서 전생에 대해 이야기했다면 쉽게 해결될 수 있었는데 그렇지 못해 아쉬운 것이다. 그럼에도 불구하고 여기에 포함시킨 것은 이 예가 아주 극적이기 때문이다. 아이의 장애가 심하고 그 장애가 그 아이의 아버지와 삼촌이 죽인 사람이 입은 상처와 많이 비슷했기 때문이다. 또 아이를 임신한 엄마가 저주를 받고 노심초사하다 그녀가 걱정한 대로 심한 불구의 몸을 가진 아이를 출생한 것도 이 사례를 매우 특이하게 만들어 자세히 소개해보았다. 스티븐슨의 책에는 계속해서 이와 같은 예들이 소개되고 있다. 우리는 앞으로 그런 예 중에 극적인 것들만 골라 보게 될 것이다.

(2) 전생과 연결되는 것 같지만 확증은 할 수 없는 모반의 예

다음에 드는 예들도 확증은 없지만 충분히 전생과 연결될 수 있는 예들이다. 여기부터는 스티븐슨의 연구 내용을 그대로 소개하지 않고 요약된 형태로만 보겠다. 앞에서 든 예에서 우리는 그가 어떤 방식으로 조사를 행했는지 충분히 알았기 때문에 굳이 매 사례 마다 그의 연구 내용을 상세하게 소개하는 번거로운 수고를 할 필요가 없다. 그보다는 재미있고 극적인 예들을 요약해서 많이 소개하는 쪽이 나을 것으로 생각된다. 그가 든 200여개의 예에는 과연 이런 일이 가능할까 하는 의구심이 드는 재미있는 예가 많다. 독자들에게는 그런 예들을 소개해주는 것이 우리의 주제를 더 잘 이해할 수 있는 기회를 줄 것으로 믿는다. 만일 스티븐슨이 행한 연구를 직접 접하고 싶은 독자들은 원서를 스스로 읽어보면 될 일이다.

예 2: 마웅 미인트 아웅 – 전생이 일본 병사인 아이[85]

한참 전에 잠깐 언급했는데 이 책의 제4장을 보면 전생에 일본군 병사

85) 앞의 책, pp.197-202.

였다고 주장하던 세 명의 미얀마 어린이의 사례가 나온다. 여기서는 그 중에 마웅 미인트 아웅(이하 마웅)의 예를 들어보겠다.

마웅은 1972년 미얀부 북부에서 태어났다. 그가 자신의 전생에 대해 말하기 시작했을 때 자신은 자신이 태어난 곳에서 400킬로미터나 떨어진 랑군에서 죽은 일본 군인이었다고 주장했다. 그는 1945년 봄에 영국군이 진격해오자 퇴각하여 다른 병사 4명과 함께 랑군의 동물원에 있었다. 그때 그들은 영국군에게 잡혀 포로가 되느니 차라리 죽음을 택하겠다고 해 모두 그곳에서 자살을 했다고 한다. 마웅의 경우는 총검으로 자신의 목을 그어 죽었다고 한다.

스티븐슨이 마웅의 목을 조사해보니 실제로 목 앞쪽 전체에 1cm 폭으로 모반이 확실하게 있었다. 그 부위는 주변보다 색이 진하게 되어 있어 베여서 난 상처가 회복한 것처럼 보였다(스티븐슨의 책에는 그 사진이 있는데 필자가 보아서는 색이 진한 부분이 잘 보이지 않았다. 이는 해상도가 낮은 흑백 사진이라 그런 것 같다—저자 주). 이 부위는 마웅이 이야기한 일본군 병사의 상처와 아주 비슷하게 보였다.

마웅은 실토하기를 자신은 죽은 다음 계속해서 랑군 동물원에 있었다고 한다. 그런데 어느 날 이번 생의 아버지가 동물원에 왔길래 그를 따라 현재 사는 집까지 따라왔다고 한다. 이 말은 틀린 것이 아니었다. 실제로 마웅의 아버지는 마웅이 태어나기 전에 그 동물원에 갔었기 때문이다. 그러나 그는 죽은 일본 병사의 혼이 랑군에서 400km 떨어진 자기 집까지 따라온 줄은 전혀 몰랐다고 한다. 마웅은 또 말하길 자신이 죽었을 때 자신의 일본 아버지는 벌써 죽었고 모친은 일본에 살아 있었다고 전했다. 그는 7자식 중의 첫째였는데 자신의 이름이나 계급, 그리고 일본 집 주소는 생각나지 않는다고 했다. 단 일본 부모가 현재 부모보다 더 잘 살기 때문에 지금의 부모에게 자신이 일본에 가서 돈을 가져오겠다고 말한 적이 있었다고 한다. 그는 이런 말을 7살까지 계속해서 했다고 한다.

마웅은 병정놀이 하는 것을 좋아해서 아이들을 모아놓고 자신이 장교라고 하면서 그 아이들을 군대 식으로 통솔했다고 한다. 그 외에도 그는 일본인의 특징을 많이 보였다. 예를 들어 일본인들이 그런 것처럼 단 것을 좋아했고 미얀마 사람들은 거의 하지 않는 자세인 무릎을 꿇고 앉는 것을 좋아했다. 그는 미얀마인과는 다른 자세로 예불을 해서 그것을 본 부모가 미얀마식으로 하라고 하면 저항을 했다고 한다. 그는 아주 열심히 일하는 사람이었고 고통이나 육체적인 불편함에 대해서는 그다지 예민하지 않았다. 그의 태도는 매우 무뚝뚝해서 그의 부모가 그것을 보고 흡사 군인처럼 상스럽다(crude)고 말할 정도였다. 그는 또 누가 일본에 대해 부정적으로 말하면 싫어했고 일본 축구팀이 패배했다는 등의 소식을 듣기 싫어했다고 한다.

예 3: 니란카르

니란카르는 1935년에 인도의 칸푸르라는 곳에서 태어났다. 스티븐슨은 니란카르가 41세가 되는 1976년이 되어서야 그를 만났다고 하니 조사를 하기에는 매우 늦은 때였다. 그러나 1938년에 보세라는 사람이 이미 조사해 놓은 것이 있어 스티븐슨은 그것을 참고할 수 있었고 정확한 기억을 갖고 있는 정보원들을 만날 수 있었다고 전하고 있다.

니란카르가 2살 반이었을 때 그의 가족들은 그가 어떤 작은 용기에 물을 넣는 것을 목격했다. 왜 그렇게 하느냐고 물으니 그는 자기 처가 아파서 약을 갖다 주어야 한다고 대답했다. 그러면서 그는 폭동이 일어났을 때 죽은 자신의 전생에 대해 서서히 밝히기 시작했다. 전생에서 자신의 이름은 '무키티아르'였는데 이슬람교도들에게 죽임을 당했다고 했다. 폭동 현장에 갔다가 머리에 곤봉을 맞고 쓰러졌다는 것이다. 그때 그가 물을 달라고 했는데 사람들은 물은 주지 않고 그 대신 그를 칼로 찔러 숨지게 했다고 실토했다.

니란카르의 가족들은 쉬브 다얄 무키티아르라 불리는 남자의 가족을 조금은 알고 있었다고 한다. 그의 집이 니란카르 집에서 불과 100m밖에 떨어지지 않았다고 하니 충분히 그럴 수 있었을 것이다. 니란카르의 가족 역시 쉬브 다얄이 1931년 3월 칸푸르 근처에서 일어난 유혈 폭동에서 이슬람교도들에게 죽임을 당한 사실을 알고 있었다. 이 일은 니란카르가 태어나기 4년 반 전의 일이었다.

무키티아르란 단어는 개인의 이름이 아니라 특별한 변호사에게만 주어지는 호칭이었다고 한다. 이 이름을 받은 쉬브 다얄은 뛰어난 변호사였고 큰 존경과 사랑을 받던 지역의 리더였다. 스티븐슨은 이 폭동에 대해 당시의 사건을 보도한 신문을 통해 조사했는데 그때 죽은 사람들의 시신을 신문에서 보았다고 말했다. 쉬브 다얄도 그 시신 중에 묻혀 있었는데 경찰이 그의 시신을 찾기는 했지만 그가 곤봉으로 맞고 칼에 찔린 것은 확인하지 못했다고 한다. 따라서 그의 가족들도 그가 어떻게 죽었는지는 모르고 있었다. 그런데 니란카르가 가족들도 모르고 있는 쉬브 다얄의 죽음에 대한 정보를 갖고 있었다니 놀라운 일이다(쉬브 다얄의 사인은 나중에 밝혀졌는데 니란카르가 말한 것과 일치했다).

이런 일이 알려지자 니란카르의 가족들은 그를 쉬브 다얄의 집으로 데리고 가기로 했는데 그 집에는 쉬브 다얄의 부인(미망인)과 한 명의 아들이 여전히 살고 있었다. 집 근처에 가자 니란카르는 '내 이름이 여기에 새겨져 있다'고 하면서 문을 가리켰는데 실제로 그곳에 그의 이름이 있었다. 집안으로 들어가자 그는 전생의 부인을 발견하고 그녀를 다짜고짜 꾸짖기 시작했다. 그 이유는 그가 폭동의 현장으로 가려고 했을 때 부인에게 총을 달라고 했는데 그녀가 총을 가져 오지 않았기 때문이었다. 이에 대해 7살 먹은 그의 아들은 다음과 같이 증언했다. 폭동이 일어났을 때 쉬브 다얄에게 폭동 현장으로 오라고 말한 사람이 현장이 위험하니 그에게 총을 가져 오라고 했다고 한다. 그런데 쉬브 다얄의 부인이 그런 격앙된 시위 현장에 총을 가져가면 사람들의 화를 돋을 수도 있으니 가져가지 말라고 설득했다고 한다. 그래서 그는 총 없이 현장으로 가게 되었고 앞에서 말한 것처럼 죽임을 당했다. 그런데 이런 세부적인 이야기는 니란카르의 가족들은 전혀 모르는 이야기였다. 반면 니란카르는 이런 것들을 모두 알고 있었고 '총을 가져갔다면 내가 죽임을 당하지 않았을 것이다'고 말했다고 한다.

그때 사람들이 니란카르에게 쉬브 다얄이 생전에 썼던 타자기와 지팡이, 신발 등을 보여주니 그는 그것들이 모두 자기 것이라고 했다. 그러나 쉬브 다얄의 부인이 그에게 어떤 특정한 문서와 채무자에 대해 물었을 때에는 답을 하지 못했다고 한다. 그 부인이 다시 니란카르에게 먹고 싶은 것이 있냐고 묻자 그는 인도 남자들이 처에게 하는 고압적인 태도로 '내가 좋아하는 것은 당신이 안다'고 답했다. 부인은 쉬브 다얄이 좋아했던 음식을 알고 있었기 때문에 그녀는 단맛이 나는 디저트인 라스굴라를 가져오게 했다. 그는 그것을 먹고 물을 조금 마신 다음 빈랑나무 열매를 가져오라고 했는데 이것은 많은 인도 남성들이 식사 후에 소화제처럼 먹는 것이었다.

상황이 이러했기 때문에 쉬브 다얄의 부인은 니란카르를 환생한 남편으로 받아들였고 가끔은 점심에 초대해 그가 좋아하는 음식으로 그를 대접했다. 뿐만 아니라 쉬비 다얄의 아들도 그가 자신의 아버지가 환생한 것이라고 확신했다. 그에 대한 화답으로 니란카르는 쉬브 다얄의 아들에게 아버지처럼 돈을 주기도 하고 자신의 음식을 조금 떼어 그에게 건내기도 했다고 한다.

그 다음 부분에서 스티븐슨은 니란카르가 언제까지 전생을 기억했는지 모르겠다고 실토하고 있다. 그의 부모들이 그에게 전생에 대해 말하지 못하도록 막았기 때문에 그가 전생에 대해 더 이상 언급하지 않았는데 그렇다고 전생에 대한 기억이 다 사라진 것은 아닐 것이라고 스티븐슨은 추측했다. 그러니 니란카르가 언제까지 전생을 기억했는지 정확하게 모른다는 것이다.

우리는 앞에서 니란카르가 전생을 처음으로 기억할 때 용기에 물을 채워 자기 아내에게 약으로 가져가야 한다고 했다는 것을 알고 있다. 이에 대해 스티븐슨은 여러 가지 추측을 하고 있는데 설명이 너무 번거로워 이것은 생략하겠다. 한편 니란카르는 곤봉이나 단검에 대한 공포증이 없었다고 한다. 보통의 경우는 전생에서 죽음을 가져온 원인에 대해 공포를 갖게 되는데 니르카르의 경우는 그렇지 않았던 것이다. 그런가 하면 니란카르는 그를 죽음으로 몰고 갔던 이슬람교도들에게도 공포증이 없었다고 한다. 그러나 혐오감은 갖고 있어서 이슬람교도들을 보면 복수할 듯한 태도를 보였다고 한다.

그는 머리 꼭대기 근처에 색소가 증가되어 있는 모반을 갖고 있었다. 물론 이곳에도 머리털은 없었다. 이 모반은 길이가 8mm였고 너비는 4mm 정도였다. 스티븐슨은 이것이 전생에 곤봉으로 맞은 부분이라고 추정했다. 그런데 칼에 찔린 상처에 상응하는 부분에서는 다른 모반을 발견할 수 없었다. 이에 대해 스티브슨은 추측하기를 니란카르가 곤봉으로 맞았을 때 그는 이미 의식이 둔화되었거나 무의식 상태가 되었기 때문에 자신이 칼에 찔렸다는 것을 알아차리지 못했을 것이라고 했다. 이와 비슷한 예를 우리는 앞에서 삼파트의 경우에서 보았다. 이 이론에 따르면 전생의 사건이 우리의 몸에 흔적을 남기려면 우리가 타격을 입었을 때 의식이 있어야 한다(그런데 뒤에서 보겠지만 꼭 그렇지 않은 경우도 있다).

필자의 평 우리는 위에서 두 개의 사례를 보았는데 이 설명을 보고 이들이 환생했다는 것을 인정한다 하더라도 몇 가지 점에서 의문이 든다. 가장 먼저 드는 의문은 마웅(첫 번째 예)의 예에서처럼 목을 그어 자살한 사람이 환생하면 그 상처 부위에 반드시 표시가 나느냐는 것이다. 이것은 이 책에 나오는 모든 사례에 드는 의문이기도 한데 개인적인 생각으로는 전생에 어떤 큰 사고로 죽은 사람들이 환생할 때 누구나 그런 흔적을 이번 생의 몸에 남기는 것은 아닌 것 같다. 그러나 만일 전생의 상처가 금생의 몸에 흔적을 남긴다면 그것은 어떤 조건이 채워져야 그런 일이 발생 가능한 것인지 궁금하다.

이 질문에 대해서는 앞에서 스티븐슨이 어느 정도 답을 주긴 했다. 즉 그 사고가 아주 폭력적이어야 하고 또 갑자기 발생해서 피해자의 의식에 강한 충격을 남겨야 한다는 것 등이 그것인데 그래도 의문은 여전히 남는다. 사고가 어느 정도 과격해야 하는지 또 얼마나 갑자기 충격을 주어야 그 흔적이 환생의 몸에 생기는지 그 정도를 잘 모르겠다.

그런 의문을 마음에 담고 다음의 의문을 보자. 마웅은 1945년에 죽어서 1972년에 다시 태어났으니 27년이라는 상당히 오랜 기간이 지난 후에야 환생했다. 그러다 어느 날 현생의 아버지가 자신이 죽은 장소에 나타나자 그냥 그를 따라 400km나 와서 그 집에서 환생했다. 여기서 먼저 드는 의문은 마웅은 27년간 자신이 죽은 곳에서 무엇을 했느냐는 것이다. 그의 말에 따르면 자신은 그냥 그곳에 있었다고 하는데 그렇다면 그는 앞에서 본 지박령이었을까? 개인적인 생각으로는 그럴 가능성이 크다고 본다. 왜냐하면 그는 다른 곳, 이를 테면 영혼들이 가는 영계로 가지 않고 그곳에만 있었기 때문이다. 그런데 영의 상태에서는 시간을 느끼지 못한다고 알려져 있다. 시간을 느끼지 못하니 자신이 그곳에 얼마 동안 있었는지 그 영은 느끼지 못할 수 있다. 그러니 그 기간 동안 무엇을 하고 말고가 있을 수 없다는 생각이다.

그런데 마웅의 증언을 보면 그가 그곳에 있으면서 아무것도 안 한 것 같지는 않다. 왜냐하면 자신이 죽었을 때 일본에 있는 모친이 살아 있었다는 것을 알았기 때문이다. 이것은 그가 영의 상태로 일본의 모친에게 가서 확인한 것인지 아니면 그냥 미얀마에 있으면서 텔레파시를 통해 안 것인지 그것은 잘 모르겠다(추측컨대 아마도 전자가 아닐까 한다). 그런데 더 강력하게 드는 의문은 그는 일본에 있는 부모에게 가서 거기에서 있으면서 환생의 기회를 엿보지 않고 왜 이역만리인 미얀마에서 환생을 했느냐는 것이다. 이에 대해서는 그가 밝히지 않고 있으니 우리로서는 알 방법이 없다. 이 의문은 그 다음으로 이어진다.

마웅은 일본군 병사로 죽은 뒤 무려 27년이 지나서야 이번 생의 아버지를 만나게 되는데 그는 왜 이 사람을 이번 생의 아버지로 선택했는지 참으로 궁금하다. 그가 영의 형태로 랑군 동물원에 있었을 때 수없이 많은 미얀마 사람들을 만났을 텐데 왜 현생의 아버지에게만 이끌렸냐는 것이다. 과연 이 두 사람 사이에는 어떤 인연의 끈이 있어서 현생에서 부자 관계를 갖게 되었을까? 다시 말해 어떤 카르마적 관계가 있길래 그곳을 왕래했던 다른 사람들을 다 제쳐놓고 현생의 아버지에게만 끌렸느냐는 것이다. 이것은 그저 우연에 불과한 것일까? 우연이라면 그가 27년 동안 만났을 사람들과는 왜 아무 인연도 갖지 않다가 이 사람과만 인연을 갖게 되었는지 설명이 잘 안 된다. 이 점에 대해서는 스티븐슨이 설명을 하고 있지 않으니 알 수가 없다.

또 그는 미얀마인으로 태어나 놓고 왜 자꾸 일본인 행세를 했는지도 궁금하다. 그렇게 일본인인 것이 좋았으면 일본에서 환생하지 왜 미얀마에서 태어났는지 잘 모르겠다는 것이다. 마웅에게 했던 질문을 그 다음의 예인 니란카르에게도 던질 수 있다. 니란카르는 마웅과 달리 100m밖에 떨어져 있지 않은 아주 가까운 이웃집에서 태어났는데 이때 그가 이 집을 택했던 이유는 무엇일까? 니란카르의 가족과 그가 전생에 태어났다고 하는 가족은 서로 잘 모르고 있었는데 대체 어떤 인연이 있길래 니란카르가 이 가족을 택했는지 알 수 없다. 여기에도 일정한 카르마의 힘이 작용했을 터인데 이에 대해서 본인이나 스티븐슨이 언급하지 않으니 우리도 알 방법이 없다. 그러니 우리도 의문을 여기서 그쳐야 할 것 같다.

(3) 모반이 전생의 상처에서 왔다는 것을 증명할 수 있는 예

그 다음 부분에서 스티븐슨은 앞에서 본 사례들보다 더 좋은 예들을 소개하고 있는데 이 경우는 선천적으로 갖고 태어난 모반들이 전생에서 왔다고 증명할 수 있는 예들이다. 앞에서 본 사례들은 당사자의 모반이 전생에 입었던 상처에서 왔다는 것에 대해 심증은 가지만 검증을 할 수 없었던 것에 비해 이번에 볼 사례들은 당사자의 전생을 검증할 수 있어 더 좋은 예라고 한 것이다. 그럼 스티븐슨이 제시한 여러 사례 가운데 가장 좋은 예를 들어보자.

예 4: 차나이 추말라이윙[86)]

이번 예는 1967년 태국 중심부에서 태어난 차나이의 사례이다. 차나이는 그의 부모가 별거하고 있어 모친과 외할머니에 의해 양육되었는데 그들은 오리 농장을 하고 있었다. 그러다 2살 이후로는 농 라 콘이라는 곳에서 외할머니하고만 살게 된다. 그가 태어났을 때 그는 두 개의 모반을

---

86) 앞의 책, pp.300-323.

갖고 있었는데 하나는 머리 뒤쪽에, 다른 하나는 왼쪽 눈 위에 있었다. 당시에 그의 가족들은 그에게 왜 이런 모반이 있는지 알지 못했다.

차나이가 3살이 되었을 무렵 그의 할머니는 그가 다른 아이들과 놀 때 교사 역할을 하는 것을 발견했는데 그때 차나이는 자신이 직전생에 교사였다고 하면서 전생에 대해 말하기 시작했다. 더 나아가서 자신은 당시 이름이 '부아 카이'였는데 학교로 가던 길에 총에 맞아 죽었다고 말했다. 자신에게는 부모와 처와 아이들이 있었다면서 할머니에게 부아 카이의 부모에게 데려다 달라고 졸라댔다. 그곳은 '카오 프라'라는 곳인데 만일 그곳에 자신을 데려다주면 어디에 살았는지 안내해줄 수 있다고 말했다.

그러다 차나이가 4살이 좀 안 되었을 때 그의 외할머니는 결국 그를 카오 프라로 데려가기로 했다. 그들은 버스를 타고 카오 프라 근처에 있는 '카오 사이'라는 도시로 갔다. 그곳에서 차나이는 어떤 집으로 들어갔는데 그는 거기에 있던 나이든 남녀를 보고 그들이 자신의 부모라고 했다. 그것은 사실이었다. 그들은 1962년에 죽임을 당한 '부아 카이 라우낙'이라는 학교 교사의 부모였던 것이다. 그들은 차나이의 모반을 확인했을 뿐만 아니라 그의 설명을 듣고 그가 자신들의 아들이었음을 확신했기 때문에 나중에 다시 방문해달라고 부탁했다. 두 번째로 방문했을 때 차나이는 부아 카이의 다른 가족들을 전부 알아보았고 부아 카이의 소유물에 대한 질문에 놀라울 정도로 정확한 답변을 주었다.

그때 차나이의 주위에 있던 사람들에 따르면 차나이는 부아 카이의 삶과 죽음에 대해 14개의 정확한 정보를 제시했다. 그런데 그 중의 하나는 증명이 불가능한 것이었다. 스티븐슨은 이런 경우 이 정보들을 그냥 믿어서는 안 된다고 우리를 설득한다. 많은 경우 그 주인공은 주위에 있는 사람들이 제공한 단서를 가지고 그것을 이용해 자신이 알고 있었던 것처럼 말하기 때문이란다. 이것은 충분히 새겨들어야 할 것으로 생각된다. 그럼에도 불구하고 차나이의 경우에는 꼭 그렇지 않은 경우도 있었다. 주위로부터 어떠한 정보를 얻지 않았는데도 전생의 일을 정확하게 기억해냈기 때문이다.

그것은 차나이가 5~6살쯤에 있었던 일인데 당시 그는 계속해서 부아 카이의 가족을 방문하고 있었다. 언젠가 그는 부아 카이의 쌍둥이 딸과 함께 있었다. 그런데 마침 그 자리에 부아 카이의 오래된 친구가 나타났는데 차나이는 물론 그를 한 번도 본 적이 없었다. 그 딸들이 차나이를 불러 이 남자를 아느냐고 묻자 그는 '물론 안다. 그의 이름은 산암'이라고 대답했는데 그것은 사실이었다. 전생의 친구를 단번에 알아본 것이다.

스티븐슨은 다음 부분에서 부아 카이의 삶에 대해 상세하게 적고 있다. 차나이의 비일상적인 행동을 이해하려면 부아 카이의 일생에 대해 간략하게나마 알아야 할 필요가 있다. 부아 카이는 1926년 카오 사이 지역에서 태어났다. 그는 '수안'과 결혼했고 4명의 자식(쌍둥이 딸 포함해서)을 두었는데 부아 카이가 죽었을 때에 수안은 임신 상태였다. 부아 카이는 교사 교육을 받고 교직에 있었지만 그것만이 그의 직업은 아니었다. 그는 교사이면서 동시에 조직폭력배의 일원이기도 했기 때문이다(그에게는 총이 두 자루나 있었다). 그리고 그는 혼외의 애인이 있었고 남편이 있는 여자들과도 불륜 관계가 있었다. 그러니 남자들이 부아 카이를 가만 둘리가 없었다. 한번은 그가 카오 프라에서 열린 풍물 장터에 갔다가 총을 맞은 적이 있었는데 심각한 부상은 모면했다고 한다. 그에 대한 이 같은 암살기도 때문에 그는 전근을 신청해 카오 사이에서 25km 떨어진 타판힌이라는 큰 도시 근처에 있는 학교로 전근 갔다.

1962년 1월 23일 아침 부아 카이는 집을 떠나 자전거를 타고 학교로 가고 있었다. 그때 그는 누가 뒤에서 그의 머리에 쏜 총을 맞고 거의 즉사하는 지경에 이르게 된다. 경찰이 바로 현장으로 왔고 그들은 그의 시신을 다른 곳으로 옮겼다. 이 사고의 연락을 받고 온 부아 카이의 처인 수안과 동생인 '사이'가 현장에 와서 부아 카이의 시신을 확인했다. 그들은 총알이 부아 카이의 머리 뒤로 들어와 왼쪽 눈 위로 빠져나간 것을 확인할 수 있었다. 수안은 나중에 말하길 의사도 총알이 이런 식으로 관통했다는 데에 동의했다고 했다. 수안은 총알이 관통하면 들어간 지점보다 밖으로 나온 지점의 구멍이 더 크다는 것을 알고 있을 정도로 총상에 대해 지식을 갖고 있었기 때문에 그녀의 관찰은 정확한 것이었다.

스티븐슨은 이 사건이 있은 다음 바로 이곳에 간 것이 아니라 17년이 지난 1979년에야 그곳에 갔다고 밝히고 있다. 그가 그곳에 갔을 때 수소문해 보니 부아 카이의 시신을 검사한 의사의 이름을 아는 사람은 하나도 없었다. 그래서 경찰 측 기록을 찾아보니 거기에는 살인이 일어난 날짜는 적혀 있었지만 다른 유용한 정보는 없었다고 한다. 경찰은 당시에 증거를 찾지 못해 용의자를 체포하지 못했다고 한다. 따라서 이와 관련된 법정 재판 기록도 있을 수 없었다.

그러나 부아 카이의 피살 사건은 그 지역에 꽤 알려져 있었다고 하는데 이 두 가족, 즉 차나이의 전생 가족과 현생 가족은 서로 알고는 있었지만 사회적인 관계는 없었다고 한다. 차나이의 할머니는 부아 카이의 가족이 어디에 사는지에 대해서 전혀 모르고 있었다. 그런데 차나이는 스티븐슨이 조사한 대상 중에 조금 특이한 경우에 속했다고 한다. 왜냐하면 차나이는 죽은 후에 자신의 시신을 본 몇 안 되는 사람 중의 하나였기 때문이다. 그가 11살이 되던 1978년에 그는 이런 말을 했다.

> 나는 누가 나를 쐈는지 모른다. 왜냐면 뒤에서 총을 맞았기 때문이다. 죽을 때 나는 의식이 없었다. 그러나 나는 내 영혼이 몸을 떠나는 것을 느꼈고 길에 누워 있는 나의 몸을 볼 수 있었다. 내 다리는 당시 떨리고 있었고 피는 길에 낭자했다.[87]

그런데 여기서는 그가 자신을 죽인 살인자를 모른다고 했지만 다른 기회에 그는 살인자를 안다고 말했고 그 사실을 말하면서 분노를 표시했다(죽임을 당했을 때에는 살인자가 누군지 몰랐겠지만 그 이후 영혼의 상태에서 알게 되었던 모양이다—저자 주). 그가 보인 비일상적인 행동 가운데 교사놀이하는 것을 좋아했다는 것은 이미 언급했다. 그런데 이런 성향과는 달리 그는 총에 대해 흥미를 보였는데 자신이 크면 교사보다는 경찰이나 군인이 되면 좋겠다고 자신의 희망을 밝혔다고 한다.

그는 몇몇 경우에 스티븐슨이 말하는 '어른 같은 태도'를 보였다. 이 태도는 어린 아이가 자신의 나이에 걸맞지 않게 나이가 많은 사람이 젊은 사람을 대하는 것처럼 사람을 대하는 태도를 말한다. 이러한 태도는 다른 사람에 대한 우월감을 동반하는 경우가 종종 있었다. 예를 들어 차나이는 부아 카이의 쌍둥이 딸에게 자신에게 '아버지'라고 부르라고 했다. 당시 17살이었던 두 딸은 3살인 차나이를 아버지라고 부르는 것을 당연히 따르지 않으려고 했다. 그러나 그가 그녀들에게 아버지라고 부르지 않으면 말을 하지 않겠다고 하자 그들은 굴복했다고 한다. 반면 부아 카이의 남동생인 사이는 차나이에 대해 형에 합당한 존경을 보이지 않았다. 그래서인지 차나이는 사이를 피하는 경향이 있었다고 한다. 차나이는 또 부아 카이의 소유물에 집착하는 모습을 보였는데 부아 카이가 죽은 뒤에 그의 가족이 그의 소유물을 조금 바꾼 데에 대해 짜증을 내기도 했다.

차나이는 한동안 부아 카이 가족을 방문했다. 어떤 때는 할머니와 같이 가고 어떤 때는 몰래 혼자 버스를 타고 가기도 했는데 그러면 그의 할머니가 좇아가 그를 집으로 데려왔다고 한다. 그리고 두 쌍둥이를 방문할 때에는 부아 카이가 자주 그랬듯이 차나이는 딸을 만나는 것처럼 막대 사탕을 사가지고 갔다고 한다.

---

87) 앞의 책, p.313.

부아 카이 가족들은 처음에는 이러한 상황에 놀라고 회의적이었지만 결국 차나이가 부아 카이의 환생이라는 것을 받아들였다. 심지어 그들은 차나이를 입양할 생각도 있었는데 차나이의 할머니가 반대하는 바람에 그 시도는 무산됐다.

다음 부분에서 스티븐슨은 차나이의 머리에 있는 모반의 크기에 대해 논의하고 있는데 그것은 생략한다. 그는 차나이가 19세[88] 되는 1986년에 그를 다시 만났다(그리고 그의 모반을 다시 찍어 책에 수록했다). 그때 차나이는 결혼해서 전화기 라인맨으로 일하고 있었다. 그는 전생과 관계된 몇몇 세부적인 것은 여전히 기억하지만 다른 것들은 잊었다고 전했다. 그때 차나이의 모반을 다시 보니 이마 근처에 있던 것은 1979년 이래로 변한 것이 없는데 머리 뒤쪽에 있던 것은 조금 위로 이동했다고 보고하고 있다.

필자의 평 이 사례는 스티븐슨이 말한 것처럼 모든 것이 검증된 대단히 좋은 예이다. 해당자가 자신의 전생을 정확하게 기억해냈고 자신이 어떻게 죽었는지에 대한 것도 자세하게 기억했으니 말이다. 전생의 집으로 가는 길도 스스로 알아냈고 전생에 살던 집도 자신이 직접 찾아서 거기에 살고 있는 부모도 금세 알아보았다. 뿐만 아니라 갑자기 자신의 전생 친구가 나타나자 바로 그를 알아보았을 뿐만 아니라 이름도 기억해냈다.

더 극적인 것은 자신이 어떻게 죽었고 죽었을 때 영혼이 빠져나간 상태까지 잘 묘사했다는 점이다(이때 차나이는 영계로 가는 과정에 대해서도 언급했는데 그것은 생략했다[89]). 그는 앞에서 본 것처럼 총에 맞아 죽었는데 그렇게 해서 입은 상처를 의사와 가족들이 모두 확인했다. 그리고 그 상

88) 스티븐슨은 18세로 적고 있는데 차나이가 1967생인 고로 1986년에는 19세가 된다.
89) 앞의 책, p.313.

처는 현생의 몸에 상응하는 자리에 흔적을 남겼다. 이번 사례는 이처럼 모든 것이 잘 설명된 좋은 사례인데 그럼에도 불구하고 의문은 남는다. 무슨 의문일까?

보통 그 상흔이 후생의 몸에 흔적으로 남기려면 해당자가 큰 부상을 당했을 때 의식이 있어야 한다. 그래야 자신이 상처가 어디에 났는지 알 수 있고 그것이 그의 마음에 저장되어 다음 생으로 전달된다고 하는 것이 지금까지의 설명이다. 그런데 차나이는 총에 맞았을 때 거의 즉사했다고 하니 그때 그는 자신이 어디에 부상을 입었는지 몰랐을 텐데 어떻게 부상당한 자리에 정확하게 상흔이 남았을까.

이에 대해 우리가 긍정적으로 추측을 한다면 다음과 같은 설명이 가능할 것이다. 차나이가 남긴 말 중에 힌트가 있다. 차나이는 자신이 총에 맞고 죽었을 때 곧 의식을 잃었지만 영혼 상태가 되어 자신의 몸을 보던 것을 정확히 기억해냈다. 이 진술을 통해 추측해보면, 그는 영혼 상태에서 자신의 몸을 보았을 것이다. 그리고 총알이 어디로 들어와서 어디로 나갔는지도 보았을 것으로 추측된다. 이 정보가 저장되어 그 다음 생에 받은 새로운 몸에 흔적을 남기게 되었을지 모른다. 그러나 이것은 추측일 뿐 진실은 잘 모르겠다.

이 사례는 환생이 사실이라는 것을 밝혀주는 대단히 좋은 사례 중의 하나로 꼽힌다. 차나이가 전생을 기억해낸 것도 그렇지만 그가 전생에 입은 부상의 양태를 그의 가족들이 모두 알고 있었고 게다가 부아 카이의 시신을 검증한 의사도 그에 대해 동의했으니 말이다. 이 정도 되면 인간이 환생한다는 것은 부정할 길이 없는 사실이 아닐까 하는 생각이 드는데 스티븐슨은 그의 저술 곳곳에서 사정이 이렇다고 해서 모든 사람이 환생한다고 할 수는 없다고 주장한다. 그는 이렇게 명백한 사실을 놓고 왜 주저하는 입장을 보일까? 그의 논점은 그렇다. 자신이 조사한 약 2,500개의 사례 가지고 그것을 일반화하는 데에 문제가 있다는 것이다. 2,500이라는 숫자는 수십억이 되는 인류 전체의 인구에 비하면 극히 적은 숫자라 그것을 인류 전체에 확대하는 것은 무리가 아니겠냐는 조심스런 판단을 한 것이다.

그의 이러한 태도는 훌륭하다고 생각되기는 하지만 조금 달리 생각해 볼 여지도 있겠다. 필자 개인적인 생각으로는 한 사람이라도 환생한다는 것이 밝혀진다면 다른 인류들도 그럴 개연성이 높은 것 아니냐는 것이다. 그러니까 어떤 사람은 환생을 하고 어떤 사람은 환생을 하지 않는 식으로 되어 있는 것이 아니라는 것이다. 게다가 스티븐슨이 조사해서 밝힌 것은 한 사람의 환생이 아니라 수천 명의 환생이다. 생각컨대 아마도 그가 밝혀내지 못한 것이 훨씬 더 많을 것이다. 그가 전생을 기억하는 사람 혹은 아이들을 전부 만나서 조사한 것은 아니기 때문이다. 이 정도 사람들이 환생을 하는 것으로 밝혀졌으면 모든 사람이 환생한다고 보아도 무리가 없겠다는 생각이다.

다른 이야기인데 나는 이 환생론이 품고 있는 문제를 조금 다른 데에서 찾는다. 내게 문제가 되는 것은 인간의 환생 여부가 아니라 스티븐슨의 예에서 나오는 것처럼 인간이 전생을 기억하는 것이다. 스티븐슨이 제시한 예들을 보면 많은 경우 환생자들이 전생에 살았던 집에서 그리 멀리 떨어지지 않은 곳에서 환생한다. 그래서 전생의 가족들을 만나는 일이 어렵지 않다. 그런데 대부분의 환생자들은 전생의 가족들에게 전생의 관계를 지속할 것을 주문한다. 이번에 본 차나이의 경우도 그랬다. 그런데 그렇게 할 경우 그 전생의 가족들과 가족 관계에서 혼선이 생기지 않을 수 없다. 그렇지 않은가? 3살밖에 안 된 아이가 어느 날 느닷없이 와서 17살이나 먹은 자신에게 그를 아버지라고 부르라고 하면 어떻게 되겠는가?

그뿐만이 아니다. 그 부인은 어떻겠는가? 어린 아이가 와서 자신이 남편이라고 주장하면 말이다. 정황으로 보아서는 분명 전생의 남편 같기는 한데 아직 서너 살밖에 안 된 어린 아이를 남편처럼 대우할 수도 없으니 부인의 입장이 난감할 것 같다. 이 아이도 마찬가지이다. 만일 전생의 부인이 재혼이라도 했으면 그 아이의 심정은 어떨까? 그 심정을 예단할 수는 없지만 착잡하지 않을까 하는 생각이다. 그래서 바로 이러한 면 때문에 우리들 대부분은 전생을 기억하지 못하는 것일 것이다. 기억하지 않아야 이번 생의 삶에 충실할 수 있기 때문이다. 그래서 그런지 스티븐슨이 조사한 사람들도 나이를 먹으면 대부분 전생에 대한 기억이 희미해져 현생의 자신에게 충실히 살아가는 모습을 보였다.

마지막으로 지적하고 싶은 것은 이 사례에서 왜 부아 카이가 죽어서 100m밖에 떨어지지 않은 이웃에서 환생했는지에 대한 것이다. 이에 대해 스티븐슨은 아무런 설명을 제공하지 않고 있다. 계산해보면 부아 카이는 죽은 다음 5년 정도를 영계에 있다가 환생한 것인데 다른 곳도 아니고 바로 이웃에 태어났다. 이때 드는 의문은 그렇게 바로 이웃에 태어나려면 곧 환생할 수도 있었을 터인데 왜 시간을 끌었느냐는 것이다. 마웅(예 2)이 죽은 지점에서 400km나 먼 곳에서 온 미래의 아버지를 만나느라 27년이라는 긴 시간을 보낸 것에 비해 차나이는 바로 옆에 태어나면서 5년이나 끌었으니 이상하다는 것이다. 이것 역시 인간의 카르마와 관계된 일이라 제3자로서는 알기 힘들다. 이 질문은 본인에게 물어봐야 답을 얻을 수 있는데 그 일은 불가능하니 의문을 남긴 채 다음으로 넘어가도록 하자.

(4) 상처에 상응하는 모반이 의학적 기록으로 검증된 예

스티븐슨은 제6장에서 전생의 상처가 그 지점과 상응한 현생의 몸에 모반을 남긴 것을 의학적으로 검증된 것을 다루고 있는데 그는 이 사례들을 전체 사례 중에 가장 중요한 것으로 보고 있다. 이 사례들은 전생의 인물이 죽었을 때 의사가 사후(死後) 보고서를 작성해 놓은 사례로 이 보고서가 상처와 모반의 상응 여부를 결정하는 데에 결정적인 역할을 하고 있기 때문에 중요한 사례라고 한 것이다. 지금까지는 상처와 모반의 상응 여부를 정보원들의 주관적인 기억에 의존하는 경우가 많았는데 이 경우에는 문서로 기록되어 있으니 신빙성이 아주 높아지는 것이다. 스티븐슨은 이 장에서 12개의 사례를 다루고 있는데 여기서는 그 가운데 대표적인 사례 1가지만 보자.

예 5: 하누만트 삭세나[90)]

하누만트는 1955년 인도의 우타르 프라데쉬 주의 파룩하바드 지구에서 태어났다. 하누만트의 모친이 그를 임신하고 얼마 안 되어서 같은 마을에 사는 마하 람이라는 남자가 꿈에 나왔다. 마하 람은 꿈에서 그녀에게 '나는 당신에게 갑니다'라고 말하고 아기 침대에 누웠다고 한다. 꿈은 거기서 끝났다.

하누만트가 태어났을 때 그의 부모들은 하누만트의 가슴의 정중앙보다 조금 아래에 큰 모반이 있는 것을 발견했다. 모양은 불규칙적으로 되어 있었고 몇몇 개의 모반이 밀집되어 있는 모습이었다. 그 모반들은 주위의 피부보다 색조가 빠진 상태였다. 하누만트는 후에 말하길 자신은 어릴 때에 그 모반이 있는 곳에서 아무 고통도 느끼지 않았다고 했는데 그의 부모는 그의 말과는 달리 종종 그가 그 모반 있는 부분이 아프다고 불평했다고 전했다. 그도 14세부터는 간헐적으로 그 모반 있는 곳이 조금 아팠다고 말했다.

하누만트의 모반은 마하 람이 지닌 치명적인 상처의 부위와 거의 일치

---

90) 앞의 책, pp.455-467.

했다. 스티븐슨에 따르면 마하 람은 1905년에 하누만트의 집에서 250m 밖에 떨어지지 않은 집에서 태어났다. 그는 5명의 자식을 두었고 농부였으며 소가 끄는 달구지를 소유하고 있었다. 그의 남동생은 그를 두고 '단순하고 좋은 사람'이라고 묘사했다. 그래서 그랬는지 그에게는 적이 없었다(하기야 평범한 농부에게 무슨 적이 있겠는가?—저자 주). 그런데 1954년 9월 28일, 그는 집에서 얼마 떨어져 있지 않은 찻집 근처에 서 있다가 근거리에서 쏜 산탄총을 맞고 거의 즉사했다. 저격범은 도망갔고 경찰은 범인을 체포하지 못했다. 마하 람은 앞에서 말한 것처럼 적이 없는 사람이어서 아마도 저격범이 어둠 속에서 사람을 잘못 보고 우발적으로 쏜 것 같았다.

사후(死後) 보고서에 따르면 총알은 가슴 중심부보다 조금 밑 부분에 적중했다. 작은 상처들이 주요 상처 주위에 분산되어 있었다(상처들이 분산해 있는 것은 그가 산탄총에 맞았기 때문인 것 같다—저자 주). 스티븐슨과 함께 사후 보고서를 검토한 인도 의사는 하누만트의 모반에 대해서는 전혀 모른 채 마하 람의 상처를 그림으로 그렸다. 이것을 보면 마하 람의 상처 지점과 하누만트의 모반은 그 위치가 정확히 일치하는 것을 알 수 있다.

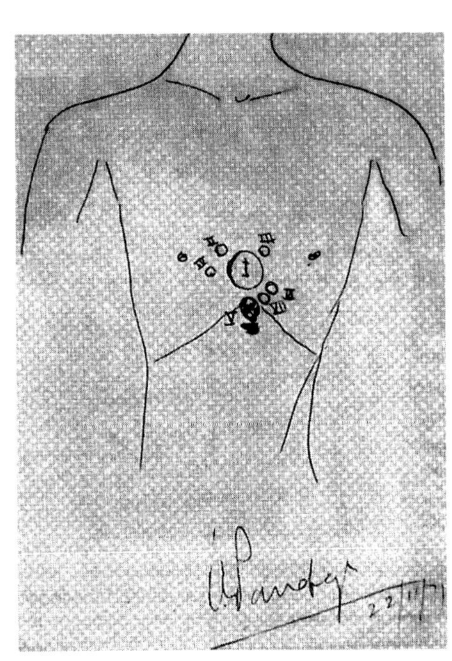
마하 람(하누만트의 전생)의 상흔을 그린 그림
(앞의 책, p.460)

하누만트는 3살 경부터 마하 람의 삶에 대해 이야기하기 시작했다. 그는 자신이 마하 람이었다고 말하고 모반을 가리키면서 이것이 총 맞은 자리라고 했다. 그가 마하 람에 대해 이야기한 것들은 모두 정확했다. 그는 또 마하 람의 지인들이나 그가 다녔던 곳들을 모두 식별해냈다. 특히 집 앞에 묶여 있었던 마하 람의 소를 알아봤는데 스티븐슨은 이런 것은 그리 어렵지 않은 일이라고 했다. 소라는 동물은 원래 집 밖에 서있기 때문에 그렇다는 것이다.

하누만트는 마하 람의 집에 가서 그의 모친(하누만트의 전생의 모친)과 같이 있는 것을 좋아했다. 하누만트의 모친은 그가 5~6살이었을 때까지 전생에 대해 이야기했고 그의 부친은 그가 10살 때까지 마하 람의 집에 드나들었다고 증언했다. 그러나 하누만트는 다른 대상자들과는 달리 전생의 기억에 매달리지는 않았다.

스티븐슨은 이 사례에 대해 1964년에 들었는데 하누만트가 사는 지역이 아주 외진 데라 1971년이 되어서야 그곳에 가게 된다. 그때 하누만트는 벌써 16살이었는데 다른 정보원들이 이 사례에 대해 훌륭한 기억을 갖고 있었다. 그런데 그 정보원 가운데 두 사람은 자신이 전생에 마하 람이었다는 하누만트의 주장을 받아들이지 않았고 마하 람의 처는 스티븐슨 일행이 정부 관료가 아닌가 의심한 나머지 면담하기를 거부했다. 아마 그녀는 그런 부류의 사람들은 피하는 게 낫다고 생각했던 모양이다. 그런가 하면 마하 람의 장남은 하누만트가 그를 몰라보았다는 것을 이유로 하누만투의 주장을 일축했다. 그러나 다른 주요 정보원들은 하누만트가 마하 람의 환생이라는 것을 인정했다.

이 사례를 끝내면서 스티븐슨은 인도에는 이런 사례가 말할 수 없이 많다는 것을 환기시키고 있다. 그러니 만일 체계적으로 여러 지역들을 조사하면 이런 사례들이 부지기수로 나올 것이라고 예측했다. 이 지역의 판사는 스티븐슨에게 모든 일을 멈추고 그 지역을 빨리 떠나라고 했는데 그것은 그 지역이 살인범죄율이 아주 높은 곳이기 때문이었다. 스티븐슨은 첨언하기를, 그 판사는 폭력적인 죽음과 전생을 기억한다고 주장하는 아이들 사이에 어떤 관계가 있다는 것을 알고 있는 것 같았다고 전하고 있다.

필자의 평 이 사례가 중요한 것은 앞에서도 말한 것처럼 사후에 만든 의학적 보고서가 있고 그것에 의거해 의사가 피살자의 상처 부위를 그림으로 그린 것이 남아 있다는 데에 있다. 스티븐슨의 책에 실린 사진을 보면 두 사람의 몸에 있는 흔적들이 거의 일치하고 있는 것을 알 수 있다.

이 사례가 대단히 훌륭한 사례이기는 하지만 의문이 드는 것은 피할 수 없다. 첫 번째 드는 의문은 다음과 같은 것이다. 이번 사례에서는 환생할 사람이 미래의 모친이 될 사람의 꿈에 나왔는데 이런 예는 이것이 처음이다. 이렇게 꿈에서 자신의 환생을 예언하는 경우가 스티븐슨이 조사한 예에 자주 나오는데 그럼에도 불구하고 이것은 참으로 믿기 힘든 것이다. 이런 이야기는 신화 같은 데서나 나오는 이야기인데 스티븐슨이 소개하는 사례에는 이런 이야기가 너무 자주 나와 이상하다는 것이다. 스티븐슨의 사례에 나오는 사람들은 뛰어난 영능력자라기보다 대부분 일반인들인데 어떻게 이런 일, 즉 꿈과 현실이 소통되는 일이 쉽게 일어났는지 알 수 없는 일이다. 그리고 이런 이야기들은 왜 이런 동양 국가에서만 발견되는 것일까?

위의 사례가 얼마나 신기한 것인지 알아보기 위해 이 사례를 간단하게 정리해보자. 어떤 남자가 죽었는데 그는 바로 이웃에 사는 임신 중의 여자의 꿈에 나타나 당신의 자식으로 태어날 것이라고 말한다. 그런데 그렇게 태어난 아이가 몇 년 뒤 자신이 바로 그 꿈에 나왔던 그 남자라고 하고 그 남자의 삶과 죽음에 대해 이야기를 한다. 대강 이런 이야기인데 이런 일이 일어난다는 것은 정녕 믿기 어렵다. 죽은 영혼이 자기 마음대로 옆집에 가서 태어나고 그는 그 사실을 꿈으로 통보하는 것따위를 어떻게 믿을 수 있겠는가?

이해하기 곤란한 것은 또 있다. 마하 람이 하누만트의 모친의 꿈에 나타났을 때 그녀는 이미 임신 중이었다. 그렇다면 이 태아에는 일정한 영혼이 깃들어 있었을 것인데 어떻게 다른 영혼이 그 몸에 깃들 수 있었을까? 이 점은 다른 사례를 논평할 때 언급한 적이 있으니 여기서는 그냥 지나치기로 한다. 그런가 하면 죽은 마하 람이 하누만트의 모친에게 당신 자식으로 환생할 것이라고 통보하는데 이처럼 자기 마음대로 태어날 곳을 고르는 일이 가능한 것인가? 이 경우에 어떤 카르마의 연결이 있어 두 사람이 모자가 되는지 알 수가 없다. 그리고 하누만트의 모친은 수동적으로 마하 람의 영혼을 받기만 해야 하는 것인가? 그렇다면 그녀는 무엇인가? 그녀에게는 선택권이 없는 것인가? 그녀는 자신이 예기치 못한 영혼을 떠맡는 신세가 되는 것이니 그리 바람직한 일은 아닐 것 같다. 이런 의문들이 쏟아지지만 명확한 대답을 얻기는 힘들다.

마지막으로 스티븐슨은 이런 예가 인도에는 굉장히 많다고 했는데 어떻게 이처럼 사람들이 밥 먹듯이 환생을 하는지 신기하기만 하다. 아무리 힌두교나 불교에서 환생에 대해 가르친다 해도 이렇게 이승과 저승을 아무 방해 없이 왕래하는 것이 이상하기만 하다.

(5) 모반에 대한 예측

이 제목은 제10장의 제목이기도 한데 이 주제로 이 장에서 스티븐슨은 3 종류의 사례를 소개하고 있다. 첫 번째 유형은 이전에는 관찰하지 못한 모반을 찾게 되는 것이다. 처음에는 존재 여부를 모르고 있던 모반을 다른 사람이 예측한 것에 따라 나중에 찾는 경우이다.

두 번째 유형은 어떤 사람이 환생할 때 자신의 부모를 골라 그들의 꿈 속에서 자신이 이러한 모반을 갖고 태어날 것이라고 알려주는 것이다. 이 경우 이 사실을 알고 있는 친척들이 태어난 아기에게서 이 모반을 발견하면 주인공의 환생이 검증되는 것이다.

세 번째 유형은 믿기 힘든 경우인데 죽어 있는 사람이나 아주 최근에 죽은 사람의 몸에 숯 같은 것으로 특정한 장소에 표시를 하는 것이다. 그런 다음 후에 그 가족 안에서 태어난 아이 중에 그 표시한 장소에 흔적이 보이는 아이를 찾으면 그가 환생한 주인공이 되는 것이다. 어떻게 이런 일이 가능할까 하는 의구심이 드는데 나중에 예를 직접 들어 설명하기로 한다.

예 6: 세밀 파리치[91)]

이 사례는 첫 번째 예에 속한 것이다.

세밀은 1935년 터키의 안타캬라는 곳에서 태어났다. 세밀이 태어나기 전날 그의 아버지인 미카일은 꿈에서 먼 친척인 세밀 하익(이하는 하익)이 집 안으로 들어오는 것을 보았다(이 두 사람이 이름이 같은데 그 이유는 뒤에서 밝혀질 것이다–저자 주). 하익은 최근에 살해된 사람인데 세밀의 부모는 그 꿈 때문에 하익이 자신들의 아들로 환생할 것이라고 믿었다. 이 믿음은 세밀이 태어난 뒤 오른쪽 턱 밑에 있는 모반이 발견됨으로써 더 강화되었다. 세밀은 태어난 뒤 그 모반 부분에서 며칠 동안 피가 났는데 병원에 가서 꿰매어 흉터처럼 남게 되었다. 그런데 스티븐슨은 이 모반에서 왜 피가 났는지에 대해서는 설명이 없어 그가 왜 이 설명을 포함시켰는지 알 수 없다.

스티븐슨은 그 다음 부분에서 하익이 어떻게 죽었는지에 대해 서술하고 있다. 하익은 파란만장한 도적의 삶을 살았다. 그의 환란은 그의 자매 2명을 강간한 두 남자를 죽인 것에서부터 시작됐다. 그는 살인을 저지른

91) 앞의 책, pp.728-745.

직후 경찰에 의해 체포됐지만 용케 탈출해 인적이 드문 산간에서 2년 동안 불안한 자유 속에서 살았다. 그는 그곳에서 지나가는 행인들을 도적질해서 먹고 사는 것을 해결했다. 당시(1930년대 초기)는 프랑스가 그 지역을 점령하고 있었는데 그곳에 살던 사람들은 하익을 잡으려는 프랑스 경찰에게 그리 협조적인 태도를 취하지 않았다. 그러나 결국 그에 대한 정보가 밀고로 제공되어 프랑스 경찰은 그와 나중에 합류한 그의 동생이 숨어 있던 집을 포위했다.

그때 양자 간에는 총격전이 벌어졌는데 그러는 가운데 프랑스 경찰은 그 집에 다가가 휘발유를 붓고 불을 그어댔다. 집이 불길에 휩싸이자 집안에서 두 방의 총소리가 들렸다. 조심스럽게 다가간 프랑스 경찰이 문을 박차고 집안으로 들어가 보니 세밀과 그의 동생이 죽어 있었다. 그들의 모습을 보니 세밀이 먼저 동생을 죽이고 자신은 총구를 턱에 대고 발가락으로 방아쇠를 당겨 자살한 모습이었다. 총알이 세밀의 턱의 왼쪽을 관통해 해골을 뚫고 나갔다. 프랑스 경찰은 이 두 도적의 시신을 법원 광장에 가져다 놓았는데 이것은 프랑스 경찰의 능력을 과시하기 위한 면도 있지만 도적질을 하려고 하는 사람들에게 일종의 경고처럼 보이려고 한 의도도 있었다. 세밀은 하익이 이렇게 죽은 뒤 그의 환생으로 며칠 만에 다시 태어났다.

2살 경 세밀이 말을 하기 시작하면서 그는 하익의 삶과 죽음에 대해 조금씩 풀어냈다. 세밀은 깨어 있을 때에는 전생을 영상으로 기억했고 잘 때에는 프랑스 경찰과 싸우는 악몽에 시달렸다고 한다. 이런 현상은 그가 6~7세경까지 계속되었다. 그의 부모들은 그의 모반이나 꿈 때문에 그가 하익의 환생이라고 믿었지만 처음에는 그를 세밀이 아닌 다른 이름으로 불렀다. 이에 대해 세밀은 결연하게 자신의 전생 이름인 세밀을 고수하겠다고 해 부모들은 하는 수 없이 그의 청을 들어주었다. 그래서 그의 이름이 세밀이 된 것이다.

아이였을 때 세밀은 경찰관들에게 극도의 적대감을 표해 그들을 보면 돌을 던지곤 했다. 군인을 보아도 마찬가지 행동을 했다. 또 그는 지팡이를 가지고 그것이 장총인 것처럼 시늉을 하면서 놀기를 좋아했다. 한 번은 아버지 장총을 가져다 실제로 군인들을 향해 쏜 적도 있었다고 한다. 경찰에 대해 공격적인 태도를 가졌음에도 불구하고 그는 피에 대한 공포증으로 괴로워했다. 그는 하익의 가족들과 친밀한 관계를 가졌고 선물을 교환하기도 했다.

수년 동안 이 사례를 조사하면서 스티븐슨은 세밀이 모반을 하나만 갖고 있는 줄 알았다고 한다. 그런데 하익의 자매 중의 한 사람과 면담하는 중에 하익을 죽인 총알이 머리 위로 빠져나가 그 부분의 뼈가 들렸다는 사실을 알았다. 하익의 시신을 본 프랑스 경찰도 그 비슷한 설명을 했다고 한다. 이 이야기를 들은 스티븐슨은 다시 세밀에게 가서 다른 모반이 있느냐고 물었다. 그랬더니 세밀은 주저하지 않고 머리 위를 가리켰는데 거기에는 머리 위의 왼쪽 부분에 머리털이 없는 부분이 있었다. 여기 실린 그림은 화가가 총알이 세밀의 머리통을 관통한 궤적을 그린 것이다.

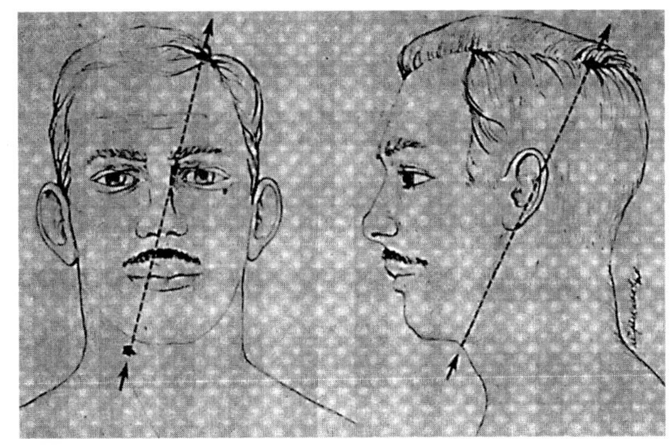
총알이 관통한 궤적을 그린 그림(앞의 책, p.743)

필자의 평 이 사례는 사실 별로 새로울 것은 없다. 처음 이 사례를 접한 사람은 신기하게 생각할 수 있겠지만 스티븐슨의 책을 보면 이런 사례들로 넘쳐나기 때문이다. 이보다 더 신기한 것들도 많다. 여기서 이 사례를 소개한 것은 이전에 알지 못했던 모반을 나중에 찾아낸 것이기 때문이다. 그것 말고도 이 사례는 정확한 사진 자료가 있는 점이 높이 평가되어 여기에 포함시켰다(사진은 저작권 때문에 싣지 못했지만). 게다가 총알이 지나간 궤적이 그림으로 그려져 있어 독자들이 그 사건의 전모를 쉽게 알 수 있어서 좋았다.

그런데 이 사례에서도 여전히 의문이 남는데 그것은 앞서 본 사례들에 대해 던진 의문과 같은 것이다. 이 사례도 보면, 하익은 죽자마자 얼마 안 되어 환생했는데 자신이 태어나기 전 날 이번 생의 아버지 꿈에 나타났다. 하익이 다음 생의 아버지가 될 사람의 꿈에 나타나 그의 집으로 걸어 들어가는 꿈인데 이 꿈은 자기가 환생할 것이란 것을 암시한 것이라고 여겨진다. 이에 대해 우리는 다음과 같은 질문을 던질 수 있을 것이다.

우선 그의 아버지가 꾼 꿈이 과연 사실이냐는 것이다. 혹시 나중에 지어낸 것은 아닐까? 나중에 앞뒤를 맞추기 위해 그의 아버지가 조작한 것은 아닐까 하는 것이다. 그리고 그 꿈이 사실이라 하더라도 도대체 어떤 방법으로 혹은 어떤 경로로 상대방의 꿈속에 나타날 수 있는지 알 수 없다. 또 하익은 왜 먼 친척인 미카일을 다음 생의 아버지로 택했을까? 그 두 사람 사이에는 과연 어떤 카르마적 관계가 있었을까? 이에 대해서는 자세한 설명이 없으니 우리도 알 수 없다.

게다가 그는 죽자마자 바로 환생했다. 그때 그의 모친은 만삭이었을 것이다. 만삭이었다면 그 태아에는 분명 어떤 영혼이 깃들어 있을 텐데 하익은 어떻게 이미 주인이 있는(?) 몸을 차지할 수 있었을까(같은 질문을 바로 전의 사례에서도 던진 바 있다). 아니면 그 태아에는 그때까지도 영혼이 없었던 것일까? 그냥 육체만 있으면서 하익이 오기만 기다렸던 것인가? 그렇다면 이 태아는 하익이 죽을 것이라는 것을 미리 알고 있었던 셈이 된다. 그래서 기다리고 있다가 하익의 영혼을 받아들였을 것이다. 그런데 만일 하익이 죽지 않았다면 이 태아는 어떻게 됐을까? 그때에는 다른 영혼을 받아들였을까?

이 사례에 대해서는 이런 의문들이 봇물 터진 듯 밀려온다. 그래서 나는 개인적으로 이번 사례 같은 것은 있을 수 없는 일이라고 주장하고 싶다. 그저 주인공이 환상으로 지어낸 것이라고 하고 싶은 마음이 드는 것이다. 그런데 그러기에는 세밀이 하는 행동과 말이 걸린다. 그가 하는 행동거지에는 분명 그가 전생에 하익이었을 가능성이 농후하게 보이기 때문이다. 그것들을 그저 세밀 자신이 만들어낸 환상이라고 치부하기에는 정확한 것들이 너무 많다. 그런 것들을 지어내는 것은 어려운 일일 것이다. 우리의 의문은 여기서 끝나지 않는다. 다음 예는 더 믿기 힘든 것이기 때문이다.

예 7: 아누락과[92] 마 초에[93]

이 예는 스티븐슨이 3번째에 속한 것으로 분류한 것이다. 즉 죽은 사람의 시신에 숯 같은 것으로 특정한 부위 위에 표시를 해놓고 나중에 그 사람이 환생했다고 생각되는 사람의 몸에서 확인하는 것이다. 스티븐슨의 책에는 이런 예가 적지 않게 나오는데 여기서는 그 중에서 주목할 만한 두 가지 사례를 골라보았다.

첫 번째 사례의 주인공인 아누락은 1969년 12월 14일에 태국 방콕에서 태어났다. 당시 그의 오른쪽 팔꿈치 근처에는 색조가 강한 모반이 확실하게 있었다. 스티븐슨 일행은 그의 부모와 다른 정보원들을 만나 면담

92) 앞의 책, pp.831-837.

93) 앞의 책, pp.839-852.

을 했는데 그는 그가 태어나기 3년 전에 물에 빠져 죽은 그의 형인 차트체완이 환생한 것으로 여겨졌다고 한다. 그들이 사는 지역에는 운하가 있었는데 그 운하는 가끔 조수가 위험할 정도로 높아져서 위험할 때가 있었다. 그 때문에 차트체완은 그곳에 있을 때에는 기둥에 몸을 묶어 급격한 조수에 몸이 쓸려가지 않도록 조심했다. 그런데 어느 날 조수가 들어와 물이 불어났는데 그는 로프를 풀지 못해 그냥 물속으로 끌려들어가 죽게 된다.

이렇게 죽은 차트체완의 몸은 화장됐는데 가족들은 그가 환생했을 때 알아볼 수 있게끔 왼쪽 팔꿈치에 석탄으로 자국을 남겼다. 이 자국이 모반이 되어 환생한 몸에 흔적을 남길 것이라고 생각한 것이다. 아누락이 태어났을 때 그의 팔꿈치에는 분명 모반이 있었다. 스티븐슨이 면담한 사람들은 시신에 표시한 자국과 후에 환생한 몸에 생긴 모반의 위치가 정확히 일치한다고 주장했다고 한다. 그런데 아누락의 가족들은 스티븐슨에게 몰래 말하길 자신들이 표시해 놓은 석탄 자국과 모반은 그 위치가 정확하게 일치하는 것은 아니라고 했다. 이처럼 전생에 생긴 자국과 후생의 모반의 위치가 일치하지 않는 경우가 종종 있는데 이에 대해서는 다음 장에서 다룰 것이다.

아누락이 말하기 시작했을 때 그는 차트체완의 삶에 대해 언급했고 차트체완이 알고 지냈던 젊은이를 금세 알아보고 그를 별명으로 불렀다. 또 그는 옷장에서 다른 여러 옷이 있는 가운데 차트체완의 보이스카우트 유니폼을 찾아내기도 했다. 그런가 하면 예상할 수 있듯이 그는 물에 대해 대단한 공포증이 있었다. 이런 여러 정황으로 보건대 아누락이 차트체완의 환생이라는 데에는 그다지 의심의 여지가 없어 보였다.

그런데 위의 예에 대해 스티븐슨은 다른 해석의 가능성을 제시하고 있다. 즉 아누락의 몸에 반점이 생긴 것은 차트체완으로부터 직접 영향 받은 것이 아니라 아누락의 엄마가 갖고 있었을 법한 마음 이미지 때문일 수도 있다는 것이다. 그러니까 아누락이 태아로 있을 때 그의 엄마가 차트체완의 몸에 석탄으로 표시해놓은 것을 골똘히 생각해 그것이 마음 이미지가 되어 태아의 몸에 흔적을 남겼다는 것이다(물론 이 경우는 확률이 낮지만—저자 주). 그러나 다음의 예는 이러한 해석의 가능성마저 배제해 버린다.

두 번째 예인 마 초에는 1976년 9월 27일에 랑군에서 태어났다. 마 초에는 마 라이의 환생으로 여겨졌는데 후자는 마 초에의 이모였다. 마 라이는 선천적인 심장병이 있어서 그녀의 짧은 생애 동안 결코 건강하지 못했다. 그런데 마침 심장 절개수술을 하는 사람들이 랑군에 왔던 모양이다. 좋은 기회라 생각한 그녀는 수술을 받았는데 이 수술 중 그녀는 숨지고 만다.

당시 마 라이의 동급생 3명은 그녀의 시신을 묻으려고 준비하고 있었다. 이때 이들은 시신에 표시를 하면 그것이 나중에 태어나는 영아의 몸에 모반으로 나타난다는 항간의 속신을 시험하고 싶었다. 그때 그들이 사용한 것은 빨간 립스틱으로 그들은 이 립스틱으로 마 라이의 목 뒤에 표시를 해두었다. 스티븐슨은 이 3명을 별도로 면담했는데 이들은 이 일을 하고 마 라이 가족들에게는 일절 알리지 않았다고 한다.

마 라이가 죽은 뒤 13개월이 지나 그녀의 자매가 마 초에를 낳았다. 갓 태어난 마 초에를 보니 목 뒤에 마 라이의 동급생들이 립스틱으로 표시한 똑같은 자리에 검은 모반이 두드러지게 보였다. 그뿐만이 아니다. 마 초에에게는 가슴 밑부분에서 복부 윗부분까지 얇은 하얀 선이 수직으로 나 있는 것이 발견됐다. 이것은 마 라이가 앞에서 말한 심장 수술을 받을 때 절개한 부분과 일치했다고 한다.

마 초에가 말하기 시작했을 때 그녀는 마 라이의 생애에 대해 많은 이야기를 했다. 마 초에는 자신의 전생에 대해서 말하는 것만으로 만족해하지 않고 전생에서 마 라이가 그 가족 내에서 차지했던 위치를 회복하려고 여러 방법으로 노력했다. 예를 들어, 자신의 모친을 자매로 대하고 할머니를 모친처럼 대하려고 했던 것이 그것이다. 그녀의 이러한 시도가 성공했는지 어떤지는 스티븐슨의 설명이 없어 알 수 없다.

그녀는 또 마 라이의 친구들을 금세 알아보았는데 스티븐슨이 조사를 하던 중 마 초에가 생전 처음 본 마 라이의 친구를 알아본 현장을 자신이 직접 목격했다고 전했다. 마 초에는 마 라이가 갖고 있었던 심장병은 없었는데 병원이나 병원에 관계된 것, 예를 들어 주사 놓는 것 같은 것에 대해서는 큰 공포심을 갖고 있었다고 한다. 그 이유에 대해 추측해보면, 그가 전생에서 심장병 수술을 받다가 죽었기 때문에 수술과 관련된 것에 대해 공포심을 갖게 된 것 아닌가 하는 생각이 드는데 여기에 대해서 스티븐슨은 명확한 설명을 하지 않았다.

스티븐슨은 이 사례에 대해 약간의 의구심을 표시하면서 이런 견해를 내놓고 있다. 많은 영아들은 목 뒤가 붉은 채로 태어난다. 아마도 전체 영아 중 1/3은 이런 상태로 태어날 것이다. 이것을 서양 민담에서는 황새가 문 자국이라고 한다. 이 붉은 점이 생기는 이유는 잘 모르지만 나이가 들면 이 점은 사라진다. 이런 시각에서 보면 마 라이의 동급생들이 이 지점에 립스틱으로 자국을 남긴 것은 잘한 일이 아니라고 할 수 있다. 어차피 그곳은 붉은 점이 생길 수 있는 확률이 있기 때문이다. 그래서 이왕이면 이런 자리가 아니라 좀 더 특정한 곳에 자국을 남겼으면 좋았을 것이라는 아쉬움이 남는다고 스티븐슨은 전하고 있다.

필자의 평 여기서 소개된 사례는 이 책 전체에 나온 예 중에 가장 믿기 힘든 예일 것이다. 사람이 죽은 다음에 석탄이나 립스틱으로 시신에 표시를 해놓았더니 그게 환생했다고 생각되는 몸에 모반으로 나타났다고 하니 믿기가 힘든 것이다. 다른 예들은 그래도 설명을 시도해보았지만 이 예는 설명을 시도하기조차 힘들다. 왜 설명마저 힘든 것일까?

앞에서 누누이 본 것처럼 전생에서 겪은 사고 등이 후생의 몸에 흔적을 남기려면 그 사고를 당했을 때 그 사람의 의식이 있어야 하는 것이 정상이다. 그래야 그 사람의 마음에 깊은 자국을 남겨 그것이 영혼 속에 저장되어 다음 생으로 넘어온다. 그렇게 형성된 마음 이미지가 다음 생의 몸에 모반 같은 흔적을 남기는 것이다. 설혹 사고가 너무 갑자기 나서 현장에서 즉사했다 하더라도 해당자는 영혼의 상태에서 자신의 시신을 보아야 한다. 그래야 자신의 몸 어디에 어떤 상처가 났는지 보고 그것을 이미지로 담아 저장해 다음 생으로 가져 갈 수 있는 것이다.

그런데 이번 사례는 이러한 공식이 적용되지 않는다. 어떻게 적용이 안 된다는 걸까? 우선 이들의 몸에 그려진 흔적들은 전혀 극적으로 만들어진 게 아니다. 앞에서 든 두 예에서 해당자들은 사고로 죽거나 혹은 수술 중에 죽었지만 그들의 몸에 표시가 된 것은 그들이 죽은 한참 뒤의 일이다. 따라서 당시에 그들은 어떤 의식도 가질 수 없다. 뿐만 아니라 그들의 몸에 흔적이 그려질 때 그들이 영혼 상태에서 보았다는 진술도 없다. 이처럼 본인이 존재하지 않는데 자기의 시신에 무엇이 그려졌는지 어떻게 알 수 있다는 말인가?

그런데 이 주인공들은 자신의 전생을 꽤 자세하게 기억하고 있다. 따라서 이들이 환생했다는 심증은 간다. 하지만 전생의 몸에 그려진 그림이 이번 생의 몸에 모반으로 나타났다는 것은 믿기 힘들다. 사정이 그런데도 이런 사례들을 스티븐슨이 포함시킨 것은 다른 지역에는 없는 독특한 전통이 아시아의 몇 나라에 남아 있어 그것을 소개하는 차원에서 포함시킨 것 같다. 따라서 우리도 이 사례에는 큰 의미를 두지 않는 게 나을 것 같

다. 이 예는 여기까지 보고 다음으로 넘어가기로 하자,

이 예들을 다룬 다음 스티븐슨은 다음 장에서 전생에 입었던 상처와 후생에 나타나는 모반이 위치 상 정확히 일치하는 예들을 살펴보고 있다. 그런데 우리는 이 예들에서 다른 특이한 점을 발견하지 못한다. 그 설명하는 과정이 앞에서 든 예들과 다르지 않기 때문이다. 따라서 우리는 이 예들은 다 건너 뛰고 이 두 흔적, 즉 전생의 상처와 후생의 모반이 일치하지 않는 사례를 하나 보기로 한다.

(6) 전생에 입은 상처의 자리와 현생에 나타난 모반의 위치가 다른 경우

다음에 들 예는 이 책의 제13장에서 다루는 내용으로 주인공이 태어난 뒤에 모반이 바로 발견됐지만 그의 전생이라고 생각되는 인물이 입은 상처와 그 위치가 일치하지 않는 경우이다. 이 예는 이렇게 진행된다. 주인공이 태어났는데 몸의 일정 부위에 모반 같은 것이 있다. 부모들은 처음에는 이 모반에 별 관심을 갖지 않는다. 그런데 이 아이가 전생 이야기를 하면서 자신은 전생에서 총을 맞는 것과 같은 사고로 죽었다고 주장한다.

그 이야기를 들은 그의 부모들은 그제야 이 모반이 전생 때 입은 상처 때문에 생긴 것이라고 생각하게 된다. 그러나 스티븐슨이 조사해 본 결과 그 상처의 위치와 모반의 위치가 일치하지 않는 것으로 판명된다. 그래서 스티븐슨은 마지막에 이런 예는 어떻게 이해해야 좋을지 모르겠다는 말을 남기고 있다. 그 해당자가 진술하는 것을 들어보면 분명 전생의 인물이 환생한 것 같은데 전생의 상처와 현생의 모반이 자리한 위치가 조금 다르기 때문에 스티븐슨이 난감했던 모양이다. 물론 이 같은 예는 많은 경우는 아니고 예외적인 경우에 속한다.

---

94) 앞의 책, pp.1043-1052.

예 8: 파푸 싱그[94)]

파푸는 1971년 8월 12일에 인도의 우두아트나가르라는 곳에서 태어났다. 그의 부모는 쉬브만갈과 미티레쉬였는데 쿠사일라아는 마을에 살고 있었다. 그들은 가난한 농부들이 속하는 매우 낮은 카스트였다. 파푸가 태어난 지 며칠이 안 되어 먼저 그의 할아버지가, 그 다음은 그의 모친이 파푸의 오른쪽 젖꼭지 밑에 모반이 있는 것을 발견했다. 그들은 대수롭지 않게 그 모반이 세 번째 젖가슴일 것이라고 생각했고 그의 부친도 동의했다.

파푸는 2~3살이 되자 자신의 전생에 대해서 이야기하기 시작했다. 그는 전생에 자기 이름이 랄라 바이야였고 아타라는 지역에서 방앗간을 운영했다고 밝혔다. 그는 자기 가슴을 가리키면서 당시 그곳에 총을 맞고 죽었다고 주장했다. 그 이야기를 듣고 그의 부모들은 전생에 총 맞은 자리가 바로 세 번째 젖가슴일 것이라고 생각했다. 그 즈음에 그의 할머니는 그를 데리고 여행을 떠났는데 그때 아타를 지나가게 되었다. 길을 가는 도중 그곳에서 어떤 방앗간을 발견하자 그는 그 방앗간이 자신이 전생에 운영하던 것이고 자신은 비드누 바자르라는 곳에서 죽었다고 말했다.

파푸의 설명은 그 지역에 살던 어떤 뛰어난 인물이 겪은 사건과 일치했다. 그 사람은 본명이 있었지만 보통 랄라 바이야로 알려져 있었다. 그는 브라만 계급에 속했는데 지주였고 세금을 징수하는 일을 했다. 그는 1969년 3월 비드누 바자르의 시장에서 집으로 돌아가는 길에 살해당했다. 1960년대에 랄라 바이야 같은 부유한 지주들은 토지 개혁가들의 적대감을 불러 일으켰다. 낙살라이트라는 이름으로 알려진 유사공산주의 집단이 랄라 바이야를 죽였을 것이라는 혐의가 있었는데 실제로 그들은 나중에 자신들이 그를 죽였다고 주장했다.

쉬브만갈(파푸의 아버지)은 랄라 바이야를 잘 알고 있었고 그가 살해당했다는 소식도 들었다. 그러나 그 두 가족은 카스트가 다르고 경제적으로도 격차가 커 사회적인 관계는 없었다. 파푸의 가족에 따르면 파푸는 랄라 바이야의 가족들을 만나기 전에 자신의 전생에 대해 10가지 정도의 항목을 언급했다고 한다. 그 중에 8개는 정확했고 하나는 조금 틀렸다. 조금 틀린 것은, 파푸가 자신은 전생에 비드누 바자르로 가다가 죽었다고 했는데 사실은 바자르에서 집으로 가다가 죽은 것으로 판명됐다. 마지막 하나, 틀린 것은 그는 자신이 자전거를 타고 가다가 죽었다고 했는데 사실은 걸어가다가 죽었다고 한다. 보통 랄라 바이야는 자전거를 타고 바자르를 갔는데 그날은 걸어갔다고 한다.

아타에서 파푸는 랄라 바이야의 가족 가운데 몇몇을 알아보았다. 파푸는 또 현생의 가족들에게 '어른 같은 태도'를 보였다. 가령 아버지를 힌두어로 아버지에 해당하는 단어로 부르지 않고 그냥 이름으로 불렀단다. 그 정도가 아니라 그는 아예 쉬브만갈이 자신의 아버지라는 것도 부정했다. 그는 다른 자식들과는 달리 굉장히 깨끗했다고 한다(인도에서 브라만 계급은 하위의 카스트들보다 청결에 아주 세심한 태도를 지닌다). 그러나 그는 '브라만 계급이 보이는 속물적인 태도'는 취하지 않았다. 스티븐슨이 조사한 바에 따르면 전생에 브라만 계급이었다가 이번 생에서 하위의 카스트에 태어난 아이들은 자신이 여전히 브라만 계급이라고 주장해 따돌림을 당하는가 하면 다른 가족들에게는 그 사실을 잊지 말라고 경고하는 경우가 종종 있었는데 파푸는 그렇지 않았다는 것이다.

스티븐슨이 랄라 바이야의 사후 보고서를 보니 그는 날이 있는 무기로 머리를 맞아 두개골이 깨져서 죽은 것으로 되어 있었다. 그리고 엽총도 맞았는데 총알은 왼쪽 젖꼭지 밑으로 들어가서 가슴을 관통하고 오른쪽 겨드랑이 근처로 빠져나왔다. 이것으로 보면 파푸는 랄라 바이야의 상처 부위에 상응하는 모반이 없는 것을 알 수 있다. 랄라 바이야는 왼쪽 젖꼭지 밑에 총을 맞았는데 파푸에게 생긴 세 번째 젖가슴은 오른쪽에 있었기 때문이다. 이렇게 되면 파푸도 잘못 알고 있었고 그의 가족들도 잘못 알고 있었던 것이 된다.

스티븐슨은 실토하기를 왜 파푸에게 전생의 상처에 상응하는 모반이 생기지 않았는지 잘 모르겠다고 했다. 그러면서 그는 어떤 사람에게는 상처에 상응하는 모반이 생기고 어떤 사람은 그렇지 않은가는 미스터리라고 하면서 이 사례를 끝맺고 있다.

필자의 평 이번 사례는 매우 특이하다. 왜냐하면 전생의 상처 부위와 현생의 모반 위치가 다른 예이기 때문이다. 스티븐슨이 이런 사례를 포함시킨 것은 현생의 몸에 나타난 현상을 무조건 전생과 연결시키지 말라는 것으로 해석된다. 그러니까 일반화하지 말라는 것이다. 전생과 연관해서 카르마의 인과에 대해 말하는 사람들은 현생의 일을 무조건 전생과 연결시키는 경우가 많다. 특히 전생을 읽는다는 사람들이 이런 무절제한 일반화를 많이 자행해서 자주 이 같은 오류를 저지른다. 스티븐슨은 이런 태도에 대해 경고를 한 것이다.

스티븐슨의 이런 태도에서 우리는 그가 엄중하게 학문에 임한 것을 알 수 있다. 일반인들은 말할 것도 없고 연구자들조차 자기 연구에 위배되는 예는 포함시키지 않는 것이 보통이다. 그런데 스티븐슨은 솔직하게 자기 연구에 반하는 사례를 포함시켰다. 그의 이런 연구 태도는 칭송할 만하다. 원래 환생이나 전생 같은 주제는 인간이 완전하게 알 수 있는 주제가 아니다. 내재되어 있는 법칙을 완벽하게 알기가 어렵기 때문이다. 그래서 스티븐슨 자신도 전생과 관계되는 모반이 어떤 사람에게는 생기고 어떤 사람에게는 생기지 않는지 잘 모르겠다고 한 것이리라.

그러나 이번 사례를 보면 전생의 랄라 바이야가 이번 생에 파푸로 환생했을 개연성이 높다. 파푸가 전생에 관해 말한 10가지 가운데 8개가 맞았으니 말이다. 나머지 두 개도 완전히 틀린 것이 아니라 조금의 오류만이 발견될 뿐이다. 랄라 바이야가 죽을 때 자전거를 탔는지 아니면 걸어갔는지, 또 집으로 가는 길에 죽었는지 아니면 집을 떠나서 가는 길에 죽었는지 정도만이 약간 헷갈렸을 뿐이다. 그리고 총알 맞은 부위도 오른쪽, 왼쪽이 틀렸지만 총을 맞았다는 사실은 정확히 기억하고 있다는 데에 주목해야 한다.

이 몇 안 되는 사안을 파푸가 약간 틀리게 말했다고 그의 전생 기억이 틀렸다고 해서는 곤란할 것이다. 그렇게 말할 수 있는 이유는 간단하다. 인간의 기억은 부정확할 수 있기 때문이다. 우리가 꿈을 꾸었을 때도 그 내용을 기억하려면 아리송할 때가 많다. 꿈에 누구를 보았는데 그가 A인지 B인지 모호할 때가 있다. 어제 밤에 꾼 꿈도 이럴진대 한 생 전의 일을 정확하게 기억하는 것은 결코 쉬운 일이 아닐 것이다. 그런데 파푸의 전생 기억은 상당히 정확했다. 그래서 그의 전생이 랄라 바이야일 확률이 높다고 한 것이다.

그런데도 그에게는 전생의 상처에 상응하는 모반이 없었다. 모반이 나타날 조건은 충분히 갖추어져 있었는데도 말이다. 그 조건이란 앞에서 본 것처럼 죽을 때 매우 폭력적인 방법으로 갑자기 살해당한 것을 말한다. 이런 경우 해당자들은 너무도 크게 놀라서 당시 자신의 몸 상태가 어땠는지를 마음에 단단히 기억해 놓는데 파푸, 아니 랄라 바이야는 그렇게 하지 않은 것이다. 생각건대 파푸의 몸에 모반이 없는 것 역시 파푸가 정한 것 아닐까 하는 추측을 해본다. 아마도 영혼 상태에서 랄라 바이야로서 살았던 전생 기억을 몸에 나타나게 하지 않겠다는 모종의 결심을 한 것 아닌가 하는 생각이다(아니면 모반 같은 것에 관심이 없었던지).

이런 것들을 알려면 파푸에게 직접 물어보는 방법 밖에 없을 텐데 내 개인적인 생각에는 그렇게 해도 알 수 없을 것 같다. 왜냐하면 그의 의식은 기억하지 못할 수도 있기 때문이다. 그렇다면 이것을 알려면 어떤 방법이 있을까? 그 한 방법으로 그를 최면에 들게 해 그의 무의식에 물어보면 답이 나오지 않을까 하는 생각을 해보는데 이것은 실현 불가능한 일이다. 그를 만날 수가 없는데 어떻게 그를 최면에 들게 할 수 있겠는가? 이번 경우의 사례는 이것 하나만 보고 더 이상의 예는 소개하지 않겠다. 다른 예들도 많이 있지만 사례가 짜여진 기본 구조는 같기 때문에 이 사례 하나면 충분할 것으로 생각된다.

(7) 극단적인 선천적 장애의 경우

스티븐슨은 태생적 모반에 대해서는 여기까지 해서 설명을 마치고 이 책의 제16장부터 제20장까지 다음 주제인 선천적 장애에 대해서 다루고 있다. 물론 지금까지도 선천적 장애에 대해 다룬 적이 있지만 그것들은 장애가 조금 경미한 경우였고 제16장부터는 장애가 심한 경우를 위주로 다루게 된다. 이 가운데 두 가지 예만 보기로 한다.

예 9: 렉 팔 자타브[95)]

렉 팔은 1971년 12월 인도의 나글라 데비에 있는 한 마을에서 태어났다. 렉 팔은 태어날 때부터 오른쪽 손의 손가락이 토막만 남고 나머지는 없었다. 그러나 왼쪽 손은 정상이었다. 어릴 때 렉 팔은 아주 유약해서 걷고 말하는 능력이 그의 동배들에 비해 많이 처져 있었다. 그가 말하기 시작하자 전생에 관해 언급하기 시작했는데 몇 단어가 되지 않았다. 그로

95) 앞의 책, vol. 2, pp.1186-1199.

하여금 전생에 관해 말하게끔 촉발한 사건이 있었다. 나글라 탈이라는 마을(나글라 데비에서 8km 떨어져 있다)에서 어떤 여자가 나글라 데비에 와서 렉 탈의 모친과 그녀의 팔에 안겨 있는 렉 팔을 만난 모양이다. 그러자 무언가에 촉발된 것처럼 렉팔은 전생에 관해 언급하기 시작했다(나글라 탈은 렉 팔이 전생에 살던 고장인데 그곳에서 온 사람을 보자 렉 팔이 전생을 기억하기 시작한 모양이다—저자 주).

손가락이 없는 렉 팔의 손을 보자 이 여성은 나글라 탈에도 사고로 손가락을 다 잃고 조금 더 살다가 죽은 아이가 있었다고 말했다(이 아이는 이 사고로 죽은 것은 아니다). 그녀는 자기 마을로 돌아가서 손가락이 없이 태어난 렉 팔에 대한 정보를 나글라 탈에 사는 사람들에게 전했다. 이 때문에 이 두 고장에 사는 사람들은 렉 팔에 관한 이야기를 다 알게 되었다. 그럼 나글라 탈에는 어떤 아이가 렉 팔과 비슷한 장애를 갖고 있었을까?

나글라 탈에 사는 후쿰이라는 아이가 바로 그 주인공인데 그는 사료를 자르는 기계에 부주의하게 손을 넣었다가 손가락이 잘렸다. 그때 그의 아버지가 그 기계를 작동하고 있었는데 자신의 아들이 오는 것도 모르고 작업을 계속 하다가 그만 그의 아들이 변을 당한 것이다. 이때 후쿰의 나이는 3살 반이었다. 그러나 후쿰이 이 사고로 죽은 것은 아니고 그 다음해에 병으로 죽게 된다.

어떻든 렉 팔의 소식을 접한 후쿰의 가족은 급하게 렉 팔을 만나려고 한 것은 아닌 것 같았다. 전생에 관해 발설하기 시작한 렉 팔은 가족들에게 후쿰의 삶에 대해 말했다. 그는 계속해서 '탈, 탈'이라고 말했는데 그의 모친은 이게 무엇을 뜻하는지 몰랐다(이것은 물론 그가 전생에 살던 고장인 나글라 탈을 의미할 것이다—저자 주). 그는 또 지금 살고 있는 니글라 데비 소재의 집은 자기 집이 아니기 때문에 이곳에 머물고 싶지 않다고 했다. 그의 큰 누이가 나중에 기억하기를 렉 팔은 자신이 전생에서 사료

자르는 기계에 어떻게 손이 잘렸는가를 설명했었다고 한다. 그는 '탈'에 부모와 누나, 그리고 남동생이 있다고 말했다. 그러나 후쿰이라는 이름은 기억해내지 못하고 단지 간접적으로 자신의 손가락이 잘릴 때 후쿰의 아버지가 사료 자르는 기계를 작동시키고 있었다고만 말했다고 한다.

그러는 와중에 렉 팔에 대해 들은 나글라 탈의 주민들이 니글라 데비에 와서 렉 팔을 데리고 나글라 탈로 갔다. 그곳에서 그는 후쿰에 대해서 많은 것을 알아내서 사람들로부터 그가 후쿰의 환생이라는 사실을 인정받았다. 그가 알아낸 것이 많이 있지만 대표적인 것은 그가 후쿰의 손가락을 절단한 사료 자르는 기계가 있던 곳을 알아낸 것이다.

이 두 가족이 사는 지역이 불과 8km밖에 떨어지지 않았으니 서양의 독자들이 생각하기에는 이 두 지역이 가깝게 느껴질지 모르겠지만 당시 인도의 교통수단이 매우 열악한 것을 생각하면 지리적으로 가깝다는 것은 그다지 의미가 없단다. 이 사례를 알려준 정보원들에 따르면 이 두 가족은 지리적으로는 가깝게 살았지만 아는 사이는 아니었다고 한다. 물론 두 마을 사이에는 결혼 같은 일이 있어 서로 간에 왕래가 있었지만 스티븐슨이 보기에 나글라 탈에 사는 어떤 사람도 렉 팔의 가족에게 후쿰의 사고에 대해 말해준 사람이 없었다고 한다.

렉 팔의 선천적 장애는 아주 드문 것이라고 한다. 단지증(短指症)으로 알려져 있는 이 증상은 보통 가족 내에서 유전으로만 나타난다고 한다. 이 같은 병력을 갖게 되면 손가락이 비정상적으로 짧은 상태로 태어나지만 렉 팔의 경우처럼 토막만 남는 것이 아니라 손가락이 어느 정도는 존재한다고 한다. 게다가 한 손의 손가락만 단지증 증세를 보이는 것은 양손이 그런 것보다 더 드물게 나타난다고 한다.

그런데 이 사례에서 나중에 밝혀진 것으로 주목할 만한 것이 있다. 후쿰의 가족들이 후쿰이 사고를 당했을 때 엄지손가락은 잘리지 않았다고 강하게 주장한 것이 그것이다. 그러나 렉 팔은 엄지손가락도 잘린 상태로 태어났다. 왜 이런 일이 일어났을까? 왜 전생 때에는 일어나지 않은 일이 환생할 때에 생긴 것일까? 이에 대해 스티븐슨은 이 사례가 그릇됐다고 하지 않고 다른 개념을 소개해서 이 사례를 설명하려고 시도했다. 그 개념은 '심령적 장(psychical field)'이라는 것으로 선천적 장애가 생길 경우 이런 장이 작동한다는 것이다. 스티븐슨의 이 새로운 개념을 필자 나름대로 이해해보면 다음과 같다.

후쿰은 자신의 손가락이 잘렸을 때 그 사고의 충격이 너무 커서 마음에 강한 이미지를 만들었을 것이다. 그리고 그 이미지를 자신의 영혼에 저장했는데 문제는 그 이미지를 정확하게 만든 것이 아니라 크게 생각해 손가락 전체가 잘렸다는 식으로 만들었을 것이라는 것이다. 그러니까 손가락 하나하나에 대한 이미지를 만든 것이 아니라 손가락이 없는 손 전체 이미지를 만들어 저장했을 것이라는 것이다. 그랬다가 다음 몸을 받을 때 그 이미지 장을 그대로 투사해 모든 손가락이 잘린 것으로 태어나게 만들었다는 것이다.

필자의 평 이 사례도 그 장애의 정도가 중증일 뿐 구조는 다른 사례와 같다. 그런데 이 사례에도 일정한 의문이 생기는 것을 막을 수가 없다. 앞에서 우리가 많이 본 사례는 전생에 겪은 사고로 입은 상처가 환생한 몸에 모반 등으로 자국을 남기는 예이다. 이런 사례를 이해하는 것도 쉽지 않지만 이번 사례에는 이해할 수 없는 면이 있다.

이해할 수 없다고 하는 것은 이런 이유에서이다. 전생의 상처가 후생의 몸에 모반 같은 흔적을 남기는 것은 그래도 그 사람이 이번 생을 사는 데에 아무런 지장을 주지 않았다는 의미에서 이해할 만하다. 그런데 이번 사례에서는 모반이 생기는 정도가 아니라 전생의 불구가 그대로 재현되었다. 따라서 이 아이는 사는 데에 심대한 불편을 갖게 될 것이다. 그래서 이해가 안 된다는 것이다. 스티븐슨의 가정을 가지고 설명을 해보면, 이 아이는 자신의 손가락이 잘린 이미지를 갖고 그것을 이번 생의 몸에 적용시킨 것이 된다. 그런데 왜 이 아이는 본인이 잘못한 게 하나도 없는데 왜 스스로 장애인이 되는 길을 택했을까?

상식적으로 생각하면 그런 장애의 이미지가 있더라도 자신의 의지로 이번 생에는 불구가 아닌 몸으로 태어나겠다고 해야 할 것 같은데 왜 스스로 불구가 됐는지 이해가 안 된다. 조금 다르게 생각하면 전생의 사고를 이번 생에 이처럼 재현해서 심대한 장애를 갖고 태어나지 말고 몸에 간단한 흔적만 남길 수 있지 않았겠냐는 생각도 든다. 이를테면 손가락의 잘린 부분에 하얀 모반만 생기고 손가락은 정상인 상태로 태어날 수도 있지 않았겠냐는 것이다. 그가 잘못한 것이 하나 없는데 이렇게 장애로 태어나는 것은 어딘가 불공정하다는 생각이 든다.

다음으로 스티븐슨이 소개한 '심령적 장'이라는 개념도 이해하기 어렵기는 마찬가지이다. 필자의 우려는 우선 번역 상 이 단어를 심령적 장이라고 한 것이 올바른 번역인지 잘 모르겠다. '싸이키컬'이라는 단어는 여러 의미가 있는데 이것을 '심령적'이라고 번역한 것이 어떨지 모르겠다는 것이다. 스티븐슨이 이 단어를 가지고 의미한 바는 해당자의 영혼 안에 일정한 장이 형성된다는 것을 뜻하는 것 같으니 심령이라는 단어가 틀린 것은 아닐 것이다. 그러나 '심령'이라는 단어는 '심령과학'과 같은 유사과학을 지칭하는 이미지를 갖고 있어 쓰기에는 썩 적합한 단어가 아니라는 느낌이 든다.

스티븐슨이 이 단어를 쓸 때 더 많은 사례를 가지고 설명을 했으면 이해하기 좋았을 것이라는 아쉬움이 든다. 필자가 위에서 이 사례를 설명하면서 필자 나름대로 이해를 시도했는데 과연 맞는 해석인지 궁금하다. 다시 한 번 이 단어의 개념에 대한 이해를 시도한다면, 이때 말하는 장이라는 것은 아마도 마음 이미지가 세부적으로 형성되는 것이 아니라 전체적으로 기억되는 것을 말하는 것 아닐까 하는 생각이다. 그렇게 전체적으로 기억할 때 세부적으로는 잘못된 것이 있을 수 있지만 그런 것에 관계없이 형성된 이미지 장이 그 다음 생의 몸에 투영되는 것이다. 하기야 이 비슷한 예를 우리는 앞에서 이미 보았다. 즉 전생의 상처가 후생의 몸에 모반을 남길 때 잘못된 위치에 남겼던 것이 그것이다.

이렇게 추측할 수 있는 것은 스티븐슨의 다른 연구를 통해서이다. 그는 다른 책에서 자신이 쓰는 '심령적인(psychic 혹은 psychical)'이라는 단어는 '초현상적인(paranormal)' 혹은 '초심리학적인(parapsychological)'이라는 단어와 거의 같은 의미로 쓰인다고 말하고 있다.[96] 그러니까 '심령적인' 현상이란 일상적인 현상이나 심리적인 것을 넘어서 생기는 현상을 말하는 것이다.

그러면 이렇게 해서 생긴 심령적 장은 그 소재가 어디일까 하는 의문이 드는데 스티븐슨에 따르면 이 장은 그가 창안한 개념인 사이코포어 안에 있다가 그 다음 생으로 전달된다. 이 심령적 장이 환생할 몸의 배아나 태아의 형태가 만들어질 때 영향을 주는 것이다.[97] 그러니까 사이코포어가 배아나 태아의 형태가 만들어지는 데에 직접적으로 영향을 미치는 것이 아니라 그 안에 저장된 심령적 장이 그 역할을 한다고 이해하면 될 것 같다.

예 10: 티앙 산 클라 – 모반이 두 군데 이상에 나타난 경우[98]

티앙은 1924년 10월 9일 태국의 반 라사이라는 마을에서 태어났다. 그의 부모는 각각 챠론 산 클라와 푸엔 산 클라이다. 티앙이 태어나기 전에 그의 부모가 꾼 꿈에 푸엔의 죽은 오빠인 포가 나타나 당신들의 자식으로 태어나고 싶다고 말했다. 그러고 나서 곧 티앙이 태어났는데 그는 선천적 장애와 모반을 6개나 갖고 있었다. 이 같은 장애와 모반은 포의 죽음과 연관이 있었기 때문에 티앙의 부모들은 티앙이 포의 환생이라는 것을 믿게 되었다. 더 더욱이 포가 그들의 꿈에 나타났었기 때문에 그들은 그 사실을 믿어 의심치 않았다.

포는 티앙이 태어나기 약 1년 전에 죽었는데 그 역시 다른 사례자들과 같이 매우 폭력적인 죽음을 맞이했다. 포는 그 마을에서 아주 유명한 가축 도둑이었다고 하는데 그 때문에 적이 많았던 모양이다. 하루는 그가 적들이 많이 있는 마을에 갔다가 그들의 공격을 받고 죽임을 당한다. 그 때 그 적들은 그의 뒤통수를 코코넛을 깔 때나 나무를 팰 때 쓰는 육중한 칼로 가격하여 죽였다. 이 가격으로 포는 즉사했을 것이다. 죽은 후에 그의 부모와 다른 가족들은 피살된 현장에 가서 그의 시신을 보았다. 그가 매장된 것은 3일 뒤였는데 이 일은 1923년 10월에 일어났다.

그런데 포는 이렇게 살해당하기 얼마 전에 다른 사고로 오른쪽 발을 다쳤다. 그 때문에 오른쪽 발의 엄지발가락이 세균에 감염되었는데 이 발가락은 그가 죽을 때까지 고쳐지지 않았다. 포의 여동생이 나중에 스티븐슨에게 말하길 당시 포의 오른쪽 발에서 냄새가 심하게 났다고 했는데 그것을 보면 그의 발가락이 곪았던 것이 틀림없다고 스티븐슨은 추정했다.

포를 접고 티앙으로 되돌아가면, 티앙의 몸에 있는 두 개의 주요한 선천적 장애는 포의 몸에 있던 것과 그 위치가 일치했다. 하나는 포가 칼에 맞은 부분인 머리에 있었고 또 하나는 만성적으로 감염됐던 오른쪽 엄지

---

96) Stevenson(2001), p.15.

97) 앞의 책, p.251.

98) Stevenson(1997), vol. 2, pp.1579-1589.

발가락에 있었다. 그의 왼쪽 뒤통수를 보면 넓은 상처 같은 것이 있었다. 이것을 의학용어로 하면, '사마귀 모양의 표피모반'이라고 한다는데 쉽게 해석해 보면 '사마귀처럼 돌출한 피부 모반' 정도라고 하면 되겠다. 1969년에 스티븐슨이 검사했을 때 그 모반 부분은 주위의 피부보다 조금 돌출되어 있었고 털이 없었으며 색이 짙게 물들어 있었고 주름이 많이 잡혀 있었다고 한다. 모양은 불규칙해서 길이가 5~6cm였고 너비가 1~1.5cm에 달했다.

오른쪽 엄지발가락의 양상은 발톱이 발에서 들려 있었고 그 밑의 피부는 까맣게 되어 있는 정도였다. 스티븐슨에 따르면 이것은 포의 엄지발가락이 감염되어 곪은 데에서 연유한 장애라는 것이다. 이 두 가지 장애에 비해 다른 모반들은 시간이 지나면서 없어졌기 때문에 거론하지 않아도 되겠다는 것이 스티븐슨의 생각이었다. 이 모반들은 손의 뒷부분과 발등에 있었는데 그것들은 포의 문신 자리와 일치했다고 한다(전생에 문신한 것이 후생에 모반 같은 흔적을 남긴다는 것은 여기서 처음 나온 이야기이다—저자 주).

티앙은 4살이 조금 안 되어서 포에 대해 이야기하기 시작했다. 티앙의 사례가 재미있는 것은 그가 포가 가축을 훔친 사건을 알고 있었고 그의 피살 사건을 다룬 경찰을 알아본 것이다. 그 경찰관은 티앙이 죽은 포의 환생이라는 소식을 듣고 티앙을 보러 왔다. 그때 티앙은 그를 단번에 알아보았고 그의 이름도 기억해냈다. 뿐만 아니라 티앙은 그 경찰관에게 포를 죽인 사람의 이름도 정확히 말했다. 티앙에 따르면 포의 처인 파이가 자신을 찾아와서 그가 알고 있는 포에 대한 정보를 테스트했다고 한다. 파이는 포의 소유물과 그렇지 않은 것을 섞어서 티앙에게 제시했는데 티앙은 그것들을 쉽게 가려냈다고 한다. 뿐만 아니라 티앙은 포의 결혼 생활에 대해서도 파이에게 알려주었다고 한다.

스티븐슨 일행이 이곳에 조사 차 왔을 때 파이는 이미 죽어서 티앙이 말한 것이 사실인지 아닌지는 알아내지 못했다고 한다. 그러나 포의 딸인 파와 면담할 수 있었는데 파는 말하길 티앙이 자신을 바로 알아보고 딸이라고 불렀다고 한다. 티앙은 파에게 포의 삶과 죽음에 대해 말해주면서 자신이 그녀의 아버지였다는 것을 확신시키려 했다고 한다. 당시 티앙은 7살이었다.

다른 정보원이 스티븐슨 일행에게 말하길 티앙이 주변의 군부대에 인접해 있는 땅이 원래 포의 것이었기 때문에 지금도 자신의 것이어야 한다고 주장했다고 한다. 티앙은 당시 포가 그 땅을 어떤 환경에서 획득했는가에 대해서 정확하게 설명했다. 어린이인 티앙은 자기 이름이 티앙이 아니라 포라고 했고 그를 티앙이라고 부르면 어떤 때는 화를 냈다고 한다. 그리고 어떤 때는 자기 부친을 형이라 부르고 이모를 누나라고 부르곤 했다고 한다.

티앙은 칼에 대한 공포증은 없었다. 당사자가 만일 전생에서 칼로 공격받고 죽었다면 그런 사람은 보통 현생에서 칼에 대한 공포증을 갖는 것이 일반적인 현상인데 티앙의 경우는 그렇지 않았던 것이다. 하기야 전생의 일이 반드시 현생에 영향을 끼친다고 생각할 필요는 없을 것이다. 경우의 수가 여럿 있을 수 있기 때문이다. 티앙의 경우가 그렇다. 그는 포가 살해 당했던 마을에 대해서도 공포증이 없었다. 그래서 그 마을에 가더라도 감정의 변화가 없었다. 그러나 포를 살해한 사람들에 대해서는 극심한 복수감을 표현했다. 그는 스티븐슨에게 말하길 자신이 장년이 되었는데도 가끔은 포가 죽임을 당한 마을로 가서 포를 죽인 사람들을 다 죽여 버리는 환상을 갖는다고 실토했다.

그런데 성격이 솔직한 점에서 티앙은 포와 달랐다. 그는 육군에 복무할 때 좋은 병사였고 제대하고서는 마을에서 촌장으로 추앙되어 마을 사람들로부터 존경을 받았다. 그가 전생의 자기였던 포가 행한 악행과 죽음에 대해 갖고 있던 기억은 그로 하여금 이번 생에 좋은 사람이 되는 쪽으로 인도했다는 것이 스티븐슨의 해석이었다(여기서 스티븐슨은 카르마의 균형설을 말하는 듯했다-저자 주). 이상이 티앙에 대한 설명인데 여기서도 소소한 의문이 몇몇 생긴다.

필자의 평 이번 사례는 다른 사례들과는 달리 전생의 상처가 각기 다른 위치에 두 개의 모반을 남겼기 때문에 여기서 소개해보았다. 그런데 이 사례에도 몇 가지 의문이 남는데 우선 드는 의문은 티앙이 어떻게 자신의 전생인 포를 죽인 범인을 정확히 기억해냈느냐는 것이다. 티앙의 전생인 포는 뒤에서 칼에 맞고 그 자리에서 바로 죽었다. 그렇기 때문에 자신을 죽인 사람을 알 수가 없다. 그런데 그는 경찰관에게 그 살인범의 이름을 확인하기도 했다.

그는 어떻게 그 살인범을 알 수 있었을까? 이에 대해 추리를 해본다면, 포가 자신을 죽인 살인범을 알았던 것은 아마 그가 영혼의 상태였을 때가 아니었을까? 지금까지 우리가 배운 바에 따르면 포는 죽자마자 그의 영혼이 몸을 빠져나갔을 것이다. 그 다음 그 영혼은 현장에서 일어나는 일을 목도하고 있었을 것이다. 그러니 그 살인범의 얼굴을 보았을 것이고 그의 이름을 기억해 그의 영혼에 저장했을 것이다. 이 설명 아니고는 그가 자신을 죽인 살인범을 알아내는 것은 가능하지 않을 것이라는 생각이다. 이 추론이 맞는다면 다시금 우리는 사람이 죽은 다음에 영혼 상태가 되었을 때 겪은 일을 기억할 수 있다는 결론에 도달할 수 있다.

사실 이것보다 더 기이한 것은 티앙이 전생의 살인 사건을 조사한 경찰관을 알아본 것이다. 앞에서 우리는 티앙이 전생의 자기를 죽인 범인을 알아본 것에 대해서는 설명을 했다. 자기가 죽은 직후이기 때문에 그 자리에서 범인을 보고 그에 대한 정보를 자신의 영혼에 저장할 수 있었을 것이라고 말이다. 그런데 경찰관의 경우는 좀 다르다. 경찰관은 살인사건이 일어난 뒤 한참 지나서 현장에 왔을 터인데 포의 영혼이 어떻게 그 경찰관에 대해 알고 있느냐는 것이다. 이 경우도 추리밖에는 할 수 없는데 대체로 두 가지 경우의 수가 있지 않을까 한다. 먼저 가정할 수 있는 경우는 이 경찰관은 포가 이전부터 알던 경찰관일 수 있다. 포는 가축을 훔치는 도둑질을 했기 때문에 자연스럽게 지역의 경찰들과 대면할 기회가 적지 않았을 것이다. 포가 죽었을 때 온 경찰관도 그 중의 하나일 수 있으니 티앙이 곧 알아볼 수 있었던 것 아닐까 한다.

그러나 만일 포의 피살 현장에 온 경찰관이 포에게는 초면이었다면 이 경우는 어떻게 설명할 수 있을까? 이때의 상황을 가정해보면, 살인 사건이 있어났을 때 포의 영혼은 다른 곳으로 이동하지 않고 그 자리에 계속 있어야 한다. 그래야 자신의 시신을 맴돌면서 그곳의 상황을 주시하고 있을 수 있을 것이다. 상황이 이러했기 때문에 경찰관이 당도했을 때에도 그는 여전히 그곳에 있으면서 경찰관이 하던 일을 목도했을 것이다. 그리고 그 경찰관에 대한 정보를 자신의 영혼에 저장해서 다음 생으로 왔을 것이다. 이 정도의 추리가 가능한데 이것 외에는 다른 경우의 수가 없을 것 같다.

티앙은 주변 가족들을 전생의 인연 식 대로 대해 아버지를 형이라고 하고 이모를 누나라고 불렀다고 했다. 이런 예는 앞에서도 많이 나왔기 때문에 특이할 것은 없다. 그런데 이번에는 현생 인격이 전생의 자신이 갖고 있던 땅을 자기 것이라고 주장하고 있어 재미있다. 스티븐슨은 이러한 주장을 법원에서 받아줄 리가 없을 것이라고 하면서 당시에 이 발언이 별 문제를 일으키지는 않았다고 했는데 이렇게 전생과 현생을 자꾸 혼동하면 큰 혼란이 있지 않을까 하는 생각이다. 물론 이들의 기억은 나이를 먹으면서 희미해지기 때문에 크게 걱정할 일은 아니지만 말이다. 필자의 개인적인 추론은 이렇게 전생을 기억해서 현생과 전생을 자꾸 혼동하는 것은 결코 자연의 섭리가 아닐 것 같은데 스티븐슨이 다루는 이 아이들이 전생을 잘 기억하는 것은 무슨 이유인지 잘 모르겠다.

의문은 계속된다. 앞에서 본 다른 사례와 마찬가지로 티앙은 자신은 포이지 티앙이 아니라고 항변했다. 이처럼 현생의 인격이 전생의 인격에 집착하는 예는 앞에서도 많이 보았다. 그런데 티앙의 예는 조금 다르다. 그는 전생에서 가축을 훔치는 도둑으로 살았다. 그런데 객관적으로 생각해보면, 보통 사람 같으면 도둑으로 살았던 전생의 인격과 현생의 자기를 동일시 하고 싶지 않을 터인데 티앙은 왜 전생의 인격에 집착했는지 모르겠다. 상식적으로 생각해보면, 부끄러운 전생의 기억을 접고 새 인생을 살려고 할 텐데 그렇게 하지 않으니 이상하다는 것이다.

티앙의 경우는 또 다른 면이 있다. 앞에서 본 사례들을 보면 포처럼 나쁜 삶을 살고 죽을 때 처참하게 살해된 사람은 현생에도 그리 좋지 못한 삶을 사는 경우가 많았다. 그런데 티앙은 전생과는 아주 다른 삶을 살고 있었다. 전생에서 도둑이었던 사람이 현생에서는 좋은 군인이 되었고 존경받는 촌장이 되었다. 그래서 그런지 그는 자신을 죽인 살인범들에 대해서는 복수심이 강렬했지만 그들이 사용했던 칼이나 살인범들이 사는 마을에 대한 공포증은 없었다. 이것도 다른 사례들과 꽤 다르다. 다른 사례를 보면 이렇게 죽은 사람은 칼이나 자신이 죽은 장소에 대해 상당한 공포증을 갖게 되는데 티앙의 경우는 그렇지 않기 때문이다. 이것은 아마도 전생의 상처가 이번 생의 몸에 물리적인 흔적은 남겼지만 심리적인 흔적은 별로 남기지 않은 때문이 아닌가 하는 생각이다.

티앙은 여기서 한 걸음 더 나아가 자신의 삶의 조건을 좋게 바꾸었다. 여기서 다시 드는 의문은 티앙에게 이런 것이 가능하게 된 요인이 무엇이냐는 것이다. 그러니까 어떤 사람은 전생에 사로 잡혀 그때의 공포증을 아직도 갖고 있고 그 때문에 현생의 삶도 제대로 풀어나가지 못하는데 어떤 사람은, 티앙의 경우처럼, 전생을 많은 면에서 극복하느냐는 것이다. 스티븐슨의 설명에는 이에 대한 언급이 없다. 여기에 다시 카르마 이론이 적용되어야 하는데 위의 설명으로는 알 수 없으니 의문 부호만 남기고 다음 사례로 가보자.

(8) 전생과 관련이 있는 내과 질환의 경우

이 책의 제21장에서 스티븐슨은 매우 색다른 사례를 소개하고 있는데 지금까지 본 것들과 내용이 많이 달라 여기서 다루어볼까 한다. 이 예는 내과 질환과 관계된 것인데 지금까지는 스티븐슨이 전생과 관련된 모반이나 선천적 장애에 대한 것만 소개한 것에 비해 여기서는 전생과 관계가 있는 것으로 보이는 내과 질환, 즉 속병에 대해 언급하고 있다. 쉽게 말해서 현생의 인물이 지니고 있는 속병이 전생의 인물이 갖고 있던 질병에서 유래한 것이라는 것이다.

스티븐슨은 이러한 예를 찾기가 쉽지 않았다고 전한다. 그 이유는 충분히 예상할 수 있다. 모반이나 장애는 어렸을 때부터 쉽게 보이는 것이라 추적하기 쉽지만 속병은 그렇게 쉽게 발견할 수 없기 때문이다. 병은 천천히 발전하기 때문에 나이가 들어서야 그 병을 숙지할 수 있는데 거기서 더 나아가 그것을 전생의 인격과 연결시키는 것은 쉬운 일이 아니었을 것이다. 또 그가 조사한 지역은 개발이 덜 된 국가들이라 의학 기록도 변변치 못했다. 내과 질환의 경우 의학 기록이 있어야 그 소지여부를 알 수 있는 것이니 이 기록은 대단히 중요한 것이 된다. 이 기록을 발견하는 일은 쉬운 일이 아니었을 것이다. 그럼에도 불구하고 스티븐슨은 23가지 사례를 발굴했는데 여기서는 한 가지만 소개해보기로 한다.

이 사례는 또 대단히 특이한 예에 속한다. 왜냐하면 한 인물이 같은 집에서 2대에 걸쳐 환생했기 때문이다. 그렇게 환생하면서 그 환생을 증명해 줄 모반도 남기고 속병도 남긴다. 이런 예는 드문 경우이기 때문에 이번에는 스티븐슨이 조사해 놓은 것을 그대로 실어본다. 물론 이 내용을 조금은 축약하겠지만 앞의 예들처럼 완전히 요약하는 것이 아니라 스티븐슨이 정한 틀이나 제목을 모두 살려가면서 축약하도록 하겠다.

예 11 : 마웅 아웅 미인트[99]

이 사례의 주인공인 아웅 미인트는 두 개의 모반을 갖고 태어났는데 하나는 아웅 미인트의 직전생인 미야 마웅이 입은 치명적인 상처 자리와 상응하는 위치에 있었고 다른 하나는 미야 마웅이 갖고 있었던 색이 진한 모반의 자리에 상응하는 위치에 있었다. 또 아웅 미인트는 혈뇨증으로 고생했는데 그의 전생인 미야 마웅 역시 비뇨기 질환으로 치료를 받은 적이 있었다. 전생의 인물이 비뇨기 질환을 앓았는데 그 후생인 아웅 미인트도 같은 곳에 질환을 앓은 것이다. 그런가 하면 미야 마웅 자신은 자신의 전생이 마웅 캬우 킨이라는 사실을 기억했다. 이 관계는 도표에 잘 나온다.

사례의 요약과 조사 아웅 미인트는 1967년 10월 22일 미얀마의 랑군에서 남서쪽으로 100km 정도 떨어진 물메인-균이라는 곳에서 태어났다. 그의 부모인 우 통 스웨(이하 우 통)와 다우 킨 스웨(이하 다우 킨)는 랑군에 살았는데 그의 모친이 이곳을 방문했다가 그를 낳은 것이다. 아웅 미인트에게는 형과 남동생이 하나씩 있었다. 우 통은 다우 킨의 2번째 남편이었는데 첫 번째 남편과는 2명의 아들이 있었다.

99) 앞의 책, pp.1665-1679.

아웅 미인트가 태어났을 때 그는 오른쪽 가슴의 젖꼭지 밑에 모반이 있었고 또 그의 등에도 오른쪽 중간 밑에 모반이 있었다. 이 점들은 그의 모친인 다우 킨의 사촌인 미야 마웅이 갖고 있었던 치명적인 상처와 모반의 위치와 같은 지점에 있었다(아웅 마인트의 직전생인 미야 마웅은 아웅 마인트의 엄마인 다우 킨의 사촌이다—저자 주). 이 미야 마웅은 다우 킨이 아웅 미인트를 임신하고 있었을 때 가슴을 창에 찔려 죽었다. 미야 마웅이 죽은 다음 그녀는 그에 관한 꿈을 두 개나 꾸었는데 그에 대해서는 나중에 설명이 나오니 그때 보기로 하겠다.

아웅 미인트는 1살 반이었을 때 말을 하기 시작했는데 그때부터 자신의 전생에 대해 말하기 시작했다. 전생에 대해 발설하면서 그는 이모할머니인 다우 미야(미야 마웅의 모친)를 엄마라고 불렀다. 그 외 다른 가족들에게도 미야 마웅이 살아 있을 때 썼던 호칭으로 그들을 불렀는데 이것은 아주 어린 아웅 미인트에게는 어울리지 않는 일이었다(어린 아이가 어른처럼 다른 가족들을 대했으니 이상했을 것이다—저자 주). 그는 전생을 회상하면서 미야 마웅의 삶에 대해 아주 자세하게 이야기했는데 특히 미야 마웅이 창에 찔려 죽은 사건에 대해서 그 전모를 소상하게 밝혔다.

스티븐슨의 조교인 웅 윈은 아웅 미인트가 4살 반이었을 때 이 사례를 알게 되어 1972년 3월 18일 아웅 미인트의 모친인 다우 킨을 랑군에서 만나 면담하고 그 내용을 모두 녹음했다. 8개월 후에 스티븐슨은 웅 윈과 함께 랑군에서 다우 킨을 만나 면담을 했고 그때 그 외의 가족이나 다른 정보원들도 만났다.

조사 과정에서 만난 사람들

스티븐슨이 랑군에서 만난 사람들

마웅 아웅 미인트

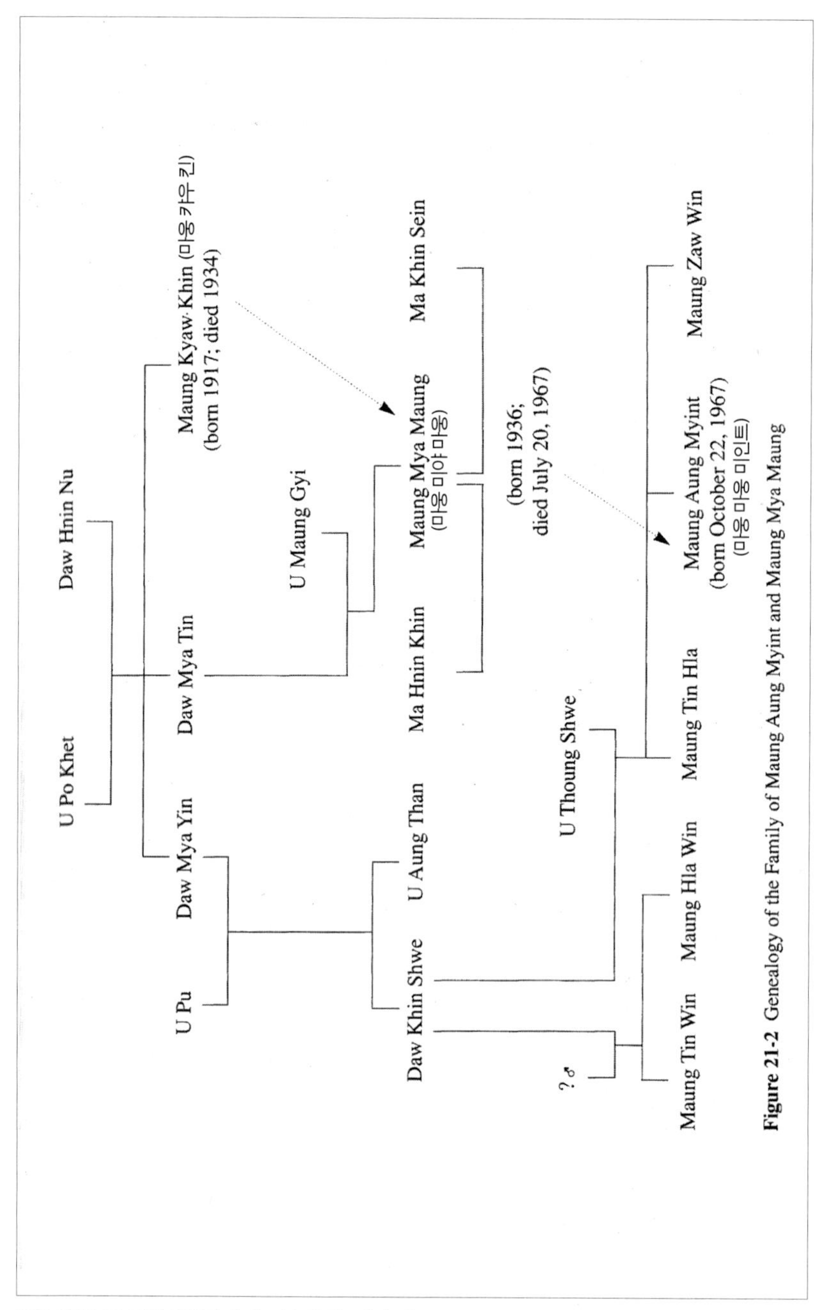

Figure 21-2 Genealogy of the Family of Maung Aung Myint and Maung Mya Maung

아웅 미인트와 미야 아웅의 가계도(家系圖), 앞의 책, p.1667

다우 킨 스웨, 아웅 미인트의 모친
우 통 스웨, 아웅 미인트의 부친
다우 미야 이인, 다우 킨의 모친이자 아웅 미인트의 이모할머니
마웅 틴 윈, 아웅 미인트의 의붓형
우 치트 읏윈, 미야 마웅의 친구

그런데 아주 중요한 정보원이었을 미야 마웅의 모친은 조사를 시작했을 때 이미 죽었기 때문에 면담하지 못했다고 스티븐슨은 밝히고 있다.

이 사례에 연관된 사람들의 관계망

다음으로 스티븐슨은 독자들의 이해를 돕기 위해 이 사례에 관계된 사람들의 관계를 도표로 그렸다. 이 도표를 보면 아웅 미인트의 직전생인 미야 마웅과 미야 마웅의 직전생인 캬우 킨이 점선으로 연결되어 있다.

마웅 캬우 킨(미야 마웅의 직전생)은 미야 마웅의 모친의 남동생이었기 때문에 그는 미야 마웅의 외삼촌이 된다. 또한 그는 다우 킨의 모친의 남동생이 되고 아웅 미인트의 작은 외할아버지가 된다. 미야 마웅은 다우 킨의 친 사촌이니 이 같은 가계가 나오는 것이다.

캬우 킨의 삶과 죽음 스티븐슨이 캬우 킨에 대한 정보를 얻은 것은 그의 누나인 다우 미야와 면담한 결과였다. 이 여성은 1907년에 태어났고 캬우 킨은 1917년에 태어났다. 캬우 킨은 나이가 17세가 되던 1934년에 고열에 시달리고 있었다. 이때 그는 미얀마 식으로 요리된 국수를 먹었는데 이 때문에 그 뒤에 의식이 혼미해져 몸의 상태가 아주 악화되었다. 이 상태로 있다가 그는 발병한 지 10일 만에 죽었는데 그가 죽은 곳은 랑군에서 남서쪽으로 약 50km 떨어진 쿤찬곤이라는 곳이었다.

스티븐슨은 캬우 킨에 대해 더 이상의 정보를 소개하지 않았다. 이 사례의 주인공인 아웅 미인트의 전전생에 해당하는 인물에 대한 정보치고는 너무 소략했다. 이 인물에 대한 정보가 왜 이렇게 없는지에 대해서도 아무 설명이 없다. 아마 너무 오래 전의 인물이라 정보를 캐는 일이 쉽지 않았던 모양이다. 사정이 그러하니 우리도 여기서 멈출 수밖에 없다.

미야 마웅의 일생과 성격 캬우 킨과는 대조적으로 스티븐슨은 미야 마웅에 대해서는 꽤 자세하게 설명하고 있다.

미야 마웅은 1936년 쿤찬곤에서 태어났다. 2살이었을 때 그는 사촌 한 사람에게 어떤 남자의 옷이 원래 자신의 것이었니 그것을 달라고 요구했다. 그래서 그 어떤 남자가 누구냐고 물으니 그가 바로 캬우 킨(그의 모친의 남동생)이라고 대답했다. 또 말하길 그 전생에서 자신의 부모는 우 포 케트(부친)와 다우 닌 누(모친)이었는데 쿤찬곤에 살 때 그들은 과일나무와 채소를 가꾸었다고 했다. 그에게 그 생에서 어떻게 죽었느냐고 물으니까 그는 부모들이 집을 비운 사이 그의 이모가 만들어준 미얀마 식 국수를 먹은 것 때문에 죽었다고 답했다. 그는 자신이 죽을 때 고열이 나 죽은 것도 알고 있었다. 그는 또 기억하기를 그가 죽기 바로 전에 자신의 부친으로부터 '그런 잘못된 음식을 먹었으니 죽어도 싸다'는 야단을 맞았다고 했다. 이 때문에 그는 부친에게 적대감을 갖고 있었다.

미야 마웅은 자라서 랑군으로 갔는데 그곳에서 그는 고무제조공장에 기술자로 취직한다. 그는 처가 2명이나 있었는데 자식은 없었던 것 같다. 자식이 없었던 터라 마웅 세인 통이라는 사내아이를 입양했는데 이 아이의 부모는 몇 집 건너 살았다고 한다. 그는 또 비뇨기에 문제가 있어 치료를 위해 병원에도 갔었는데 어떤 문제였는지는 밝히지 않아 어떤 병이었는지는 알지 못한다. 그는 또 치질로 고생했는데 당시 미얀마에서는 이 질환에 뱀장어가 약효가 있다는 속설이 있어 비뇨기와 치질을 고치기 위해 뱀장어를 먹었다고 한다. 그는 등의 밑 부분에 색깔이 진한 큰 모반이 있었는데 그의 부모는 그를 목욕시킬 때 그 모반을 본 것을 기억했다.

그 다음에 스티븐슨은 미야 마웅의 성격에 대해 적고 있는데 그의 성격은 그의 죽음과 직접적으로 관계되어 있었다. 미야 마웅은 눈치가 없어 어떤 때는 마음에 둔 말을 직설적으로 말하곤 했던 모양이다. 그는 성미가 급했다. 또 그는 사람들을 못살게 굴었는데 가까운 사람들도 예외는 아니었다. 그러나 그에게는 정직함이 있고 다른 좋은 성격도 있어 그를 잘 아는 사람들은 그를 그 마을의 지도자로 인정했다고 한다.

그가 죽던 날 오후 그는 친구들과 그의 집에서 술을 마시고 있었다. 마시던 중 그의 친구 가운데 캬우 라이라는 친구가 그를 괴롭히기 시작해 그들 사이에 싸움이 붙었다. 싸움의 자세한 과정은 생략하고, 캬우 라이는 미야 마웅과 싸우기 위해 칼을 가져왔고 또 친구들을 데려왔다. 그때 싸우던 중 미야 마웅의 친구인 우 치트가 부상을 입고 실려 나갔는데 이렇게 나갔기 때문에 그는 미야 마웅이 어떻게 다쳐서 죽었는지를 알지 못했다. 우 치트가 실려 간 다음 미야 마웅은 캬우 라이의 조카가 휘두른 대못 같은 무기에 오른쪽 가슴이 찔렸다고 한다. 그는 곧 병원에 우송됐으나 가는 도중에 죽고 말았다. 그 다음 날 우 통(미야 마웅의 사촌 매형)이 병원에 갔는데 미야 마웅의 시신에 난 상처는 보지 못하고 부검한 결과를 통해 미야 마웅이 뾰족한 창에 찔려 심장이 관통됐다는 사실을 알았다.

미야 마웅이 죽은 지 5일째 되는 날 그의 사촌인 다우 킨이 그의 시신을 보았다. 그녀에 따르면 그의 몸에 난 상처는 왼쪽 젖꼭지 밑의 가슴에 있었다. 이 정보를 접한 스티븐슨은 미야 마웅의 시신이 보관되어 있던 랑군 종합 병원에 가서 직접 그의 사후보고서를 확인하려 했는데 성공하지 못했다. 아마 사후보고서에는 상처 부위 같은 세세한 정보에 대해서는 제대로 기록되지 않았던 모양이다. 이때 미야 마웅의 나이가 31살쯤이었다고 한다(그 다음에 스티븐슨은 미야 마웅이 싸우다 죽을 때 술을 얼마나 마셨는가에 대해 이야기하고 있는데 이것은 중요하지 않아 생략한다).

자신이 태어난다는 것을 알린 꿈 두 개 스티븐슨은 앞에서 미야 마웅이 살해됐을 때 이미 다우 킨은 임신 중이었다고 밝혔다. 스티븐슨은 이때 다우 킨의 임신 달수를 정확히 모르겠다고 말하고 있는데 다우 킨은 그때 자신이 임신 5개월이었다고 주장했다. 스티븐슨은 다우 킨의 이 주장에 동의하지 않았는데 그것은 중요한 사안이 아니니 그냥 넘어가기로 한다. 내막이 어떻든 다우 킨이 꾼 첫 번째 꿈에 미야 마웅이 나타나서 '자신의 두 번째 처가 그에게 오라고 했는데 그는 그것을 거절하고 대신 다우 킨과 같이 있을 것'이라고 말했다고 했다(아마 마웅의 두 번째 처가 마웅에게 다시 환생해 자신의 자식이 되라고 했던 모양인데 그 처가 어떤 식으로 그런 제안을 했는지는 밝히지 않아 잘 모르겠다—저자 주).

아웅 미인트가 태어나기 1주일 전 다우 킨은 미야 마웅을 꿈에서 다시 보았는데 이 꿈에서 다우 킨은 미야 마웅을 생각하면서 슬프게 울었다고 한다. 꿈에서 그녀는 아이 하나를 돌보고 있었는데 '하얀 옷을 입은 사람'이 나타나 그녀에게 왜 우냐고 묻고 '그가 와서 지금 너와 있다'고 말했다고 한다. 그 말에 다우 킨이 밑을 보니 미야 마웅이 피투성이 채로 그녀의 팔에 안겨 있었다는데 그것을 보고 그녀는 놀라 잠이 깼다. 이 이야기는 스티븐슨의 조교인 우 윈이 다우 킨을 처음 만났을 때 들은 이야기이다.

8개월 후에 스티븐슨 일행은 그녀를 다시 만났는데 그때 그녀는 자신의 꿈에 대해 더 말해주었다고 한다. 다우 킨은 그 꿈이 너무도 생생해서 꿈에서 깨었을 때 자신이 미야 마웅과 진짜로 대화한 것처럼 느꼈다고 전했다. 미야 마웅이 자신의 자식으로 태어날 것이라는 전망에 대한 그녀의 반응은 기쁨과 두려움이 섞인 것이었다고 한다(미야 마웅은 그녀를 아주 좋아했다고 한다).

아웅 미인트가 말한 것과 알아본 것에 대해 아웅 미인트의 부친인 우 통은 낮에는 일하느라 밖에 있었기 때문에 아웅 미인트가 전생에 대해 말하는 것에 대해 잘 알지 못했다고 한다. 그러나 아웅 미인트가 보인 여러 가지 이상한 행동은 기억한다고 말했다. 그의 부친이 이 사건에 대해 잘 모르고 있었기 때문에 스티븐슨과 그의 조교는 아웅 미인트의 모친과 주로 면담하게 된다.

앞에서 스티븐슨은 아웅 미인트가 말을 하기 시작할 때 가족의 어른들에게 어린 아이임에도 불구하고 무례하게 굴었다고 했다. 예를 들면 이런 식이다. 어느 날 점심을 먹는데 그가 갑자기 자신의 이모할머니(다우 미야)에게 '어머니, 내 테트론 셔츠와 샴식으로 만든 비단 롱지를 가져다 주시오. 나는 축제하는 데에 가고 싶소'라고 말했다(이 지역에서는 축제를 할 때 이런 옷을 입는 모양이다—저자 주). 그의 이모할머니는 놀라서 '너는 왜 나 보고 엄마라고 부르냐?' 하고 묻자 그가 대답하기를 '당신은 내 엄마이기 때문이지요'라고 했다. 그래서 그녀가 다시 물었다. '그럼 너는 누구니?'라고 하니 그는 '미야 마웅이요'라고 답했다. 이 말에 그녀는 울음을 터뜨렸고 미야 마웅은 '울지 마시오, 엄마. 당신의 아들이 돌아왔소'라고 말하면서 그녀를 위로했단다. 또 어떤 사람이 '너는 결혼했니?'라고 물었더니 그는 '내게는 처가 두 명 있었는데 나이 많은 처는 마 닌 킨이고 다른 처는 마 킨 세인'이라고 답했다고 한다. 그 다음에 그는 자신이 미야 마웅이었을 때 어떻게 죽었는지를 설명했다.

같은 나이 때 아웅 미인트의 이모할머니가 물었을 때도 자신은 미야 마웅이라고 했고 부모의 이름을 물었을 때에도 현생의 부모 이름이 아니라 미야 마웅의 부모의 이름을 댔다.

그 다음으로 스티븐슨은 아웅 미인트가 다우 킨에게 말한 미야 마웅의 피살 사건에 대해 조사했는데 그것은 스티븐슨 자신이 알고 있는 것과 별로 다르지 않았다고 한다. 달랐던 것은 우선 아웅 미인트는 그날 싸움이 일어나기 전에 술을 먹었다는 것에 대해 기억이 없었다는 것이다. 그리고 자신은 캬우 라이에게 찔렸지 알려진 것처럼 캬우 라이의 조카에게 찔린 것이 아니라고 했다. 캬우 라이의 조카에게 찔렸다는 것은 아웅 미인트의 친구가 진술한 것인데 이 불일치의 원인에 대해 스티븐슨이 더 설명하고 있는데 이 설명은 너무 번거로워 생략하겠다. 여기서 확실한 것은 아웅 마인트는 캬우 라이에 대해 복수 의식을 갖고 있었다는 것이다.

스티븐슨은 그 다음에도 계속해서 아웅 미인트가 미야 마웅의 행세를 하는 모습을 상세하게 적고 있는데 그것을 다 적을 필요는 없고 그 중의 몇몇만 소개했으면 한다. 예를 들어, 아웅 미인트가 미야 마웅의 입양아와 나눈 대화가 재미있다. 그는 마웅의 입양아를 곧 알아보고 사탕을 사 가지고 왔다. 그러자 그 입양아가 그를 골리려고 '네가 날 입양한 게 아니라 내가 널 입양한 것이다'고 말하자 그는 그만 이성을 잃고 이렇게 말했다. '닥쳐, 따귀를 때릴까 보다. 잘 들어. 너를 입양한 것은 나다'라고 했다고 한다. 그런데 이때 그는 4살 반이 안 되었을 때이고 그 입양아는 11살이었을 때이니 이 대화가 얼마나 이상한 것인지 알 수 있지 않을까 싶다.

전생과 관계된 아웅 미인트의 행동 다음 부분에서 스티븐슨은 전생과 관련된 것으로 추정되는 아웅 미인트의 행동에 대해 설명하고 있는데 이것에 대해서도 다 소개하지 않고 주목할 만한 것만 보기로 하자. 예를 들어 자기 모친을 모친으로 인정하지 않으려는 것이나 부친을 '파파'가 아닌 그의 이름으로 부르는 것 등이 그것이다. 또 언젠가는 그의 모친이 그가 미야 마웅이었을 때 입던 옷을 걸레 같은 것으로 쓰려고 하자 그렇게 하지 말라고 하기도 했다.

이런 이야기 가운데에서 가장 소개하고 싶은 것은 아웅 미인트의 복수 감정에 관한 것이다. 그는 미야 마웅을 죽인 캬우 라이에게 수그러들 줄 모르는 복수심을 표현했다. 어떤 때는 이를 악물고 그 작은 주먹으로 마룻바닥을 세차게 내려치면서 '나는 결코 너를 잊지 않을 것이다, 캬우 라이. 내가 반드시 복수할 것이다'라고 했다고 한다. 캬우 라이가 이 소식을 듣고 그가 미야 마웅을 죽인 것은 사고였으니 용서해달라고 빌기 위해 아웅 미인트를 찾았다고 한다. 캬우 라이가 실제로 방문하자 아웅 미인트는 캬우 라이가 보고 싶지 않다고 하면서 쫓아냈다. 그러면서 빨리 자라서 복수하겠다는 마음을 다졌다고 한다.

그런데 1972년 1월 어느 날 아웅 미인트가 바깥에서 놀고 있는데 캬우 라이가 백주에 길에서 칼에 찔려 살해되었다는 소식이 전해졌다. 이것을 들은 아웅 미인트는 자기 모친에게 뛰어가서 '나와서 봐봐. 누가 캬우 라이를 찔러 죽였대. 그 녀석은 그래도 싸'라고 말했다고 한다(그런데 실제로는 캬우 라이는 죽지 않았고 부상만 입었는데 나중에 회복했다고 한다).

그 다음에 스티븐슨은 아웅 미인트가 미야 마웅처럼 뱀장어를 좋아하고 궐련을 피웠으며 술을 마신 일에 대해 적고 있다. 그는 어린 나이임에도 불구하고 궐련을 피웠는데 그것도 미야 마웅이 좋아하던 회사 것만 피웠단다. 스티븐슨이 직접 이것을 보았는데 그는 꽤 능숙하게 궐련을 피웠단다. 술도 그렇다. 그는 미야 마웅처럼 술을 좋아해서 그의 부친이 지인들을 불러 술을 마실 때 아이 중에는 그 하나만 가서 같이 마셨다고 한다. 또 가끔 컵에 술 대신 물을 붓고 술 마시는 시늉을 했다고 한다.

아웅 미인트의 가족이 그를 대하는 태도 일반적으로 아웅 미인트의 가족들은 그의 행동거지를 전생의 잔재라는 것을 받아들이는 것 같았다. 그러나 그들은 아웅 미인트가 캬우 라이에 대해 갖는 복수심에 대해서는 걱정을 했다. 그들은 아웅 미인트가 성장한 다음 혹시라도 캬우 라이가 후환을 없애기 위해 그를 죽이려고 하면 어떻게 하느냐고 걱정했다. 그래서 그랬는지 그의 부모들은 그에게 달걀 등을 먹였는데 이런 식품은 전생의 기억을 없애준다고 하는 속설이 있어 그렇게 한 것 같다.

아웅 미인트의 모반 앞에서 본 것처럼 그의 몸에는 미야 마웅의 상처 자리에 직경 4mm의 모반이 있었는데 흡사 빨간 상처처럼 보였다고 한다. 그가 태어났을 때 거기서 피가 났는데 한 달 반 쯤 지나서 치유됐다고 한다. 아웅 미인트는 또 등의 밑 부분에도 타원형의 모반이 있었는데 미야 마웅도 같은 지점에 비슷한 모반이 있었다고 한다. 그런데 그의 가족 가운데에는 그 같은 모반을 가진 사람이 하나도 없었다. 그러니까 이 두 사람만 이 모반을 갖고 있는 것이 되니 이 두 사람은 이 면에서도 통하는 면이 있다고 할 수 있다.

아웅 미인트의 비뇨기적 증상 아웅 미인트는 '붉은 소변' 때문에 생기는 고통이 정기적으로 발생해 꽤 고생했다. 이 증상은 그가 생후 6개월일 때부터 생겨나 그때부터 그는 랑군에 있는 어린이 병원에서 치료를 받았다. 1972년에는 고통이 부정기적으로 발생했는데 처음에는 한 달에 두세 번 발생하다가 그 뒤 3개월 동안은 아무 증상이 없었다. 그의 가족이 보여준 진료기록에는 그의 증상이 '비뇨기 폐쇄(obstruction)'라고 적혀 있었다. 스티븐슨이 앞에서 말한 것처럼 미야 마웅 역시 비뇨기 문제로 고생했는데 아웅 미인트의 가까운 친척 가운데에 이 같은 혈뇨(血尿) 증상으로 고생한 사람은 없었다고 한다.

마지막으로 스티븐슨은 아웅 미인트의 체격에 대해 이야기하고 있다. 그의 모친은 그의 체격이 미야 마웅의 체격과 비슷한 데에 놀랐다고 전한다. 그녀는 이 두 사람의 체격이 모두 다부졌다고 묘사했다.

스티븐슨의 평 이 사례를 마감하면서 스티븐슨은 자신의 코멘트로 정리했다. 스티븐슨에 의하면 이 사례는 같은 가족 안에서 일어난 사례 가운데 가장 확실한 것에 속한다고 한다. 관계된 사람들이 모두 작은 지역에 살았고 그들 중 많은 사람들이 한 집에 같이 살았다. 그래서 그들은 모두 서로 연관되어 있었다. 이 때문에 이런 사례를 비판적으로 보는 사람들은 이 사례의 주인공이 굳이 전생을 기억하지 않더라도 자신의 전생의 인물이라고 여겨지는 사람에 대한 정보를 얼마든지 얻을 수 있다고 주장했다. 또 그가 보였던 여러 가지 행동들도 그가 자신의 엄마의 기대에 부응하기 위해 만들어냈다고 볼 수 있다고 주장했다.

모반이나 질병의 경우도 마찬가지이다. 얼마든지 유전적인 것으로 설명할 수 있기 때문이다. 오른쪽 젖꼭지 밑에 있는 모반은 과잉 젖꼭지라고 생각하면 된다. 이렇게 설명하면 설명되지 않을 게 없을 것이다. 이런 것들이 하나씩 일어나는 것은 얼마든지 설명할 수 있다. 그러나 아웅 미인트의 경우는 다르다. 이런 것들이 한꺼번에 한 사람에게 일어났기 때문이다. 따라서 스티븐슨은 이런 현상들이 아웅 미인트라는 한 사람에게 '전부' 일어났다는 것을 설명하려면 (환생과 같은) 초자연적인 설명이 필요할 것이라고 매듭짓고 있다.

이렇게 해서 한 사례가 끝났다. 한 사례의 양이 이렇게 많다. 이것도 불필요한 것은 생략하고 정리한 것이다. 만일 요약하면서 정리하지 않았다면 이것보다 양이 훨씬 많아진다. 한 사례의 양이 이렇게 많기 때문에 나는 이 책에서 소개한 대부분의 예를 다룰 때 원 내용을 축약해서 재정리한 것이다. 스티븐슨이 소개한 사례들을 원본대로 다 보려면 아마 단행본이 3~4권 정도가 필요할 것이다. 그렇게 할 필요 없다는 것은 앞에서 누누이 언급했다. 사정이 어떻든 이 사례는 앞에서 말한 대로 두 번의 환생이 기록된 경우라 특히 필자의 주목을 끌었다. 한 가족 내에서 내리 두 번 환생했으니 신기한 일이 아닐 수 없다. 그럼 이제 필자의 평을 제시해 보자.

필자의 평 이번 경우는 앞에서도 말했던 것처럼 대단히 재미있는 사례였다. 주인공이 같은 가족 내에서 두 번을 환생했으니 말이다(물론 이 사례가 사실이라는 조건 하에 그렇다는 것이다). 그러나 이번에도 많은 의문이 든다. 우선 첫 번째 의문으로 이번에도 임신 상태에서 죽은 이의 영혼이 태아에게 들어간 것으로 묘사되어 있는데 이 문제는 앞에서 많이 거론했으니 여기서는 지나쳐도 되겠다. 그냥 지나치기는 하지만 과연 이런 일이 일어날 수 있는지에 대해서는 여전히 의문이 지워지지 않는다.

그리고 이 사례를 따르면 자신이 죽은 다음에 자기가 좋아하는 사람의 자식으로 태어나는 일이 가능한 모양이다. 이 사례에서 보는 것처럼 미야 마웅이 살해당한 다음 자기가 좋아했던 사촌의 아들로 환생했으니 말이다. 이 두 사람의 인연이 어떻게 맺어진 것인지는 모르지만 이렇게 자신이 좋아하는 대로 생을 선택할 수 있다면 카르마 법칙이 무색하게 될 수도 있다는 생각이 든다. 기존의 카르마 이론에 따르면 환생은 카르마가 이끄는 대로 하는 것이지 이 경우처럼 자기가 좋아하는 대로 선택할 수 있는 것이 아니기 때문이다. 그러나 두 사람 사이의 카르마 관계를 모르니 무엇이라고 정확하게 말할 수는 없다.

그런가 하면 이 사람의 경우를 보면서 필자는 인생이 무상하게 느껴지는 것을 금할 길이 없다. 이 사람이 어떻게 살았는가? 이 사람은 매 생마다 딱 부러지게 이루는 것 하나 없이 짧게 살다가 어이없는 이유로 그 생을 마감했다. 즉 한 생에서는 고열로 고생하다 음식을 잘못 먹고 죽었다가(캬우 킨의 경우) 곧 같은 가족 내에 다시 태어나더니 그 생에서는 싸우다 살해당하고(미야 마웅의 경우) 또 다시 그 집안에 태어났으니 그렇다는 것이다. 살고 죽고 또 환생하는 일이 그냥 계속되었을 뿐 어떤 생에서든 삶의 의미를 치열하게 추구하는 그런 의미 있는 행위는 찾아 볼 길이 없다. 그저 의미 없는 생이 계속되고 있을 뿐이다.

우리가 이번에 조사한 주인공이 현생에서는 어떤 삶을 살았는지, 혹은 살고 있는지에 대해서는 알 수 없다. 스티븐슨이 이 사람(아웅 미인트)이 이번 생에 어떻게 살고 있는지에 대해서까지 설명한 것은 아니기 때문이다. 그러나 추측컨대 이 사람은 이번 생도 전생과 비슷한 삶을 살 확률이 높다. 카르마의 세계에는 돌연변이가 있을 수 없기 때문이다. 이렇게 보면 이 사람은 그냥 태어났다가 막(?) 살고 그러다가 어이없게 죽고 또 비슷한 곳에 다시 태어나는 등 흡사 아무 의미 없이 다람쥐 쳇바퀴 도는 것 같은 삶을 살고 있는 것처럼 느껴진다. 그러면서 태어나고 죽고 하는 그 힘든 일을 반복하고 있는 것이다.

이런 삶은 우리에게 삶이 무엇인가 하는 의문을 갖게 한다. 다시 말해 각 생에서 영적인 진보나 발전이 없이 아무 생각 없이 살다가 죽고 또 다시 태어나고 하는 것이 무슨 의미가 있겠느냐는 것이다. 이런 삶은 무의미와 고통의 연속일 뿐 아닐까? 그런데 이 사람만 이렇게 사는 것이 아니라 우리도 이와 비슷하게 살고 있는 것이 아닌가 하는 회한의 감정이 든다. 다시 말해 우리도 이 사람처럼 별 의미 없는 삶을 계속하면서 윤회하고 있는 것 아니냐는 것이다. 이 점에 대해서는 우리 자신이 냉철하게 되돌아보아야 할 것이다.

물론 우리는 이 사례의 주인공처럼 친구끼리 술 먹고 싸우다 칼에 맞아 죽는 식으로 이번 생을 마감할 것 같지는 않다. 그렇지만 저들이 사는 모습은 문명적이지 않아 수준이 떨어지고 우리의 삶은 문명적이라 의미가 있고 하는 식으로 생각해서는 안 될 것이다. 우리는 발전된 나라에서 사니 더 의미 있는 삶을 산다고 생각할 수 있겠지만 크게 보면 어디에 살든 50보 100보라는 생각이 든다. 크게 보면 의미 없기는 마찬가지라는 것이다. 우리 사회에서도 대다수의 사람들은 헛된 욕망을 쫓으며 의미 없는 쳇바퀴 도는 생활을 하고 있으니 다를 바가 없다는 것이다. 그래서 불교나 힌두교에서 이같이 고통과 무의미만 횡행하는 사바세계를 벗어나라고 하는 것이다. 쉽게 말해 해탈하라는 것이다. 이런 사례에서 주인공의 삶을 보면서 환생과 해탈 문제를 새삼스럽게 생각할 수 있어 좋았다.

이 사례에서도 주인공이 전생의 기억이 지워지지 않아 이해할 수 없는 일을 하거나 웃지 못 할 행동을 하는 재미있는 장면이 있었다. 예를 들어 아웅 미인트가 4살 반이었을 때 전생에 자신이 입양아로 삼은 11살짜리 아이 보고 '너는 내가 전생에 입양한 아이이니 내 말을 잘 들어라' 하는 식으로 말한 적이 있었다. 그 입양아가 그런 협박성의 제의를 거부하자 아웅 미인트는 뺨을 때리겠다고 으름장을 놓기까지 했다. 그런데 4살 반짜리 아이가 이런 말 하는 것을 11살짜리 아이가 어떻게 받아들일 수 있겠는가? 4살 반이면 너무나도 어린 나이이니 말이다. 이런 경우는 웃지 못 할 경우라 재미있다는 것이다.

그런가 하면 우리의 주인공은 아주 어린 나이임에도 불구하고 궐련을 피우고 술을 마시고 전생에 좋아하던 뱀장어를 먹는 등등 전생의 영향 속에 사는 모습을 보여주었다. 이처럼 전생의 양태를 버리지 못하는 모습을 보면 그처럼 전생 속에 파묻혀 살려면 왜 이번 생에 태어났는지 하는 의문이 든다. 게다가 그는 전생의 인물과 체격까지 비슷하다고 하니 전생의 영향이 얼마나 큰 것인지 알 수 있지 않을까. 또 재미있는 것은 주인공인 아웅 미인트가 이처럼 전생에 탐닉하고 사니 그의 부모가 그에게 전생의 기억을 없애준다는 음식인 달걀을 먹인 일이다. 이 미얀마 같은 나라에서는 이런 일이 자주 일어나 그것을 예방하는 음식까지 있는 것이 여간 재미있는 것이 아니다.

이때 또 드는 의문은 이 사람은 왜 전생에 대한 기억이 이렇게 강할까 하는 것이다. 다른 사람들도 모두 전생을 거쳐 태어났을 터인데 왜 이 사람만 이렇게 전생에 대한 기억이 강하냐는 것이다. 이에 대해서는 스티븐슨이 나름대로 의견을 타진했고 나도 앞에서 간간히 그 주제에 대해 다루었다. 그 다음에 던질 수 있는 질문은 왜 이 사람은 같은 가족 내에 계속해서 태어났느냐는 것이다. 우리가 지금까지 본 예들을 보면 같은 가족에서 두 번씩이나 환생한 예는 거의 보지 못했다. 수백 km 떨어진 것은 물론이고 하다못해 몇 집 건너라도 이웃집에 태어나는 경우가 대부분이었는데 이번 사례에서는 한 집안에 두 번 태어났다.

따라서 이 사람의 인생이 왜 이렇게 전개되었는지 그 이유가 궁금하다. 게다가 전생에 자신을 죽인 살인자도 같은 마을에 살고 있어 우리의 주인공은 어릴 때부터 복수를 다짐하는 삶을 살았다. 사정이 이렇게 되자 그의 부모들은 자기 아들의 복수가 성공하기를 바라기는커녕 그 살인자에게 외려 죽임을 당하지 않을까 하는 걱정마저 하게 되었다. 이 몇 생만 보면 이 사람은 이 가족과 이 마을에서 벗어나지 못하고 그 작은 공동체 안에서만 환생을 거듭하고 있는 것이다. 그런데 그냥 평범하게 환생하면 좋으련만 전생에 자기를 죽인 살인자를 바로 옆에 두고 살아야 하니 운명이 기구하다고 하지 않을 수 없겠다.

일이 여기서 끝난 것이 아니다. 그 전생의 살인자가 주인공에게 와서 말하길 당시 사고는 우발적인 것이었으니 용서해달라고 청하기도 했다. 그러다 이 사람이 또 싸우다 크게 다치기도 한다. 이렇게 보면 이 마을에는 현생의 사건만 발생하는 것이 아니라 전생의 사건이 여전히 영향력을 발휘하고 있는 것이 된다. 이렇게 한 공간에서 전/현생이 같이 어우러져 공존하는 것이 신기하기만 하다. 그러면서도 저렇게 작은 공간에서 여러 인연으로 얽혀서 생을 거듭하면서 사는 것이 과연 바람직할까 하는 의문도 생긴다. 이 이외에도 여러 의문이 있지만 그리 중요한 것이 아니니 다 덮어두고 이번의 긴 사례는 이것으로 설명을 마치자.

(9) 전생에서 연유한 듯한 피부 색소 이상의 예

스티븐슨은 바로 다음 장인 제22장에서 매우 재미있는 사례에 대해 설명하고 있어 한 번 소개하고 싶다. 사실 이런 예는 앞에서도 계속 있었기 때문에 여기서 다시 소개할 필요가 없지만 비상하게 재미있는 예이고 사진으로도 확실하게 확인할 수 있어 살펴보려고 하는 것이다(사진을 실을 수 없어 유감이지만).

이번 예는 주인공의 피부 색소, 그러니까 피부색이 다른 가족들과 아주 다른 경우이다. 그래서 스티븐슨은 이것을 전생에 연결시킨 것이다. 그의 가설에 따르면 전생에서 죽을 때 겪은 충격이 너무 클 경우 그때의 인격이 가진 피부색을 현생에도 유지할 수 있다고 한다. 지금 소개하는 예는 그 중에서도 매우 특이한 경우이다.

예 12: 마웅 자우 윈 아웅[100]

마웅 자우 윈 아웅(이하 윈)은 1950년 5월 9일 북부 미얀마의 메이크틸라라는 곳에서 12명의 자식 가운데 첫째로 태어났다. 윈은 선천성 색소결핍증(혹은 백색증)을 갖고 있었다. 그의 안색은 백색이었고 머리털은 금

100) 앞의 책, pp.1782-1801.

발이었으며 홍채(눈조리개)는 옅은 갈색이었다. 그는 또 눈동자가 마음대로 떨리는 '안구진탕증(nystagmus)'이 있었고 빛에 너무 예민해 고통을 받았다(광선공포증). 이런 증상들은 색소 결핍증에 전형적으로 나타나는 증상이라고 한다. 그리고 그의 눈은 생김새가 몽골식으로 생긴 미얀마 사람들의 눈보다 백인들의 그것에 훨씬 더 가깝게 보였다.

말을 시작하자마자 윈은 자신이 직전생에 미국 전투기의 비행사였는데 그 비행기가 포탄에 맞아 메이크틸라 근처에 떨어졌다고 주장했다. 그는 그 비행기에 다른 동료가 있었는데 그가 조종사였는지는 확실히 모르겠다고 말했다. 윈은 전생에 관해 여러 가지 말을 했지만 가장 중요한 것은 전생 때의 이름이 '존 스티븐'이었다는 것이다. 그는 또 폭격을 하면서도 조종사들끼리 술을 마셨다고 회상했다.

그러나 그는 그 비행기가 어떻게 생겼는가에 대해서 설명하지 못했고 자신이 어떤 부대에 속했는지, 또 자신의 계급이 무엇인지, 어떤 군복을 입고 있었는지에 대해서 회상하지 못했다. 그가 기억하는 것은 자신이 탄 비행기가 미얀마에 있는 기지에 있지 않았다는 것 정도였다. 따라서 그가 제공한 정보 가지고는 그가 말한 전생의 인물을 추적하는 일이 불가능했다. 그러나 그의 말에는 타당한 면이 있었다. 인도의 캘커타 근처에 있는 공군 기지에는 영국군을 도와주는 역할을 하는 미국의 전투 폭격기 부대가 주둔하고 있었기 때문이다. 이 영국군은 1945년 초에 일본군과 싸우기 위해 미얀마로 진격하고 있었다. 메이크틸라에서 있었던 전투는 특히 치열했는데 이때 일본군이 미군 폭격기 몇 대를 격추시키기도 했다고 한다. 그런 의미에서 윈의 말은 믿을 만했지만 대부분의 세부 사항은 검증되지 않았다.

어린 시절 윈은 이상한 행동을 보였다. 이상한 행동이란 그의 전생이라고 하는 미국인 비행사에 어울리는 서양식의 행동을 말한다. 그는 미국에 대해 향수를 갖고 있었고 가능하다면 미국으로 돌아가고 싶다고 했다. 그는 미국은 미얀마보다 훨씬 살기 좋은 곳이라며 극찬을 하는 한편 일본인들에게는 분노를 표출했다. 그는 또 신발이나 바지, 허리띠 등을 모두 서양식으로 하기를 원했다. 그는 비행기에 매료되어 있었는데 나중에 커서 비행기 조종사가 되고 싶다고 말했다. 또 그는 어릴 때 조종사 놀이를 많이 했다. 음식을 먹을 때에도 미얀마 사람처럼 손으로 먹지 않고 12살까지는 숟가락으로 먹었다. 그런가 하면 미얀마 식의 매운 음식을 좋아하지 않았고 대신 우유와 비스킷을 먹곤 했다. 그리고 술에 대한 갈망이 큰 것 같았는데 그가 어린 아이라 그랬는지 그것을 드러내 놓고 표시하지는 않았다.

윈이 아이였을 때 보인 행동에서 두드러진 특징은 그의 감정에 기복이 있다는 것이다. 어떤 때에는 자신이 참가해서 행한 공습에 대해 자랑스럽게 말하는가 하면 또 어떤 때에는 그 공습에 대해 회개하는 쪽으로 선회해서 자기는 너무 많은 사람을 죽인 죄인이라고 했다. 그래서 불교 승려에 다가가 자신이 저지른 죄에 대해 사함 받기를 원하는 것 같은 태도를 보이기도 했다.

청소년이 되어서도 그는 여전히 미국에서 살던 풍족한 생활에 대한 기억을 갖고 있었다. 그러나 그는 미얀마에서 살아야 하는 삶에 직면할 수밖에 없었다. 가끔씩 그는 전생의 기억을 곱씹으면서 유쾌하지 못한 현생에서 탈출하려 했다. 그럴 때 그는 비탄의 심정을 뼈저리게 느꼈고 어떤 때는 가슴에서 심한 통증을 겪기도 했다. 그러나 결국 그는 완전한 미얀마 사람이 되기로 결정하고 의학을 공부해 훌륭한 의사가 되었다. 뿐만 아니라 결혼도 해서 행복한 삶을 살았다. 스티븐슨이 나중에 듣기를 그의 아들은 정상적인 미얀마인으로 태어나 미얀마인이 지닌 색소와 특징을 갖고 있었다고 한다.

여기까지가 윈의 이야기인데 스티븐슨은 윈과 관련해서 믿을 수 없는 이야기를 하나 더 전하고 있다. 윈이 10살이었을 때 그의 엄마 꿈에 서양 여인이 나와 그의 가족의 일원으로 태어나 윈 옆에 있고 싶다고 했단다. 그 꿈을 꾸고 그녀는 임신을 해 여자 아이를 낳았는데 이 아이의 머리도 금발이었다. 그러나 홍채는 밝은 갈색이었다. 이 아이는 근시였고 윈처럼 눈떨림(안진증, 眼震症)으로 고생했는데 눈의 외양은 백인과 같았다. 이 아이는 한 번도 전생에 대해 이야기하지 않았지만 그의 오빠처럼 음식이나 식습관, 좋아하는 옷 스타일 등은 서양적인 것을 따랐다. 이 아이는 오빠인 윈을 잘 따랐고 윈도 여동생을 많이 좋아했다.

윈의 모친은 그 다음에도 금발의 아들을 두 명 더 낳았는데 이때에도 아이를 낳기 전에 금발의 남자가 꿈에 나타났다고 한다. 이 아이들의 눈 역시 몽골리안보다는 백인의 그것에 가까웠다. 그리고 이 금발인 4명의 아이들은 태어났을 때 보통의 미얀마 아이들보다 더 무거웠다고 한다.

이런 이야기를 하는 것이 무안했던지 스티븐슨은 반대파의 의견을 스스로 제시하고 있다. 비판하는 입장에서 보면 사람들은 이 사례가 너무나 황당해서 곧 묵살할 것이고 더 나아가서 조롱할 것이라는 것이다. 그리고 이 사례에 대해 단지 윈의 부모가 색소 결핍증의 유전인자를 갖고 있었다고 하면 설명이 되는데 왜 무리하게 환생과 연결시키냐는 비판이 가능할 것이라고 했다. 이 증상들을 모두 유전적으로 물려받았다고 생각하면 되지 그것을 무리하게 전생과 연결할 필요는 없다는 것이다. 비판자들의 견해는 계속된다. 이 부모들은 금발로 태어난 아이들을 보고 이들이 전생에 서양인이었을 것이라고 추정한 뒤 이 아이들이 그런 정체성을 갖게끔 여러 가지 일을 시도했을 것이라는 것이다. 다시 말해 이 아이의 부모가 아이들에게 서양, 그중에서도 미국 것을 좋아하게끔 교육을 했을 것이라는 것이다. 이런 비판에 대해 스티븐슨은 이것은 충분한 설명이 되지 못한다고 하면서 윈의 부모에게는 아이들이 서양인의 정체성을 갖게끔 유도할 만한 욕구나 필요성이 없다고 주장했다.

이 사례에 대해 스티븐슨은 이 사례가 환생의 예라면 다음과 같은 설명이 가능하다고 자신의 의견을 피력했다. 미국 비행사가 미얀마에서 죽어 미얀마인으로 환생했는데 그의 전생의 형제자매나 친구들이 그를 따라서 같은 가족 내에 태어났다는 것이 그것이다. 이 가정을 받아들이면 이 아이들의 눈이 백인의 눈 같고 그들이 태어났을 때 다른 미얀마 아이들보다 무거웠던 것을 설명할 수 있다. 그러나 이런 가정에 대해 스티븐슨은 의문의 여지를 표시했다. 즉 이 아이들이 모두 갖고 있었던 강한 색소 결핍증과 (색소 결핍증과 같이 나타나는) 눈떨림 증상 같은 것을 어떻게 설명할 수 있을까? 그리고 윈이 전생에도 눈떨림 증상을 갖고 있었다면 그런 사람이 조종사가 되는 것은 있을 수 없는 일 아닐까? 따라서 그가 정말로 그가 전생에 조종사였다면 그는 피부가 하얄 수는 있지만 색소 결핍증을 갖고 있을 수는 없을 것이라는 것이 스티븐슨의 추정이었다.

그 다음에 스티븐슨이 내린 추측도 재미있다. 만일 환생한 게 맞는다면 그 과정에서 그 조종사의 영혼이 다음 생의 몸의 색소를 정하는 데에 너무 지나친 영향을 주었을 것이라는 것이다. 다시 말해 색소를 정할 때 조금 서투르게 했다는 것이다. 여기서 스티븐슨은 다른 사례에서 본 것처럼 환생하는 영혼이 배아나 태아에 영향을 미칠 때 약하게나마 색소를 낮추거나 증가시킬 수 있다고 주장하고 있다. 그러니까 윈의 전생 인격체가 윈의 태아에 영향을 미치는 과정에서 조금 잘못해 색소 결핍증이 초래했을 것이라는 것 같은데 이에 대해서는 우리가 어떤 판단도 내리기 힘들겠다.

필자의 평 지금까지 본 사례들이 모두 다 특이했지만 이번 사례는 더 특이한 것 같다. 전생에 미국 비행사였다고 주장하는 주인공의 이야기는 앞에서도 본 것처럼 자신이 전생에 다른 나라 군인이었다고 주장한 사례가 있었기 때문에 그다지 특이할 것은 없다. 이번 사례가 특이한 것은 주인공이 미얀마인의 외모를 띠지 않고 백인의 외모로 태어났다는 것이다. 어렸을 때 자신이 백인, 특히 미국인 양 행동하는 것은 그와 비슷한 예를 앞에서도 보았기 때문에 그다지 신기할 것은 없다. 즉 앞에서 일본군 병사로 미얀마에 와서 죽었다 환생한 사람들이 일본인인 양 행세하는 것을 보았기 때문에 이 점은 그다지 신기하지 않다는 것이다.

그런데 선천성 색소 결핍증을 가지고 태어나 피부가 하얗게 된 것이나 눈의 홍채 색깔이 백인과 비슷하고 눈의 모습까지 백인처럼 된 것은 이해하기 힘든 부분이다. 앞에서 본 것처럼 전생에 일본 군인이었다고 주장한 사람들은 그래도 일본인의 모습이 아니라 미얀마인의 모습으로 태어났지만 이번 경우에는 아예 백인의 모습을 띠고 태어났으니 신기하고 이상하다는 것이다(전생에 일본인이었다가 현생에서 미얀마인으로 태어난 이가 일본인의 외모를 지닌 예가 없는 것은 아니지만).

이때 가장 먼저 드는 의문은 만일 주인공이 계속해서 백인이고 싶어 했다면 미국에서 태어나지 왜 미얀마에서 태어났느냐는 것이다. 그가 어렸을 때 백인 행세를 하면서 전생에 미국서 살던 것을 동경했다는데 그렇게 백인이고 싶어 했으면서 미얀마에 태어난 것은 도대체 어떤 이유에서일까? 이것은 앞에서 자신이 전생에 일본 군인이었다고 주장한 사람들에게도 똑같이 던진 질문이었다. 그런데 이번 사례에서는 주인공이 자신이 어떻게 해서 이 가정에 들어오게 됐는지를 말하지 않았으니 그 이유는 잘 모를 일이다. 앞에서 전생이 일본군이었다는 어떤 미얀마인은 자신이 죽은 자리에서 현생의 아버지를 만나 그 가정에 태어났다고 밝혔지만 이번 사례의 주인공은 그런 것에 대한 언급이 없었다.

그 다음으로 이 주인공에 드는 의문은 이처럼 미얀마 가정에 태어나기로 했으면 미얀마인으로 살 각오를 해야지 왜 미얀마 가정에 태어나고서 백인 행세를 계속했느냐는 것이다. 자신이 미얀마 가정에 태어나겠다고 결정해 놓고 왜 정작 태어난 이후에는 미얀마인이기를 거부하느냐는 것이다. 이런 경우에 과연 어떤 업력, 즉 어떤 카르마의 힘 때문에 이곳에 태어났는지 알 길이 없다.

그리고 또 드는 의문은, 그의 영혼의 힘이 얼마나 크길래 외모를 백인의 것으로 만들 수 있었을까 하는 것이다. 지금까지 배운 바에 따르면 그가 백인의 외모를 갖게 된 것은 그의 영혼이 갖고 있는 마음 이미지가 환생하는 몸에 작용한 결과일 것이다. 왜 백인의 몸을 계속 고집했는가도 의문이지만 더 큰 의문은 그렇게 고집했다고 해서 과연 그의 후생의 몸이 자신이 원하는 대로 만들어져 태어날 수 있었을까 하는 것이다. 그의 영혼이 가진 힘이 어떻게 작용해 환생할 몸을 그렇게 만들 수 있었는지 잘 모르겠다는 것이다. 만일 영혼의 힘이 그렇게 강하다면 다른 사람들은 왜 그렇게 하지 않을까?

예를 들어, 만일 영혼의 힘이 이렇게 강력하다면 어떤 여성이 환생하면서 '나는 이번 생에 절세미인으로 태어나고 싶다'고 한다면 그것도 가능하지 않을까 하는 생각이다. 그런데 이 세계에는 절세미인보다는 그렇지 않은 사람이 훨씬 더 많으니 자기가 마음먹는다고 자기 몸을 자기 뜻대로 만들 수 있는 것은 아닌 것 같다. 지금까지 본 예에서 우리는 마음 이미지로 후생의 몸에 그렇게 강한 힘을 작동한 사람은 별로 보지 못했다. 그것은 그 일이 매우 어려운 일이기 때문일 것이다. 그런데 윈에게 그 힘이 작동할 수 있었던 것은 과연 어떤 연유일까?

더 믿지 못할 것은 그를 이어서 태어난 동생들에 대한 이야기이다. 스티븐슨의 설명에 따르면 이 동생들이 모두 전생에 백인이었고 그때 그 미국 조종사(윈의 전생 인격)와 형제자매(혹은 친구)지 간이었던 것 같다는데 과연 이런 일이 가능할까 하는 생각이다. 이런 예는 여기서 처음 접하는 것이라 이해하기가 더 힘들다. 이때 드는 의문은, 이들이 윈의 가정에 태어나려면 일단 미국서 죽어야 하는데 그들은 윈이 태어난 다음에 십여 년 동안에 다 죽었다는 말인가? 그리고 이들은 왜 윈과 형제자매로 태어나는 것을 택했을까? 이렇게 환생하고 싶으면 윈부터 미국에서 태어났으면 훨씬 더 용이하고 간편했을 터인데 굳이 왜 이런 머나먼 타지에서 태어나려고 했을까?

윈과 그의 부모 사이에 어떤 카르마의 힘이 있었는지도 궁금하지만 윈에 이어 태어난 그의 동기들은 이 미얀마 부모와 무슨 인연이 있는 것일까? 이 4명이 동시에 미얀마 부모와 카르마로 얽혀 있다는 것은 수긍이 잘 안 된다. 아니면 카르마니 뭐니 하는 것과 관계없이 그냥 태어난 것인가? 게다가 윈의 동생, 특히 바로 밑 여동생은 윈처럼 선천성 색소 결핍증과 안진증의 증후를 갖고 있었다. 그의 동생은 어떻게 이런 선천성 질환까지 닮을 수 있을까? 이런 의문이 뒤따르지만 이에 대해 더 이상의 언급이 없어 우리도 알 방법이 없다.

마지막으로 이 사례에서 재미있었던 것은 윈이 전생에 너무 빠져 있자 그의 몸이 경고를 했다는 것이다. 그가 미얀마인으로 태어난 것에 좌절한 나머지 미국인으로 살았을 때의 전생에만 빠져 있을 때 가슴에 큰 통증을 느낀 것이 그것이다. 그는 이 통증을 겪고 전생으로 되돌아가는 것을 멈추고 이번 생의 환경에 적응하기로 마음먹은 것이다. 그런데 이것은 사실 당연한 일 아닐까? 이번 생에 어느 일정한 곳에 태어났으면 그것은 어떤 보이지 않는 (카르마의) 힘 때문일 것이다. 사정이 그렇게 된 것은 그곳에서 본인이 해결해야 될 과제가 있기 때문에 그 환경에 태어난 것이라 할 수 있다. 따라서 우리는 그 현장에 충실한 삶을 살아야 한다.

그런데 그렇게 하지 않으면 자연스러운 제재가 들어올 것으로 생각되는데 윈의 경우에는 이것이 가슴 통증으로 온 모양이다. 이것이 바로 자연의 섭리가 아닐까 한다. 물론 이런 경우에도 끝까지 이 섭리에 반해서 잘못된 길로 갈 수 있다. 그런데 윈은 다행스럽게 그 섭리를 깨닫고 전생에 대한 향수를 버렸다. 그 결과 그는 미얀마에서 성공된 삶을 살았다. 이렇게 이 사례에 대해 여러 생각을 해보지만 이번 사례는 이해하기 힘든 점이 많았던 것이 사실이다.

(10) 환생론으로 쌍둥이의 차이 설명하기

마지막 장인 제26장을 앞두고 스티븐슨은 제25장에서 아주 재미있는 주제인 전생을 기억하는 쌍둥이에 대해서 다루고 있어 그 중의 한 예를 소개하려고 한다. 이란성 쌍둥이가 다른 성격이나 취향을 보이는 것은 당연한 일이다. 유전인자가 다르기 때문이다. 그런데 유전인자가 같은 일란성 쌍둥이가 성격이나 취향이 판이하게 다른 것은 설명하기가 힘들다. 물론 일란성 쌍둥이들이 다 그런 것은 아니겠지만 스티븐슨이 주목한 것은 쌍둥이임에도 불구하고 인성이 현저하게 다른 경우이다. 스티븐슨에 따르면 이 경우에 환생 이론을 적용하면 문제를 해결할 수 있단다. 물론 이 아이들이 전생을 기억하는 경우에만 한하지만 말이다.

예 13: 이란성 쌍둥이인 시반티에와 쉐로미에[101]

이 두 여자 아이는 이란성 쌍둥이인데 전생이 아주 재미있어 소개해보았으면 한다. 이들은 둘 다 전생에 남자였는데 그때 아주 가까운 친구였을 뿐만 아니라 게이였던 것으로 판명됐기 때문에 이 예가 재미있다는 것

101) 앞의 책, pp.1940-1970.

이다. 이렇게 가까운 사이는 쌍둥이로 환생할 수 있다는 것이 신기해 한 번 소개해본다.

시반티에와 쉐로미에는 1978년 11월 3일 스리랑카의 갈레라는 곳에서 태어났다. 세상에 나오기는 시반티에가 5분 일찍 나왔다. 그녀는 복부 위에 짙은 색의 모반이 있었다. 4살쯤 됐을 때 이 모반은 길이가 2cm, 너비가 1cm 정도 되었다. 반면 쉐로미에는 모반이 없었다. 이들은 이란성 쌍둥이였다.

전생에 대해서는 시반티에가 먼저 말하기 시작했다. 2살 반쯤 되었을 때 그녀는 다른 곳에 자기 집이 있다면서 그곳에 부모와 여동생이 살고 있다고 했다. 그러면서 자신은 전생에 경찰에 잡혀 있을 때 바다에 뛰어들어 도망하려 했는데 그 순간 총에 맞아 죽었다고 증언했다. 배에 모반 있는 자리가 바로 그때 총알 맞은 자리라는 것이다. 그녀는 '내 집'에 가기를 요구했고 야티갈라라 불리는 곳에 있는 절에 대해서도 말했다. 그녀가 3살 반쯤 되었을 때 그녀의 모친은 그를 그 절에 데리고 갔는데 그곳에 가자 그녀는 그곳과 관련된 전생 이야기를 했다(이 이야기에 대해서는 스티븐슨이 구체적으로 밝히지 않았다). 전생에서 자기 이름은 로버트라고 했다.

이렇게 말한 것을 토대로 보면 그녀가 말하는 로버트라는 사람은 유명한 반란군이었던 모양이다. 이 로버트는 1971년 스리랑카에 있었던 내란 때 경찰에 붙잡혀 죽었다. 그에게는 쟈니라는 아주 가까운 친구가 있었다. 시반티에가 말한 것은 갈레 근처에 살고 있는 로버트의 가족에게 알려졌고 이 가족을 통해 쟈니의 가족에게도 알려졌다. 그러자 쟈니의 남동생 하나가 쌍둥이를 보러왔다. 쉐로미에가 그를 보자 '내 남동생이 왔다'라고 말하더니 자신의 전생인 쟈니에 대해 말하기 시작했다. 그 뒤로 이들은 종종 자신들의 전생인 로버트와 자니에 대해 말을 했다. 비록 시반티에가 처음에는 쉐로미에가 쟈니의 환생이라는 것을 알아차리지 못했지만 쉐로미에가 쟈니의 생애에 대해 말하기 시작하자 이 쌍둥이는 전생에 자신들이 친구였다는 사실을 확실하게 알게 된다.

이 남동생이 다녀간 뒤에 쌍둥이는 이 두 가족들을 만났는데 그 가운데 몇몇을 정확하게 알아보았다. 특히 시반티에는 로버트로 살 때 붙잡혀 고초를 겪던 경찰서로 가는 길을 안내해주기도 했다. 사정이 이랬기 때문에 이 두 가족은 이 쌍둥이를 두 남자가 환생한 것으로 받아들였다. 스티븐슨은 자신들이 면담한 12사람 중에 어느 누구도 이 사실에 대해 의심을 갖지 않았다고 전하고 있다.

쟈니도 로버트처럼 반란도당이었고 갈레 지역 반란군의 리더였다. 그때 그 둘은 절친한 친구였는데 그 지역에서는 동성애자로 알려져 있었다고 한다. 로버트는 직장을 다니지 않고 여기저기서 집을 고치는 일이나 석공 등의 일을 하면서 지냈다. 반면 쟈니는 안경태를 만드는 공장에서 일하고 있었다. 이 쌍둥이의 부친이 바로 이 공장에서 일을 하고 있었기 때문에 그는 쟈니와 안면이 있었다. 이 부친은 자신의 결혼식에 쟈니와 로버트를 초청하기도 했다고 한다.

로버트와 쟈니는 스리랑카의 청년 미취업 분과 위원회라는 조직에 속해 있었는데 1971년 폭동 때 이 위원회에 속한 청년들이 많이 가담했다. 이 반란도당들이 경찰서 등을 습격해 무기를 갈취했는데 이때 스리랑카 정부는 매우 놀랐지만 곧 신속하게 반격해서 수 주 내로 반란도당들을 모두 진압했다. 당시 그 진압이 매우 잔악해서 과잉 반응을 했다는 지적이 있었다고 한다. 로버트와 쟈니는 처음에는 숨어 있었다가 나중에 갈레를 떠나려다 누군가의 밀고로 버스 정류장에서 붙잡히고 만다.

그들은 경찰서로 붙잡혀 가서 문초를 당했는데 로버트는 그 옆에 있는 바다로 뛰어내려 탈출하겠다는 생각을 했다. 그 계획을 실행하기 위해 그는 경찰에게 반란도당이 폭탄을 감춰 놓은 지역(언덕)을 알려주겠다고 (거짓으로) 고했다. 이 언덕에는 바다와 접해 있는 절벽이 있어 로버트는 그리로 뛰어내릴 심산이었다. 경찰이 이 제안을 받아들여 로버트에게 수갑을 채워 그를 그 언덕으로 데려갔다. 나중에 경찰관의 증언에 따르면 이 언덕에서 로버트는 한 경찰관은 발로 차고 또 한 경찰관은 머리로 받은 다음 바다로 뛰어들려 했다고 한다(로버트는 수영을 아주 잘해 수갑을 차고 있었어도 수영하는 데에는 문제가 없었을 것이라고 한다). 로버트가 이 계획을 실행에 옮기자 황급해진 경찰관이 그에게 총을 쏘았다. 총을 맞은 그가 쓰러지자 경찰은 그를 바다로 밀어 넣었다고 한다.

거의 성공할 뻔했던 로버트의 속임수 탈출에 화가 난 경찰은 경찰서로 돌아와 쟈니를 죽을 때까지 때렸다고 한다. 그런 다음 그의 시신을 거꾸로 매달아 두었다가 나중에 화장했다고 한다. 이런 사실들은 쌍둥이가 로버트와 쟈니에 대해 진술한 것을 스티븐슨이 종합한 것이다. 이에 대해 스티븐슨이 첨언하기를 이 두 남자 이야기는 그 사회에 잘 알려져 있어 쌍둥이들도 그런 정보에 노출될 수 있다고 말하고 있다. 그러나 이 폭동은 시반티에가 전생에 대해 말하기 시작한 때로부터 10년 전에 일어났기 때문에 시반티에가 로버트의 생애에 대해 그런 세부적인 것까지 알 수는 없었을 것이라는 것이 스티븐슨의 주장이었다.

이들의 진술도 그렇지만 이들의 행동거지도 이들이 전생에 남자였을 것이라는 추정을 가능하게 했다. 이들이 매우 남성적인 특징을 보여주었기 때문이다. 그들은 T 셔츠 입기를 좋아했는데 그 셔츠를 말아 올려 배와 가슴 밑 부분이 노출되게 하기도 했다. 또 그들은 여자 아이인데도 천을 가지고 남자들이 주로 입는 사롱(천을 허리에 둘러 입는 옷)을 만들어 입기도 했다. 그런가 하면 그들은 그들의 모친이 지적하기 전까지는 남자 아이들처럼 서서 오줌을 누었다고 한다. 또 나무 타기나 자전거 타기를 좋아하는 등 일반적으로 남성적인 활동을 했다. 그러나 그들이 여성적인 취향을 외면한 것은 아니다. 여아처럼 인형을 갖고 놀기도 했고 요리 놀이도 했다고 하니 말이다.

이런 놀이 외에도 이들은 진흙으로 폭탄 만드는 놀이도 했다고 한다. 어떤 사람이 폭탄은 무엇으로 만드느냐고 묻자 그들은 반란도당들이 조야(粗野)한 폭탄을 만들 때 넣었던 것 가운데 몇몇 재료를 언급하기도 했단다. 그들은 '어른 같은 태도'를 보이기도 했는데 예를 들어 막대기를 입에 넣고 담배 피는 시늉을 한다거나 수염이 있는 것처럼 얼굴을 쓰다듬는 등이 그런 것이다.

이들은 특정한 대상에 심한 공포증을 갖고 있었는데, 예를 들어 시끄러운 잡음이나 스리랑카 경찰이 입는 카키색 옷, 지프차, 혹은 경찰이나 군인이 모는 차 등에 대해 공포증을 갖고 있었다고 한다. 그런데 이들은 로버트와 쟈니가 달랐던 것처럼 피부나 체형에서 다름을 보였다고 한다. 쉐로미에는 시반티에보다 피부색이 훨씬 까맸는데 이것은 쟈니와 로버트도 마찬가지였다고 한다. 또 로버트는 쟈니보다 키가 작고 다부졌는데 시반티에와 쉐로미에도 마찬가지였다고 한다. 스티븐슨의 설명은 여기서 끝난다.

필자의 평 스티븐슨의 설명은 이 정도로 요약할 수 있는데 만일 이 사례가 사실이라면 여기서도 귀담아 들을 내용이 있고 의문 나는 내용도 있다. 가장 먼저 새길 만한 것은 쌍둥이로 태어나는 사람들은 과연 어떤 인연인가에 대한 것이다. 쌍둥이라는 것은 아마도 사람이 가진 인연 중에 가장 가까운 인연이 아닐까 한다. 그렇지 않겠는가? 같은 배 안에 있다가 태어날 뿐만 아니라 같은 유전자 혹은 매우 비슷한 유전자를 갖고 태어나니 말이다. 이들이 정서적으로나 육체적으로 얼마나 비슷한가는 더 이상 첨언할 필요가 없을 정도로 잘 알려져 있다. 특히 일란성 쌍둥이들의 경우, 이들은 아무리 떨어져 양육되었어도 감정 상태나 육체적인 상태가 서로 통하고 있는 경우가 많다. 예를 들어 양자가 수백 킬로미터 떨어져 있어도 하나가 사고를 당하면 다른 하나도 그 비슷한 사고를 당하거나 비슷한 통증을 느끼게 된다. 그런 의미에서 이들은 거의 한 사람이라고 해도 무방할 정도이니 이들이 카르마적으로 얼마나 가까운지 쉽게 알 수 있을 것이다.

그런데 이번 사례를 통해 보면 그저 가까운 사이가 아니라 아주 가까운 사이이어야 쌍둥이로 환생하는 모양이다. 로버트와 쟈니가 가까운 친구이긴 했지만 그냥 가까운 것이 아니라 둘은 사랑하는 사이인 게이였다. 이성과의 사랑을 정상으로 치는 사회에서 동성애를 유지하는 것은 두 사람이 여간 가깝지 않으면 안 될 것이다. 또 서로가 갖는 깊은 신뢰감도 아주 강했을 것이다. 그렇지 않으면 동성애의 관계를 지속하기가 쉽지 않았을 것이기 때문이다. 게다가 그들은 반란에 같이 가담했고 동시에 붙잡혀 죽었으니 서로에게 느끼는 애착이 대단했을 것이다.

이 정도로 가까웠기 때문에 그들은 다음 생에서는 쌍둥이로 태어나기로 결정한 모양이다. 그런데 이들은 일란성이 아니라 이란성 쌍둥이로 태어났는데 추측컨대 이것은 그들이 물론 전생에서 매우 가깝기는 했지만 개별적인 인격체였기 때문이 아니었을까 한다. 그러니까 지난 생에서 그들은 분명히 다른 두 사람이었기 때문에 다음 생에서 쌍둥이로 태어날 때 일란성이 아니라 이란성으로 태어난 것 아니냐는 것이다.

이들의 진술에는 나오지 않지만 쌍둥이로 태어나는 경우 이들의 영혼은 영계에서 같은 자궁에 같은 시간에 들어가기로 약속한다는 설이 있다. 그래서 전생에 가졌던 친연관계를 계속해서 유지하는 것이다. 그런데 이 사례의 주인공들은 거의 같은 시간에 죽었다. 그래서 그들은 지상에서 죽은 다음에 금세 다시 영혼의 형태로 만났을 것이다. 그리고는 다음 생에서는 이렇게 개별적인 인격체로 태어나지 말고 동기간으로 태어날 뿐 아니라 아예 쌍둥이로 태어나자고 약조한 것 아닌가 하는 생각을 해본다.

이런 생각과 동시에 의문이 나는 사항도 많다. 먼저 드는 의문은 이들이 왜 자매로 태어났느냐는 것이다. 전생에서는 남성으로 살았을 뿐만 아니라 반란을 리드하는 매우 활력적이고 거친 남성으로 살았는데 왜 이번 생에서는 여자로 태어나기로 한 것인지 잘 모르겠다는 것이다. 이런 경우는 앞에서도 있어 그 사례에 대해서도 같은 질문을 던졌는데 스티븐슨은 이런 데에 관심이 없어서 그런지 아무 답도 제시하지 않았다.

그 다음에 어떤 인연으로 이들이 이번 생의 아버지를 택했는지에 대한 것도 궁금하다. 스티븐슨의 설명에 따르면 쌍둥이의 아버지가 쟈니와 로버트가 생존해 있을 때 이미 그들을 알고 있었고 자신의 결혼식에 초청하기도 했다. 그러나 이 이외에는 두 사람과 쌍둥이 아버지 사이의 친연성을 증거할 만한 정보가 없다. 따라서 어떤 인연으로 이들이 이번 생에서 부모자식 관계가 되었는지 알 수 없다.

또 믿기 힘든 것은 이들이 갖고 있는 전생에 대한 기억이다. 가장 놀라운 것은 이들이 전생에 만들었다고 하는 폭탄을 만들며 놀았다는 것이다. 심지어 그 안에 들어가는 소재에 대한 기억도 갖고 있는 것으로 묘사되어 있어 재미있다. 이들이 어떻게 이런 세세한 기억까지 갖고 있는지 놀랍기만 하다. 이와 비슷한 예로 이들은 남자로 살았던 전생의 기억이 남아 있어 이번 생에 여자 아이임에도 불구하고 남자 아이의 옷을 입는 것을 들 수 있다. 이런 것은 그래도 이해가 된다. 그런데 폭탄 성분까지 기억하는 것은 좀처럼 믿을 수 없다. 폭탄 성분 같은 것은 아주 세세한 정보라 그런 것까지 기억하는 것이 가능한 일인지 잘 모르겠다. 전생과 관계된 것 가운데 이렇게 세세한 것까지 기억이 나면 이번 생을 사는 데에 걸림이 되지 않을까 하는 생각이 든다. 또 스티븐슨은 이 두 사람이 전생에 지녔던 피부색이나 체형을 그대로 유지하고 있어 전생에 지닌 차이가 현생에도 그대로 나타나고 있다고 주장하고 있는데 이것이 사실이라면 이 역시 신기한 일이 아닐 수 없다. 어떻게 그런 정보가 생을 넘어 그대로 전달될 수 있는지 신기하다는 것이다.

쌍둥이의 환생과 관련해서 스티븐슨은 다른 책에서 환생 이론을 적용하지 않으면 해석이 잘 안 되는 경우에 대해 설명하고 있다. 우리는 앞에서 일란성 쌍둥이가 유전인자를 공유하고 있음에도 불구하고 성격의 특질이 판연히 다른 경우가 있다는 것을 언급한 바 있다. 스티븐슨은 이보다 더 극적인 예로서 샴쌍둥이의 예를 들고 있다. 샴쌍둥이는 아예 몸이 붙어 있어 머리는 둘이지만 한 사람이라고 해도 무방하다. 그런데 그 샴쌍둥이도 두 사람이 성격이 완전히 다른 경우가 있다.

여기서 강하게 드는 의문은 같은 몸을 쓰고 있고 유전인자도 같으면 성격이 똑같거나 비슷해야지 어떻게 달라질 수 있느냐는 것이다. 이것을 설명하는 데에는 환생론이 적절할 것 같다. 쉽게 말해서 샴쌍둥이의 두 주인공은 다른 전생을 가졌기 때문에 성격이 다를 수 있다는 것이다. 다른 전생을 가진 두 사람이 무슨 인연인지 모르지만 이번 생에 몸이 붙어 나왔다. 그렇지만 다른 업보를 갖고 왔기 때문에 그렇게 다른 성격을 갖게 된다는 것이다. 샴쌍둥이가 다 그런 것은 아니겠지만 이 쌍둥이가 서로 성격 등이 판연하게 다른 경우에는 그 다름을 설명해줄 수 있는 하나의 안으로 전생론을 제시해보는 것이다.[102)]

(11) 일반 토론

이 책의 마지막 장인 제26장에서 스티븐슨은 앞에서 다룬 수많은 내용들을 정리하고 보충하면서 책을 끝맺고 있다. 그런데 여기서 그가 말하는

---

102) Stevenson(2001), p.193.

것은 본문에서 계속해서 다룬 것이고 나 역시 스티븐슨이 든 예들을 설명하면서 많이 제기했던 문제이다. 따라서 다시 이 문제를 정식으로 다룰 필요는 느끼지 못하지만 간단하게 요점 정리를 하면서 이 책에 대한 설명을 마무리해야겠다.

스티븐슨은 우선 자신이 이 책에서 시도하고자 했던 것은 인간의 행동이나 성격 등에서 나타나는 차이를 설명하려 할 때 그 모든 것을 환생으로 설명하려고 했던 것은 아니라고 밝히고 있다. 자신 역시 인간을 설명할 때 가장 중요한 것은 유전과 환경이라고 명확하게 밝혔다. 그가 환생론으로 주장하고 싶었던 것은 이 환생론으로 유전과 환경 이론을 대체하겠다는 것이 아니고 제3의 요인으로만 보자는 것이었다. 그러니까 인간의 특질이나 개개인의 차이를 설명하고자 할 때 대부분은 유전이나 환경의 영향으로 설명할 수 있지만 그것으로 안 될 경우에만 환생론을 적용해 보자는 것이다. 이것은 그가 과학자로서 매우 객관적인 태도를 취한 것이라고 할 수 있다. 바로 그의 이런 태도 때문에 우리는 스티븐슨의 연구에 대한 신뢰도를 더 높일 수 있다.

그 다음에 다루었던 것은 앞에서 이미 많이 본 것으로 마음(의식)과 뇌의 문제이다. 많은 사람들이 인간의 의식은 뇌의 작용으로 환원될 수 있다는 주장을 하는데 스티븐슨은 의식과 뇌는 하나가 아니라 이원적인 것(duality)이다, 다시 말해 우리의 의식은 뇌를 떠나서도 존재할 수 있다는 입장을 취하고 있다. 그러면서 이 마음이 육체와는 관계없이 존재할 수 있는 공간이 있다고 주장했다. 그가 이 공간을 마음 공간(mental space)이라고 부른 것은 앞에서 이미 소개했다. 그리고 이 공간에서 우리의 의식은 전생에 저장되었던 마음 이미지를 싣고 존재하다가 다음 생으로 간다고 했다. 이렇게 전생의 마음 이미지를 싣고 있는 실체를 그가 사이코포어라고 부른 것도 이미 검토했다.

그런데 여기서 주의해서 보아야 할 것은 이 사이코포어가 마음 이미지를 저장할 때 낱낱으로 하는 것이 아니라 일정한 장(field 혹은 fields)으로 한다는 것이다. 이것은 우리의 의식이 개개의 정보를 기억하는 것이 아니라 그 정보들의 얼개 혹은 구조를 전체적으로 기억한다는 것으로 이해될 수 있다. 그래서 이 사이코포어가 다음 생의 배아(수정 후 8주까지의 태아)에 영향을 줄 때 세부적인 것이 형성되는 데에 일일이 관여하는 것이 아니라 큰 이미지로만 영향을 끼친다는 것이다. 이 때문에 전생에 있었던 모반이나 상처, 혹은 장애가 현생의 몸에 그 흔적을 남길 때 조금 다르게 나타날 수 있게 된다. 우리의 의식이 전생에 입었던 상처에 대한 기억을 담을 때 개개의 상처를 일일이 다 담는 것이 아니라 전체적인 이미지로 담기 때문에 세부적인 데에서는 일치하지 않을 수도 있다는 것이다.

예를 들어서 이번 생에 생긴 모반이 전생 상처의 크기보다 크게 나타났다고 하자. 이에 대해 스티븐슨은 당사자가 전생에 그 상처를 입을 때 과도한 집중을 해서 그렇게 되었을 것이라고 추측하고 있다. 그러니까 집중을 너무 강하게 해서 당사자의 의식이 그 상처가 매우 크다는 이미지를 저장했고 그것이 후생에 나타날 때 전생의 상처보다 더 크게 나타난 것이라는 것이다. 우리는 이러한 예를 앞에서 든 예 가운데 아홉 번째의 예인 '락 팔'의 경우를 가지고 설명했다. 앞에서도 본 것처럼 락 팔은 전생에 사고로 엄지손가락을 제외한 손가락 4개가 절단되었는데 이번 생에는 모든 손가락이 다 절단된 채로 태어났다. 이것은 락 팔이 전생에 사고를 당했을 때 그 사고가 너무도 갑자기 닥치고 충격이 컸던 터라 그의 의식이 손가락이 다 없어진 것으로 마음 이미지를 형성했을 것이라고 추측한 바 있다. 이 마음 이미지가 다음 생의 몸에 영향을 주어 다섯 손가락이 다 없어진 것으로 환생한 것이다.

정리하며 이 정도면 스티븐슨이 이 마지막 장에서 환생과 관련해 중요하게 생각한 점을 다 말한 것 같다. 마지막 장에는 이 이외에도 다른 개념들이 설명되어 있지만 대부분 앞의 본문에서 다루었기 때문에 다시 다룰 필요성을 느끼지 못한다. 이제 스티븐슨의 이 책에 대한 설명을 마치려고 하는데 내가 스티븐슨의 다른 책을 보면서 꼭 소개했으면 하는 예가 있어 하나만 소개하고 이 책의 서술을 마쳤으면 한다. 독자들은 이것을 에필로그처럼 부담 없이 보아주었으면 한다.

내가 이 예를 소개하고 싶은 이유는 우선 이 예가 유럽에서 나온 것이기 때문이다. 이 책에서 지금까지 우리가 본 예들은 주지하다시피 전부 아시아에서 채집한 사례들이다. 그래서 흡사 환생은 아시아인만 하는 인상을 받을 수 있다. 스티븐슨 역시 이에 대한 편견이 생길 수 있다는 생각 아래 말년에는 유럽이나 북미 지역으로 그 연구 범위를 넓혔다. 그렇게 해서 나온 책이 앞에서 본 『European Cases of the Reincarnation Type』(2003)이라는 책이다. 스티븐슨이 2007년에 서거하니 이 책은 그의 거의 마지막 연구에 해당된다고 하겠다. 그 이후에는 그의 제자인 짐 터커 같은 사람이 북미의 사례도 많이 다루고 있는 등 그들의 연구 범위가 전 세계로 넓혀졌다.

내가 이 예를 또 소개하고 싶은 이유는 지금까지 다룬 예들이 하나같이 다 극적이지만 이번 경우도 그에 못지않게 극적인 경우라 그렇다. 이 예는 이 책에 나온 예 가운데 가장 극적인 것 가운데 하나이다. 유럽에 사는 아이가 적도에 사는 부족의 흑인으로 살 때의 삶을 기억해냈으니 말이다. 그런데 이 아이의 진술만 가지고는 이 적도 지역이 어디인지 몰라 결국 검증하는 데에 실패했지만 이 아이의 진술이 워낙 생생해 스티븐슨이 포함시킨 것이다. 내가 이 사례를 소개하고자 하는 데에는 또 다른 이유가 있었다. 즉 이 아이가 전생을 기억하면서 그린 그림이 있기 때문이다. 이 그림들도 여기서 소개할 터인데 그 그림이 너무 생생해 이 아이의 진술이 사실이라는 것을 의심할 수 없게 만든다. 또 스티븐슨이 이 예를 접하게 된 것도 다른 사례와 조금 달라 이 사례를 여기서 소개하려는 것이다. 좌우간 이 사례는 여러 면에서 다른 사례와 다르니 한 번 같이 보기로 하자.

예 14: 유럽의 예 – 게데온 하이츠의 경우[103)]

이 예는 양이 그리 많지 않기 때문에 스티븐슨이 서술한 순서대로 그 제목을 따라가며 요약하면서 진행할까 한다. 그 다음으로 밝힐 것은 이 사례의 주인공의 이름에 대한 것이다. 로마글자로 'Gedeon Haich'라고 쓰는데 주인공의 모국어인 헝가리어로는 어떻게 읽는지 몰라 가장 원시적인 발음인 게데온 하이츠(이하 게데온)로 읽었다.

사례의 요약과 분석 게데온은 1921년 3월 7일 헝가리의 수도인 부다페스트에서 태어났다. 그의 부모는 각각 수보와 엘리자베스(이하 리사)였고 게데온은 외아들이었다. 그들은 상위중산층에 속했는데 게데온이 3살 때쯤 부모가 이혼해 그는 그 뒤 3~4년을 모친과 함께 살았다. 그 뒤에 약간의 변화가 있었지만 우리의 설명에 그다지 유용하지 않아 생략한다.

게데온은 전생을 기억하는 대부분의 아이들과는 달리 4살 때까지 전생에 대해 전혀 발설하지 않았다. 그런데 그가 4살 내지 5살이었을 때 전생을 기억하고 있다는 암시를 준 일이 있었다. 그때 게데온은 여자 사촌과 같이 살았는데 이 두 아이가 그림을 그리면 그는 그림에 나오는 사람의 피부 색깔을 다르게 그렸다고 한다. 그의 사촌은 사람을 그릴 때 밝은 색으로 피부를 그렸던 것에 비해 그는 유독 어두운 갈색으로 그렸다. 그의

103) Stevenson(2003), pp.114-126.

모친이 피부를 그렇게 어둡게 그리지 말라고 하자 그는 아무 말 하지 않고 계속해서 갈색으로 그렸다고 한다(이것은 그가 흑인을 그린 것이다–저자 주).

얼마 뒤에 리사는 가족들과 여름 별장이 있는 호수에 가서 수영을 했는데 그때 게데온은 이유를 대지 않고 물에 들어가지 않겠다고 강력하게 저항했다. 소리를 지르면서까지 저항을 해 리사는 게데온이 왜 그러는지 영문을 몰라 했다(이것은 그가 전생에 죽은 사건과 관계 된다–저자 주).

게데온이 6~7살일 무렵 그는 다음과 같은 질문을 해 모친을 놀라게 했다. 자신이 이 가족에 태어나기 전에 어디선가 살지 않았을까 하고 물은 것이다. 그러면서 자신이 다른 나라에서 다른 사람들과 살았던 기억이 난다고 말했다. 그리고 그때에는 지금과 달리 처와 아이들이 있었다고 실토했다. 모친이 그럼 어디 살았느냐고 묻자 그는 그림을 그리면서 설명을 해주었다. 그에 따르면 그는 당시(전생) 어느 날 사냥을 하러 나갔는데 호랑이를 만나 창을 던졌다고 한다. 그런데 호랑이를 죽이지는 못해 그 호랑이가 그에게 덤벼들었는데 그것은 기억이 나는데 그 뒤에 어떻게 됐는지는 생각이 안 난다고 말했다.

2차 세계대전 후에 리사는 스위스의 쥬리히로 이사를 갔고 그곳서 요가 학교를 만들어 운영했다. 리사는 그때 자전적인 책을 썼는데 그 책의 몇 쪽을 할애하여 자신이 들은 게데온의 전생 기억과 게데온이 그린 그림을 실었다. 스티븐슨은 안식년을 1963년부터 1964년까지 쥬리히에서 보냈는데 그때(1963년) 이 책을 발견하고 읽었다고 한다. 특히 게데온에 관한 부분을 읽고 이 이야기는 전생과 관계되는 것이라고 생각해 곧 리사에게 연락했다. 그런 과정으로 거쳐 스티븐슨은 마침내 1964년 2월 13일과 5월 7일에 리사를 만나 장시간 면담을 했다고 밝히고 있다.

5월 7일에 만났을 때 리사는 스티븐슨에게 게데온이 7~8살까지 쓴 일기를 보여주었는데 헝가리어로 쓰여 있어 그는 이해할 수 없었다. 그녀는 또 게데온이 그린 그림과 그가 만든 인형도 보여주었다. 그 뒤 스티븐슨은 1972년 3월 22일 다시 쥬리히로 가서 리사를 마지막으로 만났고 같은 해 11월 26일에는 제네바에서 게데온과 긴 면담을 했다고 전하고 있다.

게데온이 전하는 전생 이야기 이 장에서 스티븐슨은 리사의 책 내용과 그녀와 편지로 나눈 것을 바탕으로 게데온의 전생에 대해 적고 있다. 게데온이 처음으로 전생에 대해 말할 때 그는 '(전생의) 내 처와 아이들, 그리고 그곳에 사는 사람들은 여기 사람들하고 다르다. 그들은 모두 흑인이고 나체로 살았다'고 했다고 한다. 리사가 그에게 어디서 살았냐고 물으니 그는 다음과 같이 말했는데 이 부분은 긴 인용이라 요약해서 싣는다.

> (거처에 대해 묻는 리사의 질문에) 그는 종이와 연필을 가져와 원뿔형 지붕이 있는 오두막을 그렸는데 그 집에는 (그림에서 보는 것처럼) 헝가리에서는 절대로 볼 수 없는 연통이 달려 있었다. 오두막 앞에는 유방이 축 늘어져 있는 나체의 여자를 그렸다. 집 근처에는 파도가 이는 물이 있었고 뒤쪽에는 (그 다음 그림에서 보는 것처럼) 야자수가 있었다.
>
> 그는 리사에게 이렇게 말했다. '우리는 우리가 만든 이런 집에 살았다. 그리고 나무속을 파서 배를 만들었다. 거기에는 큰 강이 있었는데 그 강 깊숙이는 가지 않았다. 왜냐면 그곳에는 사람들의 다리를 무는 괴물이 있었기 때문이다. 작년에 엄마(리사)가 나를 수영하라고 호수로 들어오라고 했을 때 소리 친 건 그 때문이다. 물론 그 호수에는 아무 것도 없다는 것을 알지만 나는 (전생의) 공포 때문에 들어갈 수 없었다. 그리고 우리가 보트를 샀을 때 내가 배를 젓고 싶다고 하자 엄마가 나에게 먼저 배 젓는 법을 배우라고 하지 않았던가? 그러나 나는 배 젓는 법을 잘 안다. 그뿐만 아니라 나는 배를 만들 줄도 알고 타고 가다

게데온이 그린 전생의 집과 환경(앞의 책, p.117)

물속으로 한 바퀴 돌 줄도 안다.'

그 말을 듣고 리사가 그에게 배를 저어 보라고 하자 그는 또 이렇게 말했다. '(내가 배를 저으면) 엄마와 여기 있는 사람들은 깜짝 놀랄 것이다. 나는 (어려서) 팔이 짧아 노 두 개를 다 잡을 수 없지만 한 노로도 마음대로 조정할 수 있다. 나는 (전생에서) 나무배로 모든 것을 할 수 있었다. 그걸 엄마가 보았어야 하는데... 그 나무들은 여기와 다른데 이 그림에 있는 게 그 나무다. 그리고 나는 그 옆에서 새를 잡고 있는데 내 옆에는 모자가 있다.'

그가 그린 것은 야자나무와 다른 열대 지방의 나무가 있는 전형적인 열대 지방의 모습이었다. 그리고 그가 묘사한 그 자신은 전형적인 흑인이었다. 그런데 그 중절모처럼 보이는 모자에는 의심이 간다(다 벗고 사는 마을인데 모자가 있으니 의심할 만하다—저자 주). 그러나 리사는 그에 대해서는 질문 하지 않고 그 여성에 대해 물었다. 너는 나체 여성을 한 번도 본 적이 없는데 왜 처를 그렇게 가슴이 축 쳐진 나체 여성으로 그렸냐고 물은 것이다. 그러자 그는 자기 엄마가 그런 질문 한 것에 대해 놀라면서 '그때는 다 그렇게 살았다. 그리고 그들은 결코 추하지 않다. 그녀는 아름다웠다.'라고 말했다. (이상이 인용인데 뒷부분은 앞에서 말했기 때문에 생략함)

리사는 또 이 그림에서 나무 밑에 있는 굽은 물체가 무엇이냐고 물었다. 그러자 그는 그것은 무기인데 던지면 자동적으로 돌아오는 것으로 그것도 자기가 만들었다고 말했다. 이것은 부메랑을 말하는데 그는 나이가 어렸기 때문에 이 단어를 몰랐다고 한다.

그가 13살이었을 때 일이다. 이웃 사람이 어느 날 리사에게 달려와 게데온이 포플라 나무 꼭대기에 올라갔다고 알려줬다. 그 나무는 높이가 20m 내지 25m 정도나 되는 큰 나무였는데 그래서 그랬는지 게데온의 목소리는 들렸지만 그의 모습은 나뭇잎에 가려져 보이지 않았다. 당황한 그녀는 그에게 당장 내려오라고 소리쳤고 그 소리를 듣고 그는 마지못해 내려왔다. 그녀가 보기에 그는 비록 천천히 내려오기는 했지만 작은 원숭이처럼 능숙하게 내려왔다. 그녀가 그에게 왜 그런 위험한 짓을 했냐고 묻자 그는 '(자신이) 나무 꼭대기에 둥지를 만들어 놓았는데 거기서 옥수수를 먹으면 훨씬 맛있다. 그리고 그곳에서는 마을 전체를 훤하게 볼 수 있다'고 답했다. 그녀가 그래도 저 위에 올라가는 것은 위험하니 지상에다가 둥지를 만들라고 하자 그는 화를 내면서 '내가 정글에 있을 때 동물들을 찾기 위해 이보다 더 높은 나무에 올라갔었는데 그때 누가 나를 지켜주었는지 알고 싶다. 엄마는 그때 어디 있었는가?'라고 답했다고 한다. 그 말에 리사는 답을 못하고 그저 나무에 다시는 올라가지 말라고 했다.

그 뒤에 어느 때인가 게데온이 학교에서 돌아와서 아주 화난 표정으로 이렇게 말했다고 한다. '학교에서 목사가 인간은 한 생만 산다고 했는데 그건 말도 안 돼. 나는 우리가 여러 생을 산다는 것을 알고 있어. 그러나 어른들하고 있을 때에는 이 문제를 이야기하지 않고 조용히 있는 게 상책이야'라고 말이다.

다음은 그가 15살 때에 일어난 일이다. 그가 엄마에게 재즈 드럼을 사달라고 해 모자는 도시에서 가장 큰 악기점에 갔다. 거기서 그는 가장 큰 드럼을 골랐다. 집에 돌아오자 그는 곧 드럼을 치기 시작했는데 놀랄만한 기술로 가장 복잡한 리듬을 쳤다. 흡사 그는 망아경 속에 빠진 것 같았고 눈에는 눈물이 비치기도 했다. 그러나 그는 드럼을 배운 적이 없다. 그때 그는 방금 전에 연주하던 것과는 다른 특이한 리듬을 연주하더니 '엄마, 이건 우리가 멀리 떨어져 있는 사람에게 신호와 메시지를 주는 리듬'이라고 말했다(전생에 흑인으로 살고 있을 때 그랬다는 것이다-저자 주).

게데온은 니그로나 아프리카 같은 단어를 쓰지 않았다고 한다. 그리고 강에 사는 '괴물'이 무엇인지 확실히 이야기하지 않았는데 리사가 생각하기에 악어를 말하는 것 같았다고 한다.

전생과 관계된 게데온의 태도에 대해 한번은 리사가 그에게 왜 너는 전생에 살았다고 생각하느냐고 묻자 그는 이렇게 답했다. 다음은 그 요약이다. '한번은 내가 정원에서 딱정벌레를 막대기로 찌르니까 이 벌레가 뒤집어져 꼼짝 않고 있더라. 그래서 이 놈이 어떻게 하는지 보려고 계속해서 주시했다. 그렇게 30분 정도 지나니까 이 놈이 제 자세로 바꾸더니 곧 달아났다. 이 사건이 나로 하여금 내가 이미 이전에 살았다고 생각하게 만들었다. 내가 환생한 것은 흡사 이 벌레가 죽은 것처럼 하고 있다가 살아난 것과 같다. 내가 (전생에서) 죽었다고 했을 때 사람들은 내가 죽은 줄 알았을 것이다. 그러나 나는 이 벌레처럼 다시 살아났다. 그리고 나는 매일 아침 잠에서 깼을 때 눈을 뜨기 전에 내 처자를 먹여 살리기 위해 사냥을 하러 박차고 나가야 하는 것 아닌가 하는 느낌이 들 때가 있다. 그러나 눈을 떠서 방을 보면 나는 소년이고 현재는 엄마 아들이라는 것을 기억해 낸다.'

스티븐슨은 이 이야기에 대해 견해를 표방하기를 7살 난 아이가 벌레 같은 대상에 반시간 동안이나 집중하는 것은 이례적인 일이라고 했다. 또 리사에 따르면 게데온은 좀 더 정확한 전생 기억을 되살리기 위해 망아경 같은 상태로 들어가기도 했다고 한다.

그 다음에는 물 공포증에 대한 것인데 리사에 의하면 게데온은 물에 대한 공포증이 서서히 없어져 나중에는 '작은 오리'처럼 수영할 수 있게 되었다고 한다. 그러나 그는 스티븐슨에게 자신은 여전히 물에 대해 약간의 공포증이 남아 있다고 했다. 특히 봄이 되어 수영하러 가면 첫 번째로 다이빙할 때 공포를 느낀다고 한다. 수영장에서는 공포를 느끼지 않는데 모르는 강이나 호수에 가서 다이빙할 때에는 여전히 공포를 느낀다는 것이다. 이러한 꾸준한 공포 때문에 그는 자신이 전생에서 죽었던 사건이 호랑이와 관계된 것이 아니라 물에 빠진 것과 연관이 있을 것이라고 추정했다.

그는 또 아프리카 흑인들에 대해 책을 읽는 것에는 흥미가 없었다. 그런 책을 보면 그는 '이 책에는 도대체 알맹이가 없다. 나는 여기에 나와 있는 것보다 더 잘 알고 있다. 그리고 백인들이 흑인들에 대해 어떻게 생각하는지에 대해서도 관심이 없다. 그러나 가끔 흑인들에 대해서 정확하게 서술한 책을 읽으면 내가 울지 않으려 해도 저절로 눈물이 난다.'고 말했다고 한다. 이렇게 말할 때 그는 어른 같았다고 한다. 리사는 그와 함께 (아프리카) 흑인들의 삶에 대한 영화를 보러 간 적이 있었는데 그녀는 어둠 속에서 그가 영화가 상영되는 내내 자기가 통제할지 못할 정도로 흐느끼는 것을 보았다고 한다. 그는 또 호랑이나 표범, 고양이 같은 동물들에 대해 공포증이 없었다.

게데온이 적도 생활에 대한 정보에 노출될 가능성에 대해 리사에 따르면 게데온의 모든 사정을 감안할 때 그는 아프리카에 대한 책을 본 적도 없고 같은 주제에 대한 영화도 본 적이 없으며 책을 읽은 적도 없다(이것은 방금 전에 본 게데온의 말과 어긋나는데 아마 게데온이 어렸을 때를 이야기하는 것 같다–저자 주). 또 가족들도 아프리카나 인도 같은 적도 지방의 나라들과 사회적이든 상업적이든 아무 관계가 없었다. 그는 또 '니그로'에 대해 전혀 알지 못했다. 리사는 스티븐슨에게 강조하기를 게데온은 일반적인 방법으로는 적도 생활에 대해 결코 알 수 없다고 밝혔다. 그러나 그는 악어나 호랑이는 동물원에서 본 적이 있다고 한다.

게데온의 말과 태도에 대한 리사의 태도 리사는 헝가리의 관습적인 기독교 집안에서 자랐다. 그러나 그녀는 초현상적인 것에 개방되어 있었다고 한다. 그녀는 영혼과 교신할 때 생기는 테이블이 떨리는 현상이나 자동기술 등을 체험한 적이 있다. 그런가 하면 그녀는 전생에 대한 확실한 기억을 두 개 정도 갖고 있었다고 한다. 이 기억 중 하나는 꿈에서 나왔고 다른 하나는 눈을 뜬 채로 일종의 망아경 속에서 나타났다. 이 때문에 그녀는 전생이 존재한다는 가능성에 대해 충분히 숙지 하고 있었다. 그럼에도 불구하고 그녀는 게데온이 말하는 것을 듣기만 하고 필요 이상으로 말하게 부추기지 않았다. 게데온이 자신의 전생을 말하고 그에 대해 그림을 그렸을 때 그녀는 저서에 이렇게 적었다. '나는 그가 그린 그림 모두를 일기 속에 넣어 두었다. 그리고 나는 그에게 필요 이상의 질문을 하지 않았다. 나는 그가 (전생에 대해) 환상을 갖는 것을 원하지 않았고 그가 전생의 기억에 대해 더 깊게 빠지는 것도 원치 않았다.'

그녀는 이처럼 게데온의 진술을 모두 받아들였지만 실망을 금치 못했다. 왜냐하면 1920년대에 헝가리의 부르조아 가정에 사는 아이가 전생에 아프리카 같은 곳에서 살았다고 하니 말이다. 다른 가족들도 이 사실에 대해 비슷한 당혹감을 가지고 있었다고 한다.

후에 리사는 자신이 고대 이집트에서 살았을 때의 전생에 대한 비전을 보았다. 그 생에서 게데온은 매우 중요한 인물이었는데 리사는 그에게 못할 짓을 했다고 한다(그게 무엇인지는 밝히지 않았지만 두 사람은 애정 관계에 있었는데 리사가 게데온을 배신한 것 같다—저자 주). 그래서 그는 (리사의 배신에 상심한 나머지) 이집트에서 아프리카에 있는 어떤 부족에게로 갔고 거기서 살다가 죽었는데 그 다음 생에 흑인으로 다시 태어난 것이다(게데온이 기억한 전생은 바로 이 흑인으로 태어났을 때의 생이다—저자 주). 그러나 그녀의 생각에 따르면 게데온이 아프리카의 부족에서의 삶을 마치고 다시 태어나게 되었을 때 그는 여전히 그녀에게 끌리고 있었기 때문에 그녀의 아들로 환생했다는 것이다. 그러니까 리사가 이집트에 살 때 게데온을 배신했지만 게데온은 그 다음 생에 결국 리사의 곁으로 와서 다시 태어났다는 것이다(그런데 이것이 어떻게 가능했는가에 대해서는 더 이상의 설명이 없다—저자 주).

리사가 이렇게 생각하게 된 데에는 게데온이 한 말 때문이었다. 게데온은 그가 전생에 대해 말하기 6달 전에 이상한 말을 했다고 한다. 그때 게데온은 림프선이 부어서 고열로 고생하고 있었다. 의사가 게데온을 고치기 위해 혈청을 주사했는데 그 뒤에 그는 의식이 혼미해졌다. 그때 리사는 게데온을 팔에 안고 거의 5일 동안을 보냈다. 당시 리사가 자세를 조금이라도 바꾸려 하면 게데온은 그녀에게 더 밀착하면서 '가만, 가만, 나를 잡아줘.. 만일 당신이 내 곁에서 나를 꽉 잡고 있기만 한다면 당신이 나에게 행한 모든 나쁜 짓을 용서할 거야'라고 외쳤다고 한다. 그러나 리사는 자신은 게데온에게 헌신적이고 유능한 엄마라고 생각했기 때문에 게데온의 이 발언에 당혹해 하지는 않았다고 한다. 이때 리사는 게데온에게 너의 용서를 받기 위해서는 어떻게 해야 하느냐고 물었다. 그러자 게데온은 자신은 모르겠다고 답하고 그저 자기 곁에 있으면서 꼭 붙잡아 주기만 하면 당신이 (행한 모든 잘못을) 용서하겠다고 했다고 한다. 이 발언에 대해 스티븐슨은 이 이야기는 정말로 검증할 수 없는 것이라고 주장하면서 이것을 설명할 수 있는 단서에 대해 피력했는데 이것은 그다지 언급할 가치가 없어 생략하겠다.

그 다음에 스티븐슨은 게데온의 육체적 특징에 대해 말하고 있다. 그의 홍채는 파란색이었고 머리털은 밝은 갈색이었다. 그의 머리털은 직모(直毛)이어서 아프리카 흑인들의 머리털처럼 짧거나 곱슬곱슬하지 않았다. 입술도 아프리카 흑인처럼 두껍지 않았다. 요컨대 그는 전형적인 유럽인이었다.

게데온의 뒷이야기 1972년에 스티븐슨이 게데온을 만났을 때 자신은 10대일 때 비정상적으로 작고 홀쭉해서 하타 요가를 시작했다고 말했다고 한다. 그는 엄마의 스승이자 요가 학교의 공동 창업자이기도 한 예수디안에게서 요가를 배웠다. 이 요가의 수련은 그에게 큰 도움을 줘 급기야 그는 요가 가르치는 것을 필생의 업으로 삼는다.

그는 제2차 세계대전 때에 헝가리 공군의 조종사로 참전했다가 그의 비행기가 격추당한 적이 있다. 그때 부상당했지만 그럼에도 불구하고 그는 살아남았다. 그 뒤 그는 캐나다로 가서 밴쿠버에서 요가를 몇 년 간 가르치다 1957년 유럽으로 되돌아와 제네바에서 요가를 가르쳤다. 그의 요가 학교는 이 이외에도 바젤과 로잔느에 지점이 있었다.

1972년에 스티븐슨이 게데온을 만났을 때 그는 여전히 전생에 대한 기억이 약간 남아 있기는 한데 선명하지는 않다고 했다. 스티븐슨이 그에게 이전에 당신이 '자신이 모르는 곳에서 다이빙(수영)하는 것에 대한 공포를 갖고 있는 것을 보면 전생이 물에 빠져 죽음으로써 끝났을 것'이라고 하지 않았냐고 물었다(그런데 그는 또 호랑이가 자신을 덮쳐 죽은 것 같다는 말도 했다). 이에 대해 그는 이 맹수에게 창을 던진 뒤 물에 빠져서 죽은 것 아니겠냐는 절충안 같은 제안을 했다. 맹수와 익사 둘을 합해서 생각한 것이다(스티븐슨이 말하길 이때 그들은 불어로 대화를 했는데 게데온은 불어로 호랑이라는 단어를 쓰지 않고 '야생의 맹수(fauve)'라는 단어를 썼다고 한다).

스티븐슨은 또 지적하기를 게데온은 요가 강습을 천직으로 삼았음에도 불구하고 아시아의 종교에 대해서는 관심이 없었다고 한다. 따라서 인도에 대해서도 관심이 없었다. 아울러 아프리카 대륙은 한 번도 가본 적이 없는데 강한 유대감을 갖고 있었다고 한다.

게데온이 묘사한 삶은 어디에서 산 생일까? 마지막으로 스티븐슨은 게데온이 전생에 산 지역이 과연 어디일까에 대해서 추정을 하고 있다. 야자나무가 있고 옷은 거의 입지 않고 살았다고 하니 적도 지방의 삶을 묘사하는 것일 텐데 일단 그는 그곳이 아프리카나 인도일 것이라고 추정했다.

그렇게 추정하는 근거는 검은 피부나 악어, 야자나무, 창과 활, 화살로 하는 사냥, 원추형 초가집과 연통, 그리고 통나무배 등이 등장하기 때문이다. 그런데 세부적으로 보면, 부메랑은 호주 원주민과 관계되어 있는 것 같은데 남인도나 아프리카에도 같은 것이 있다고 한다. 게데온이 말한 모자는 풀로 만든 것으로써 아프리카에는 흔하지만 인도에는 특정 지역에만 있다고 한다. 그리고 원추형 집은 서부 아프리카에서 발견된다. 그런가 하면 북을 쳐서 신호를 보내는 것은 아프리카적인 것이라고 스티븐슨은 추정했다.

그 다음에 스티븐슨은 게데온이 '호랑이'라는 단어를 쓴 것에 주목하면서 리사에게 '게데온이 아시아에서만 사는 호랑이를 의미하는 특별한 단어를 썼는지 아니면 고양이처럼 생긴 동물을 일반적으로 지칭하는 단어를 썼는지'에 대해 물었다. 만일 그가 호랑이라는 특별한 단어를 썼다면 그것은 그가 아시아에서 전생을 보냈다는 것을 의미할 수 있기 때문이다.

이 질문에 리사는 1964년 2월에 스티븐슨을 처음 만났을 때에는 게데온이 호랑이라는 특정한 단어가 아니라 일반적인 용어를 썼다고 말했다. 그런데 같은 해 5월에 만났을 때에는 게데온이 그림책을 보다가 호랑이를 가리키며 전생에 자신을 죽인 것은 이 동물이라고 말했다고 전했다. 이 답변에 대해 스티븐슨은 여러 변수가 있기 때문에 리사의 두 번째 발언에 대해서는 크게 신경을 쓰지 않는 것 같았다(게데온이 이미 호랑이 그림이나 실물에 노출되었을 것이기 때문에 전생에 자기를 죽인 그 맹수를 호랑이와 동일시 할 수도 있었을 것이라는 것이다—저자 주).

이렇게 생각해본 결과 게데온의 전생은 아프리카에서 펼쳐졌을 것 같은데 이에 대해 스티븐슨은 동의하면서도 그가 요가를 좋아한 것은 아프리카와 전혀 어울리지 않는다는 의견을 내놓았다. 그런데 게데온은 요가의 본향인 인도에 대해서 전혀 관심이 없었다. 그러니까 그는 요가와 인도를 분리해서 생각한 것 같다. 이에 대해 스티븐슨은 게데온이 요가에 대해 가졌던 큰 관심은 그의 엄마로부터 영향을 받은 것 아니겠느냐고 추정하고 있다. 결론적으로 그는 게데온이 전생에 아프리카에 살았을 것이라는 추정을 내놓았지만 단정적으로 말하고 있지는 않다. 그는 학자로서 끝까지 신중한 태도를 취한 것이다. 마지막으로 스티븐슨은 게데온이 그린 그림이나 행동들은 유전자나 환경의 영향으로 설명할 수 있는 것이 아니라고 결론을 내리고 있다.

필자의 평 지금까지 본 예들이 다 극적이지만 이번에 본 사례도 꽤나 극적이다. 이번 사례는 검증하는 일이 불가능하지만 그렇다고 믿지 않을 수도 없을 것 같다. 이 사례를 검증할 수 없는 이유는 다음과 같다. 주인공이 기억하는 전생이 좀 떨어진 다른 마을이나 도시에서 발생했다면 그곳에 가서 확인할 수 있지만 이번 사례는 전생이 벌어졌던 시대나 장소가 어떤 시대이고 어떤 곳인지 확실하지 않기 때문이다. 어느 시대인지 모르는 것도 그렇지만 장소가 아프리카인지 인도인지 확실하지 않고 혹여 어느 지역인지 알더라도 정확한 지명이 나오지 않았으니 찾아 갈 수도 없는 일이다.

그럼에도 불구하고 우리의 주인공이 거짓으로 증언하는 것이 아니라고 믿을 수 있는 가장 큰 이유는 전생에 대한 그의 묘사가 너무나도 생생하기 때문이다. 게다가 그는 그림까지 남겼다. 우리가 앞에서 본 그의 그림은 상상으로는 그리기 힘든 그림이다. 그리고 그는 그림에 대해 상세한 설명도 곁들였다. 그 설명 가운데 원통형의 집을 그린 것은 다소 일반적인 것이라 다른 그림을 보고 흉내 냈다고도 볼 수 있지만 가슴이 쳐진 나체의 여인이나 부메랑 등은 상상으로 묘사하기 힘든 것일 것이다. 그리고 나무 위에 있는 새를 잡는 모습이나 그 옆에 그려 놓은 모자도 상상의 산물은 아닌 것 같다. 그리고 이 그림을 서너 살 먹은 어린 아이가 그렸다는 것도 잊어서는 안 된다.

그의 엄마의 증언에 따르면 그가 이러한 것들을 그 이전에 본 일이 없다고 하니 상상으로 보기가 더 힘들다. 또 그의 엄마가 나체의 여인을 보고 왜 이렇게 추하냐고 했더니 그가 놀라면서 이렇게 하고 사는 것은 전혀 추한 것이 아니고 그 여인, 그러니까 자신의 처는 아름다웠다고 하지 않았는가. 그의 모친이 유럽적인 시각으로 본 것을 그가 즉각적으로 거부한 것이다. 이런 말은 어린 아이가 할 수 있는 것이 아니지 않을까. 이 같은 가치관이나 미학에 관계된 것은 어른이 된 다음에야 판단할 수 있는 것이지 어린 아이가 할 수 있는 것이 아니기 때문이다. 따라서 이것도 그가 전생의 기억에 의거해서 한 발언이 아닌가 생각된다.

북을 치던 것도 그렇다. 그가 북을 사고 싶었던 것 역시 전생 기억 때문일 것이다. 전생에 그가 살던 지역 사회는 전근대적인 사회라 전기로 운용되는 통신 수단이 없었던 모양이다. 그래서 북을 많이 사용했던 모양인데 그것이 생각나 그가 북을 산 것으로 생각된다. 사정이 그러니까 북을 잡자마자 전생에 지니고 있었던 기술이 튀어나와 전문가처럼 친 것이다. 그리고 음악이란 인간의 감정을 건드리기 때문에 음악을 하는 동안 감회에 젖게 되는데 그 때문에 그는 북을 치던 전생에 대한 기억이 나 눈물이 났던 것일 것이다. 전생에 음악에 뛰어났다고 생각되는 사람들이 후생에 태어나 그 같은 뛰어난 기량을 보이는 예는 수도 없이 많아 재론할 필요가 없을 것이다. 음악적 재능은 매우 감각적인 것이라 더 선명하게 남지 않을까 하는 생각이다. 이 예도 그가 분명 전생을 기억하고 있다는 심증을 굳혀준다.

전생 기억이 선명한 것은 그가 아침에 잠에서 깼을 때에도 자주 있는 현상이었다. 비록 잠에서는 깨어났지만 눈을 뜨지 않고 있으면 바로 사냥하러 나가야겠다는 생각을 했다는 것이 그것이다. 그러다 눈을 뜨면 자신이 가장이 아니라 작은 아이라는 것을 알게 되었다고 했는데 전생 기억이 이렇게 강할 수 있는 것인지 의아스럽다. 보통 사람의 경우는 이번 생의 원활한 삶을 위해 전생에 대해서 기억을 잘 못하는데 그의 경우는 유달리 전생에 대한 기억이 강하다. 이런 맥락에서 우리는 왜 어떤 사람은 전생 기억이 강하고 어떤 사람은 그렇지 않느냐는 질문을 던질 수 있을 것이다. 이 문제는 앞에서도 잠깐 다루었지만 그 원인은 잘 알지 못한다.

그 다음에 또 던질 수 있는 질문은, 앞의 여러 예에서도 나왔지만 그가 왜 헝가리라는 전생과는 아무 관계가 없는 듯한 지역에 다시 태어났고 왜 리사를 엄마로 했느냐는 것이다. 후자에 대한 것은 어느 정도 짐작할 수 있는 단서가 있었지만 왜 헝가리에서 출생했는지는 잘 모를 일이다(리사의 자식으로 태어나기 위해 헝가리까지 온 것이라는 추측은 가능하지만 말이다). 스티븐슨은 그가 전생에 살았던 지역에 대해 계속해서 추측했는데 아무래도 아프리카가 맞을 것으로 생각된다. 왜냐하면 리사는 자신이 이집트에서 살았던 전생을 기억해냈고 그때 게데온과 같이 지냈던 것을 상기해냈는데 만일 이것이 사실이라면 게데온 역시 이집트에서 산 것이 되기 때문이다. 리사는 그때 게데온에게 무엇인가 좋지 않은 일을 해 게데온이 그녀를 떠나 어떤 부족에게로 갔다는데 이것들이 모두 사실이라면 게데온이 리사를 피해간 곳 역시 아프리카일 수밖에 없지 않겠는가?

그런데 그때는 고대 이집트 시대라고 했다. 여기서 더 의아한 것은 그렇게 오래된 전생에 만났다가 이 두 사람이 다시 만난 것이 1920년대라는 극히 현대라는 것이다. 그 사이에 수천 년의 세월을 어떻게 하고 이렇게 늦게 만났다는 말인가? 그리고 왜 헝가리라는 유럽 국가에서 두 사람이 만났을까? 이런 데에 대한 정보는 이 책에 없기 때문에 필자도 알 수 없다. 이 시점에서 우리가 알 수 있는 것은 두 사람이 다시 만나게 된 이유 정도뿐이다. 앞에서도 잠시 언급했지만 리사는 게데온에게 빚이 있었다. 그것이 무언인지 몰라도 그녀는 게데온에게 크게 나쁜 짓을 했다. 게데온이 리사의 아들로 태어난 것은 그녀로부터 그 빚을 받아내기 위한 것 아니었을까?

리사는 대단히 지적인 여성인 것 같았다. 게데온이 전생을 기억할 때 그 기억을 조장하지도 않고 억누르지도 않은 것을 보면 그것을 알 수 있다. 그녀는 그렇게 하면서 게데온이 전생에 너무 빠지는 것을 경계하고 현생에 충실할 수 있도록 잘 안내해주었다. 그리고 자신의 아들이 평생 관심을 갖고 살 일거리도 제공해주었다. 본인이 먼저 요가를 시작해 게데온이 요가를 할 수 있는 여건을 만들어 준 것이 그것이다. 이와 같이 리사는 게데온을 잘 이끌어주었다. 흡사 전생에 진 빚을 갚으려고 한 것처럼 말이다.

마지막으로 드는 의문은 게데온은 흑인으로 살았던 전생의 기억이 이렇게 또렷한데 육체적으로는 왜 흑인적인 특징이 하나도 없느냐는 것이다. 앞에서 본 것처럼 전생이 미국인 조종사라고 기억했던 미얀마의 윈의 경우에는 백인의 외양이 많이 남아 있었다. 그런데 게데온에게는 전혀 그런 면이 없었다. 그래서 드는 의문은, 어떤 여건이 되어야 전생 인격의 외양이 현생 인격의 외모에 영향을 주는지 궁금하다. 그냥 드는 생각은 미얀마의 윈은 미국인 조종사로 죽고 곧 바로 태어났지만 게데온은 수천 년을 격해서 태어났기 때문에 그런 것 아닌가라는 추정을 해보는데 사실 여부는 전혀 알 수 없는 일이다. 이처럼 전생과 현생의 관계는 캘수록 의문만 더 생기는데 정확한 답을 알 수 없다고 하는 것으로 이 사례를 끝맺었으면 한다.

끝맺으면서

이제 스티븐슨이 탐구한 전생 연구를 중심으로 살펴본 우리의 기나긴 여정이 끝났다. 여기까지 본 독자들은 다 아는 사항이겠지만 스티븐슨은 끝까지 인간은 환생한다고 명확하게 주장하지 않았다. 그러나 심정적으로 그는 환생을 믿고 있었다. 다만 학자로서 그리고 의사로서 대단히 조심스러운 태도를 취했는데 이것이 그의 연구 결과에 대한 신임도를 더 높게 해준다고 했다.

그가 자세하게 다루지 않았지만 인간의 환생 혹은 윤회는 불교 같은 인도 종교에서는 상식 같은 교리로 되어 있다. 내 개인적인 생각이지만 불교의 환생론도 문제가 없는 것은 아니다. 대표적인 것이 인간이 동물로도 환생할 수 있다는 것이다. 이것은 여러 면에서 타당하지 않은 속설인데 카르마론의 입장에서 보면 특히나 있을 수 없는 일이다. 그 한 가지 이유만 들어보면, 인간이 동물로 태어나는 것은 벌을 받았다는 것을 뜻하는 것일 것이다. 그런데 동물은 자의식이 없다. 따라서 동물은 자기가 무엇을 잘못했으며 왜 벌을 받는지에 대한 이해를 전혀 가질 수 없다. 동물은 사고할 수 없기 때문이다. 인간의 경우는 다르다. 인간은 그가 잘못된 일을 했을 때 다시 인간으로 태어나야 왜 내가 이런 벌을 받는지를 알고 앞으로 어떻게 고쳐나가면 되는지에 대해 알 수 있다. 그럼으로써 영적으로 진화하는 것이다. 따라서 인간은 인간으로 다시 태어나야 하고 카르마의 법칙도 그렇게 구성되어 있다.

이런 속설을 제외하고 불교의 환생이론은 대체로 옳다. 그런데 여기서 또 한 가지 의문이 나는 것은 인도의 성자들은 인간이 환생한다는 사실을 어떻게 알았느냐는 것이다. 추측컨대 이들은 스티븐슨처럼 과학적 추론으로 안 것이 아니라 수십 년, 혹은 수없이 많은 생 동안 수도해서 얻은 명철한 지혜로 안 것일 것이다. 이 경지는 보통 사람들은 절대로 알 수 없는 경지이다. 그런데 그런 경지에 올라가면 인간이 환생하는 것이 다 보인다고 한다. 그냥 보이는 것이 아니라 손바닥에 놓고 보는 것처럼 확실하게 보이기 때문에 의심이라고는 전혀 들지 않는다고 한다. 그래서 이들은 보통의 우리가 한 푼도 안 되는 이성적 능력으로 환생론 같은 초자연적인 이론을 부정하면 안 된다고 경고한다.

독자들의 이해를 돕기 위해 이와 관련된 예를 하나 들어보자. 원불교의 2대 교주였던 정산 송규(1900~1962)의 이야기이다. 하루는 정산의 제자가 과학 같은 신학문을 배우고 나서 정산에게 환생론을 믿을 수 없다고 했다. 이에 대해 정산은 인간이 환생하는 것을 제대로 알려면 정(定)의 상태에서 한 3개월은 있을 수 있는 정신적인 능력이 생긴 다음에나 가능한 일이라고 답했다. 그러면서 지금 그런 알량한 지식으로 환생을 부정하는 것은 잘못된 태도라고 제자에게 말했다. 정의 상태란 일상생활을 하면서도 의식의 바탕은 지극히 고요해 미동의 움직임이 없는 상태를 말한다. 이 경지에 가려면 엄청난 수행을 해야 하기 때문에 이 경지에 오른 사람은 찾기 힘들다. 스티븐슨은 이런 지혜를 갖지 않았기 때문에 과학적인 방법으로 전생을 연구하느라 40년의 세월을 보냈고 끝까지 신중한 태도를 보였을 것이다.

나는 이 책의 서두에서 말한 것처럼 인간이 환생한다는 것을 전제로 하고 그것을 확실하게(?) 알 수 있게 해주는 스티븐슨의 연구를 소개했다. 그런데 다 소개하고 나니 궁금한 것이 더 많아졌다는 느낌이다. 인간의 환생이라는 주제는 현실과 초현상 혹은 초자연적인(paranormal) 것을 아우르고 있어 우리가 취하는 이론적인 혹은 이분법적인 과학적인 시각으로는 죄다 설명할 수 없다고 느껴지기 때문이다. 그럼에도 불구하고 이 문제는 인간을 전체적으로 이해하려 할 때 반드시 짚고 나아가야 할 주제이기 때문에 이렇게 장황하게 살펴본 것이다. 부디 나의 이러한 시도가 독자들에게 잘 반영되었으면 하는 바람을 가지면서 결론을 대신하고 싶다.

정말 마지막으로 드는 의문이 하나 있다. 이것은 스티븐슨에 대한 것으로 그의 전생은 무엇이었을까 하는 것이다. 더 정확하게 말하면 그로 하여금 이번 생에 이런 연구를 하게 만든 그 전생에 그가 어떤 사람이었느냐는 것이다. 이 방면의 연구에 관한 한 전 세계에 스티븐슨을 따라올 사람이 없다. 그 연구 기간이나 섭렵한 지역, 그리고 그의 연구량은 가히 전 세계에서 유일하다고 할 수 있다. 그래서 드는 의문인데 과연 그를 이렇게 몰고 간 추동력은 어느 전생에서 왔느냐는 것이다. 인도의 수도승이었을까? 아니면 서양의 비전 전통의 수도자였을까? 연구를 이 정도 했다면 스티븐슨 자신은 본인의 전생에 대해 알고 있지 않았을까 하는 생각도 드는데 그가 밝히지 않았으니 알 수 없는 일이다. 그의 전생이 어찌 됐든 그의 연구는 인류가 자신을 이해하는 데에 엄청난 도움을 줄 것이다.

이안 스티븐슨 교수의 연구 업적

1. 저서

(1960). *Medical History-Taking.* Paul B. Hoeber.

(1966). *Twenty Cases Suggestive of Reincarnation.* University of Virginia Press.

(1969). *The Psychiatric Examination.* Little, Brown.

(1970). *Telepathic Impressions: A Review and Report of 35 New Cases.* University Press of Virginia.

(1971). *The Diagnostic Interview*(*Medical History-Taking*의 개정판). Harper & Row.

(1974). *Twenty Cases Suggestive of Reincarnation*(개정 및 증보판). University of Virginia Press.

(1974). *Xenoglossy: A Review and Report of A Case*. University of Virginia Press.

(1975). *Cases of the Reincarnation Type, Vol. I: Ten Cases in India.* University of Virginia Press.

(1978). *Cases of the Reincarnation Type, Vol. II: Ten Cases in Sri Lanka.* University of Virginia Press.

(1980). *Cases of the Reincarnation Type, Vol. III: Twelve Cases in Lebanon and Turkey.* University of Virginia Press.

(1983). *Cases of the Reincarnation Type, Vol. IV: Twelve Cases in Thailand and Burma.* University of Virginia Press.

(1984). *Unlearned Language: New Studies in Xenoglossy.* University of Virginia Press.

(1997). *Reincarnation and Biology: A Contribution to the Etiology of Birthmarks and Birth Defects.* Volume 1: Birthmarks. Volume 2: *Birth Defects and Other Anomalies.* Praeger Publishers.

(1997). *Where Reincarnation and Biology Intersect.* Praeger Publishers(앞 책의 축약본).

(2001). *Children Who Remember Previous Lives: A Question of Reincarnation*(개정판).

(2003). *European Cases of the Reincarnation Type.* McFarland & Company.

2. 주요 논문

(1949). "Why medicine is not a science", *Harper's*, April.

(1952). "Illness from the inside", *Harper's*, March.

(1952). "Why people change", *Harper's*, December.

(1954). "Psychosomatic medicine, Part I", *Harper's*, July.

(1954). "Psychosomatic medicine, Part II", *Harper's*, August.

(1957). "Tranquilizers and the mind", *Harper's*, July.

(1957). "Schizophrenia", *Harper's*, August.

(1957). "Is the human personality more plastic in infancy and childhood?", *American Journal of Psychiatry,* 114(2), pp.152–161.

(1958). "Scientists with half-closed minds" *Harper's*, November.

(1959). "A Proposal for Studying Rapport which Increases Extrasensory Perception", *Journal of the American Society for Psychical Research,* 53, pp.66–68.

(1959). "The Uncomfortable Facts about Extrasensory Perception", *Harper's*, July.

(1960). "The Evidence for Survival from Claimed Memories of Former Incarnations", *Journal of the American Society for Psychical Research*, 54, pp.51–71.

(1960). "The Evidence for Survival from Claimed Memories of Former Incarnations": Part II. Analysis of the Data and Suggestions for Further Investigations, *Journal of the American Society for Psychical Research*, 54, pp.95–117.

(1961). "An Example Illustrating the Criteria and Characteristics of Precognitive Dreams", *Journal of the American Society for Psychical Research*, 55, pp.98–103.

(1964). "The Blue Orchid of Table Mountain", *Journal of the Society for Psychical Research*, 42, pp.401–409.

(1968). "The Combination Lock Test for Survival", *Journal of the American Society for Psychical Research*, 62, pp.246–254.

(1970). "Characteristics of Cases of the Reincarnation Type in Turkey and their Comparison with Cases in Two other Cultures", *International Journal of Comparative Sociology*, 11, pp.1–17.

(1970). "A Communicator Unknown to Medium and Sitters", *Journal of the American*

Society for Psychical Research, 64, pp.53－65.
(1970). "Precognition of Disasters", *Journal of the American Society for Psychical Research*, 64, pp.187－210.
(1971). "The Substantiability of Spontaneous cases", *Proceedings of the Parapsychological Association*, No. 5, pp.91－128.
(1972). "Are Poltergeists Living or Are They Dead?", *Journal of the American Society for Psychical Research*, 66, pp.233－252.
(1977). "The Explanatory Value of the Idea of Reincarnation." *The Journal of Nervous and Mental Disease.* 164(5): 305－326. May 1977.
(1983). "American children who claim to remember previous lives". *The Journal of Nervous and Mental Disease.* 171(12): 742－748. Dec 1983.
(1986). "Characteristics of Cases of the Reincarnation Type among the Igbo of Nigeria". *Journal of Asian and African Studies.* 21(3－4): 204－216.
(1993). "Birthmarks and Birth Defects Corresponding to Wounds on Deceased Persons" (PDF). *Journal of Scientific Exploration.* 7(4): 403－410.
(공저). Emily Williams Cook and Bruce Greyson(1998). "Do Any Near-Death Experiences Provide Evidence the Survival of Human Personality after Relevant Features and Illustrative Case Reports"(PDF). *Journal of Scientific Exploration.* 12(3): 377－406.
(1999). "Past lives of twins". *Lancet.* 353(9161): 1359－1360. Apr 1999.
(2000). "The phenomenon of claimed memories of previous lives: possible interpretations and importance". *Medical Hypotheses.* 54(4): 652－659. Apr 2000.
(2000). "The Belief in Reincarnation Among the Igbo of Nigeria". *Journal of Asian and African Studies.* 20(1-2): 13－30. 1985.
(2001). "Ropelike birthmarks on children who claim to remember past lives". *Psychological reports.* 89(1): 142－144. August 2001.
(공저). Satwant K. Pasricha; Jürgen Keil; and Jim B. Tucker(2005). "Some Bodily Malformations Attributed to Previous Lives"(PDF). *Journal of Scientific Exploration.* 19(3): 159－183.
(2005). Foreword and afterword in Mary Rose Barrington and Zofia Weaver. *A World in a Grain of Sand: The Clairvoyance of Stefan* Ossowiecki. McFarland Press.

죽음학 관련 저자의 저서 및 논문

1. 저서

(2006). 『죽음, 또 하나의 세계』, 동아시아(2007 문화체육관광부 우수학술도서)

(2008). 『왜-인간의 죽음, 의식 그리고 미래』, 생각하는 책

(2009). (번역서). 『사후생(개정판)』, 대화문화아카데미

(2010). 『내안의 아바타를 찾아서』, 북성재(2010년도 문화체육관광부 우수학술도서)

(2010). (공저, 한국죽음학회). 『한국인의 웰다잉 가이드라인』, 대화문화아카데미

(2011). 『죽음의 미래』, 소나무(2012 문화체육관광부 우수학술도서)

(2013). 『최준식 교수의 삶과 죽음이야기, 죽음학 개론』, 모시는사람들

(2013). 『최준식 교수의 삶과 죽음이야기, 임종준비』, 모시는사람들

(2013). 『최준식 교수의 삶과 죽음이야기, 사후생이야기』, 모시는사람들

(2013). (공저, 2인). 『최준식 교수의 삶과 죽음이야기, 전생이야기』, 모시는사람들

(2013). (공저, 한국죽음학회 웰다잉가이드라인제정위원회). 『죽음맞이』, 모시는사람들

(2014). 『너무 늦기 전에 들어야 할 죽음학 강의』, 김영사

2. 논문

(1990). "神仙說에 나타난 長生不死觀", 『죽음이란 무엇인가』, 창 출판사(1990)

(1994). "한국인의 생사관: 전통적 해석과 새로운 이해", 『종교연구』10집, 한국종교학회

(2005). "재고해 보는 근사 체험과 그 종교적 의미", 『대순사상논총』 제19집: 213-250

(2005). "이른바 근사 체험(Near-Death Experience)이란 무엇인가?—한국인의 새로운 죽음관 정립을 위한 시론—", 한국죽음학회 창립학술대회 발표(6월 14일)

(2006). "종교학적 관점에서 보는 생명과 인간의 의미—자살 문제를 다시 생각하며", 『2006 자살예방 세미나—사회 통합적 자살예방 대책의 방향과 과제』(11월 2일)

(2007). "한국인의 내세관 형성에 대해—전통에서 현대까지", 한국죽음학회, 5월 12일

(2007). "한국인이 느끼는 행복의 과거와 현재", 한국상담심리학회, 2007년 5월 18일

(2007). "신비가들이 직접 체험한 사후 세계—다스칼로스와 마르티누스를 중심으로", 한국죽음학회 학술대회 발표, 11월 6일

(2010). "진정한 죽음준비는 버킷리스트에 있지 않다", 『원불교 사상과 종교문화』 제46집

(2015). "무당노래를 통해 본 한국인의 생사관-바리데기 공주 무가를 중심으로", 『한국인

과 일본인의 삶과 죽음』, 동북아사재단/한일문화교류기금 편, 경인문화사